后广告时代:边界的崩塌与重构

薛敏芝 著

上海大学出版社
·上海·

图书在版编目(CIP)数据

后广告时代：边界的崩塌与重构 / 薛敏芝著.—
上海：上海大学出版社，2020.10(2021.11 重印)
ISBN 978-7-5671-3934-3

Ⅰ.①后… Ⅱ.①薛… Ⅲ.①广告学－研究 Ⅳ.
①F713.80

中国版本图书馆 CIP 数据核字(2020)第 164040 号

责任编辑 王 聪
封面设计 倪天辰
技术编辑 金 鑫 钱宇坤

后广告时代：边界的崩塌与重构

薛敏芝 著

上海大学出版社出版发行
(上海市上大路 99 号 邮政编码 200444)
(http://www.shupress.cn 发行热线 021-66135112)
出版人 戴骏豪

*

南京展望文化发展有限公司排版
句容市排印厂印刷 各地新华书店经销
开本 710mm×1000mm 1/16 印张 14.5 字数 237 千
2020 年 10 月第 1 版 2021 年 11 月第 2 次印刷
ISBN 978-7-5671-3934-3/F·196 定价 68.00 元

版权所有 侵权必究
如发现本书有印装质量问题请与印刷厂质量科联系
联系电话：0511-87871135

FOREWORD 前言

广告业正经历着剧烈的变革,甚至是具有拐点性质的突变。原有的广告定义、专业语汇及运行规则在渐渐失效,但仍勉力提供着表达方式、运行模式和行业标准。后广告时代尽管还未有确切的定义、语汇系统和理论体系,但其影响已经彰显:其一,广告公司的数字化转型已成趋势,越来越多传统的广告公司与数字营销公司合并。2018 年底,WPP 旗下智威汤逊与数据营销公司伟门合并,这家拥有广告史上无数傲人"第一"的百年老店,它的"消失",在很多广告人的心中成了"麦迪逊时代"落幕的隐喻。其二,管理咨询公司对广告业的"入侵"。埃森哲、麦肯锡、德勤等近年来大肆收购数字营销公司、广告创意和设计公司,"咨询公司的战略+代理公司的执行",产业链的纵向整合已成趋势。其三,网络科技公司正在主导着广告业变革而非传统的 4A 公司。换言之,传统的 4A 公司正在失去对广告变革的话语权。阿里、腾讯、亚马逊、谷歌和 Facebook 的广告平台都包含有程序化购买的功能。阿里提出了"全域营销"新模式,推出了智能设计平台"鲁班"。根据市场调查公司 eMarketer 发布的报告,2018 年,谷歌和 Facebook 两家公司占整个美国网络广告收入的 56.8%。[1]根据国家市场监督管理总局公布的数据,中国 2018 年广告经营额为 7 991.48 亿元,其中互联网广告总收入为 3 694.23 亿元,年增长率为 24.2%,百度、阿里和腾讯(BAT)三家占互联网广告收入的 69%。[2]

本书试图对后广告时代种种变化和变革进行"报道"并加以理解,主要从以下四个方面进行。

---

[1] 数据来源自 199IT,https://www.199it.com/archives/702019.html。
[2] 数据来源自国家市场监督管理总局广告监督管理司,https://www.samr.gov.cn/ggjgs/sjdt/gzdt/201904/t20190425_293125.html。

一、新定义、新样态和新视野

本书的第一章至第三章,通过对广告定义的百年梳理,呈现了现代广告边界建构、解构的过程,以及后广告时代广告定义的泛化、开放的特性。新技术给广告运作带来虚拟、移动、多维的空间。这些传播空间与新技术的互动,促使了各种新型广告样态的涌现,并呈现情景化、个性化和互动性的发展特性。现代广告是工业经济的产物,后广告时代与之相伴的是知识经济和经济的全球化发展,本书从知识产品营销的角度探讨品牌化运作的新方式,又从全球化的视角探讨了广告产业发展和广告实际运作的变化。

二、新话语、新观念和新理论

本书的第四章,介绍了在新媒体、全球化的背景下,广告学术研究的话题与话语在发生着变化和切换,"植入式广告""口碑传播"在新媒体环境中具有了新的话题价值,数字媒体和数字广告的发展,促使"广告效果""消费者研究"和"国际广告"等研究领域,迸发出更多新的话题。后广告时代,广告不再是广而告之,而是一对一的定制化沟通,并且广告已被纳入以销售结果实现为指标的服务需求之中,广告效果检测的模式和路径选择必须从销售角度来制定。广告的作用必须从整体来看,并且场景理论、体验营销理论更多地运用于广告研究之中。

三、新准则、新规则和新规制

本书的第五章,试图描述后广告时代,不同场域的广告新规制。规制是保证、促进产业发展的最基本的制度设计。移动网、5G、万物互联,新媒体、新商业经济运行模式,无论是广告行业运行准则、行业自律的规则,还是政府监管的规制,其架构理念、架构体系和运行方式都发生了变化。这种变化呈现出去中心化、去科层化、网络化的特征。

四、未来已来,广告新领域

未来已来,后广告时代已来。本书没有尝试去对后广告时代进行界定,只是试图去理解、描述影响广告未来发展路径的因素。比如数字环境中社会传播结构的改变对商业沟通的影响;人性化的广告效果评估思维的运用,又将对评估手段产生怎样的影响;神经网络理论在研究消费者行为中的运用,加上数字技术的助力,将会产生怎样的结果;以及在非营利组织营销领域广告可能的发展,等等。

本书集结了笔者近十多年发表的论文,章节之间并没有非常严密的逻辑关联,更多是对后广告时代变化和变革的一种图景式呈现,以及这些变化和变革对未来广告可能具有的"路径依赖"。

CONTENTS 目 录

前　言 ·· 1

第一章　广告面临的颠覆与裂变 ·· 1
　　第一节　广告边界的演变：建构、解构与开放 ····················· 1
　　第二节　媒介融合与广告发展 ·· 15
　　第三节　娱乐即媒介：广告的情景化 ······························· 21
　　第四节　网络新空间中的广告发展
　　　　　　——Google核心价值链及其拓展的分析与思考 ······ 29

第二章　媒介新生态与广告新样态 ····································· 37
　　第一节　关系的力量：SNS当下与未来的发展 ·················· 37
　　第二节　博客、播客：营销沟通的运用前景 ····················· 43
　　第三节　数字世界的病毒营销 ·· 50
　　第四节　网络媒介时代的品牌传播 ··································· 57
　　第五节　知识产品营销与广告变革 ··································· 60
　　第六节　品牌授权及其营销传播意义阐释 ························· 67
　　第七节　品牌授权：文化品牌发展的战略选择 ··················· 76
　　第八节　OTT TV对传统电视媒体的颠覆性发展 ················ 79

第三章　全球化语境下的广告新视野 ································· 82
　　第一节　经济全球化时代的植入式广告 ···························· 82

第二节　植入式广告的国际运营与国内发展趋势 …………… 86
　　第三节　经济全球化与中国广告业发展思考 ………………… 99

第四章　广告研究的学术图景 ………………………………… 114
　　第一节　广告学术研究的层次、领域与热点 ………………… 114
　　第二节　多语境下的广告学术研究 …………………………… 126
　　第三节　数位汇流下的广告研究 ……………………………… 141
　　第四节　数字环境中广告研究的变化与发展 ………………… 150

第五章　不同场域的广告管理与规制 ………………………… 162
　　第一节　美国新媒体广告规制研究 …………………………… 162
　　第二节　城市公益广告管理及其规制 ………………………… 174
　　第三节　网络治理视阈下西方公益广告运行与规制阐释 …… 185

第六章　广告,已经发生的未来 ……………………………… 199
　　第一节　数字时代社会传播结构的改变对商业沟通的影响 … 199
　　第二节　选择性感知控制:广告的整合效果研究 …………… 202
　　第三节　"整体性"效果评估:大数据时代的 IMC 走向 …… 206
　　第四节　Humetrics:广告效果度量的数字思维 …………… 209
　　第五节　透析消费者头脑中的价值概念图谱 ………………… 211
　　第六节　健康营销传播的当下与未来 ………………………… 216
　　第七节　公益创业:社会责任与商业手段的双重协奏 ……… 218

第一章 广告面临的颠覆与裂变

第一节 广告边界的演变：
建构、解构与开放

"什么是广告",从现代广告诞生初始,这个问题就随之产生,并始终伴随着广告的发展。广告的概念界定,其实质是广告的边界确立,这是一个过程,在不断地明确广告自身特性的同时,渐渐地构筑起广告行业、广告学科和广告专业的边界。当然这些"边界"随着科技进步、经济形态的迭代和产业、学科、专业自身的发展而在不断变化,也可以说是"自身阶段性选择和社会周期性选择相适应的必然结果"[①]。

一、广告边界演变的两个关键节点

广告早已有之。有学者认为广告"是人类信息交流的必然产物"[②];也有学者认为:"广告伴随着商品的出现而出现,并随着商品经济的发展而发展。"[③]持前种观点的认为广告可溯源至原始社会初期,持后种观点的则认为广告最早出现在原始社会末期和奴隶社会初期。詹姆斯·拉弗(James Laver)曾经在《维多利亚时代的广告作品》一书中说"广告就像人类一样历史久远"[④],而根据维基百科对"History of advertising"[⑤]的阐释,广告可以追溯至文明的起源,从

---

① 杨海军:《中外广告史新编》,复旦大学出版社,2007年,第1页。
② 陈培爱:《中外广告史》,中国物价出版社,1997年,第1页。
③ 孙有为:《广告学》,世界知识出版社,1991年,第1页。
④ Leonard de Vries, Victorian Advertisements, 6(London: William Clowes and Sons Limited, 1968).
⑤ 参见 https://en.wikipedia.org/wiki/History_of_advertising。

古代的埃及、希腊、罗马到印度和中国都可见其踪影。广告登上社会舞台，成为令人瞩目的角色，源于工业革命。工业革命促使工业经济的发展，社会生产方式发生变革：规模生产、规模消费，必然需要规模的商业信息传播。"工业革命引发了对广告的需求"①，现代广告是工业化的产物。纵观现代广告的发展历程，有两个关键节点令人关注，一个是19世纪末20世纪初，另一个是20世纪末21世纪初。两个节点都处在世纪之交，并且展开了关于"广告是什么"的讨论，引发了对广告自身及其边界的探寻与思考。这并非偶然，而是技术进步促使经济形态变革，广告运行的环境产生颠覆性变化，从而导致广告的角色与作用，广告行业、广告研究、广告教育的边界发生变化。

第一个现代广告发展的关键节点是19世纪末20世纪初。"随着工业经济发展，现代报纸、杂志的兴起，广告成为资本主义经济一支重要的力量"②，但是无论是作为现代广告发源地的英国还是后来居上的美国，都还没有建立行业的标准、规范和法律规制，前者呈"自然发展"③的状态，后者则是"野蛮生长"④，因此迫切需要通过对广告自身的认知，建构产业边界，形成产业规范，树立产业信誉，促进广告进入"职业化"（professional）发展。1888年《印刷者油墨》创办，"广告是什么"是该行业杂志当时重要的话题之一；⑤阿尔伯特·拉斯克尔、约翰·肯尼迪等从业者根据自身的实践开始阐述对广告的理解，哈罗·盖尔（Harlow Gale）的《广告心理学》、瓦尔特·迪尔·斯科特（Walter Dill Scott）的《广告学原理》、沃兹沃思（G. B. Wadsworth）的《广告原理与实务》、约翰·马辛（John Lee Mahin）的《广告：面向消费者的销售》等著作和教科书相继出版，体现了学者们把对广告的认知转化为系统化知识的努力。

第二个关键节点是20世纪末21世纪初，确切地说是1994年互联网商业化发展以来。至今，这个节点还未过去，也就是说我们都很有幸"生逢其时"。跟第一个关键节点的出现原因相同，技术引发了生产方式、经济形态的变革。生产的规模化与社会分工，是工业经济最显著、最本质的特点，也是现代广告

---

① 杨海军：《中外广告史新编》，复旦大学出版社，2007年，第285页。
② O'Barr, W. M. (2005). What Is Advertising? Advertising & Society Review 6 (3), Advertising Educational Foundation. Retrieved July 27, 2018, from Project MUSE database.
③ Terrence Nevett, Advertising in Britain: A History (London, 1982), 70–75, https://books.google.com/books/about/Advertising_in_Britain.html?id=lzsfAQAAIAAJ.
④ Henry R. Boss. (1886), A Brief History of Advertising, Weston Printing Co. Chicago: P21.
⑤ 参见 HathiTrust 数字博物馆《印刷者油墨》杂志，https://catalog.hathitrust.org/Record/000531744。

产生的动因。计算机、互联网、移动通信以及人工智能等新兴科技主导下的新经济,其本质是去中间化、定制化和人性化。与此同时,跟广告依存度最高的媒体也发生了颠覆式的变化,数字技术横扫一切,新媒体的兴起,媒介融合的出现,使得媒介的边界不再清晰。1994 年,拉斯特、奥利弗发文:"随着新媒体的兴起,广告正走向死亡。"①并且他认为,"'广告'也许可以用'整合营销传播''顾客沟通''媒介信息管理'以及'信息传播系统'等来替代。"②在这之前,斯图尔特指出:"广告的定义已经不适应广告发展变化的现实,必须重新界定。"③当时,学者们的观点并没有引起太多的关注。进入 21 世纪,谷歌搜索、Facebook、Twitter、Youtube 等新媒体的出现,对传统广告产生了巨大的冲击。在新媒体环境下,对于广告进行系统性再认知,成为无法回避的现实。无论是业界还是学界,都开始从"广告的概念界定"和"广告的未来预测"两个角度对"广告是什么"作出回应。

2008 年,沃顿商学院开始进行"广告的未来(Future of Advertising Project)"④研究项目,项目把"未来"设定在 2020 年,邀请了公司高管、资深广告人和学术达人发表其观点;组织顾问及合作者开会研讨;建立案例数据库;创建网站、博客、推特,在 Youtube 上开设了 Fast.Forward 的视频频道;在印度、新加坡、法国、中国和英国组织或参与相关的论坛。项目持续了 10 年,2018 年 2 月结束,项目总结各方观点,最后的结论是:"未来广告的发展将超越现有的广告,广告运行模式将会发生变革,广告将在品牌与消费者各个接触点上创造价值,而非只是信息的沟通。"⑤

2013 年,美国互动广告局以"广告是什么?(Advertising is _____?)"作为峰会的主题,探讨在广告内容化,特别是原生化发展态势下,广告空间的新架构。

---

① Rust, Roland T. Richard W. Oliver (1994a), The Death of Advertising, Journal of Advertising, 23(4), pp.71-78.
② 同上。
③ Stewart, David W. Speculations on the Future of Advertising Research, Journal of Advertising, 21(3), pp.1-18.
④ 关于研究项目详细介绍,参见其 2016—2017 年度报告,https://www.wharton.upenn.edu/wp-content/uploads/2018/02/201617-Stewardship-Report-Final-2.2.18-CG.pdf;沃顿商知识在线相关文章: https://www.knowledgeatwharton.com.cn/article/2213/。
⑤ Jerry Wind, Advertising 2020: Insights from the Wharton Future of Advertising Program, https://www.researchexcellence.com/files/pdf/2018-04/id499_advertising2020.council_for_research_excellence.pdf.

2015年5月,《广告时代》(Advertising Age)以"广告人的2025年:广告领袖预见未来广告业"①为标题,刊登了WPP的CEO苏铭天(Martin Sorrel)、360i CEO萨拉·侯福斯泰特、Droga5纽约首席创意官泰得·罗耶尔、阳狮全球CEO阿瑟·萨顿等近20位广告业界领袖对未来广告业发展的洞见。

2016年7月,全球权威广告研究刊物《广告学刊》(Journal of Advertising)刊登专辑。专辑分两部分,一部分以"广告的未来"为主题,邀请了美国西北大学的唐·舒尔茨、达特茅斯学院的凯文·莱恩·凯勒、《市场学》杂志总编辑威·库马尔、《消费者研究》杂志联合编辑吉塔·文卡塔拉马尼·乔哈尔以及阿姆斯特丹大学马克·杜泽,撰文发表其看法。另一部分是关于"广告定义"的辩论和对话。斯德哥尔摩经济学院米迦尔·达伦和萨拉·罗森格伦的文章通过对广告学界相关研究的梳理和对专业人士的调查,重新定义广告为"品牌引发的旨在影响人们的传播"②。编辑部刊登了马里兰大学罗兰·T.拉斯特、洛约拉马利蒙特大学大卫·W.斯图尔特、爱荷华州立大学拉塞尔·N.拉克兹尼亚克、欧洲维阿德里纳大学广告学院院长马丁·伊森特、明尼苏达大学广告学院院长胡吉苏等专家学者对达伦和罗森格伦广告新定义的评论,同时还刊登了达伦和罗森格伦对这些评论的回复文章。编辑部"希望这些专家学者广泛而多样化的观点,促发大家对广告学科未来发展的思考"③。这场讨论引起了中国广告学者的关注,2017年、2018年分别有刘磊的《广告定义研究的探索性分析——基于1992—2016年中外期刊文献综述的视角》,刘海荣、丁佳的《广告的重新定义》,顾明毅、姜智彬、李海容的《百年广告定义研究辨析》三篇文章重点介绍和探讨了这场讨论及其引发的对广告概念的重新界定。

数字媒介生态的形成,以及百度、阿里、腾讯等互联网企业的迅猛发展对中国广告业产生的巨大冲击,早已引起了中国专家学者们的关注,相继有探讨广告定义的论文发表。比如:2015年,陈刚、潘洪亮的《重新定义广告——数字传播时代的广告定义研究》;2011年,赵琼的《数字时代广告定义的重新思考》;2016年,桂世河的《中外流行广告定义的邻近属概念之演变及启示》等。2013年10月,《广告大观》刊登了《数字化是否终结了广告的经典时代并改写

---

① "Mad Men"2025: Ad Industry Leaders Predict the Future. https://adage.com/article/agency-news/mad-men-2025-ad-industry-leaders-predict-future/298376/.
② Dahlen M, Rosengren S. If Advertising Won't Die, What Will It Be? Toward a Working Definition of Advertising. Journal of Advertising, 2016, 45(3): 334-345.
③ Shintaro Okazaki. "From the Editor" Journal of Advertising, 45(3), 275.

了广告的定义?》一文,介绍了"虎啸数字营销专家团"微信群围绕广告定义及其边界所进行的讨论。《中国广告》2018 年第 6 期中以"寻找广告的新边界"为主题的专辑,分别从创意和传播两个方面来探寻"广告新边界"。

二、概念的演变与广告边界的建构与解构

现代广告边界的演变是一个不断建构、解构和再建构的过程,也是不断拓展的过程。这个过程既有突显的节点,也有循序渐进的积累和阶段性的发展。广告边界的演变,其实质是广告顺应新环境进行的不断变化。要阐释这些变化就需要对广告不断地重新理解和界定。

威廉姆在《什么是广告?》一文中,把广告概念的演化置身于社会、文化、历史和经济中加以考察,分为五个阶段:第一阶段,定义很宽泛,广告是"运用各种手段引起关注";第二阶段,定义开始窄化,侧重于广告的某个方面进行定义,比如社会批评学家威廉姆斯将广告定义为"资本主义的官方艺术"[①];第三阶段,广告是"运用媒体的沟通";第四阶段,广告运用"隐喻和故事"塑造品牌;第五阶段,广告在于"建立关系"。[②]

斯特凡认为:"广告概念的变化和发展并非如编年史由一个个阶段组成,而像一个充满竞争的舞台,不断地有概念登场,有的在舞台中央,有的则在舞台的边缘。随着时间的变迁,边缘化的角色,可能会成为'主角',而有些曾经的焦点会渐渐淡出舞台。"[③]在《什么是广告? 十九世纪至二十世纪欧美广告概念的创建、兴起、消亡和消失》一文中,斯特凡列出了八个不同阶段凸显的广告概念,分别是:工业化初期,广告是"礼貌的直接通告";19 世纪末 20 世纪初,广告是"促进规模销售的工具";1910 年前后,广告作为"服务"的概念确立;在一战时期,广告成为"宣传工具和社会动员的引擎";20 世纪 30 年代,广告是

---

① Raymond Williams, "Advertising: The Magic System," in Problems in Materialism and Culture. (London: Verso, 1980), 170 - 195. This article is available online in Advertising & Society Review Vol. 1, Issue 1(2000), https://muse.jhu.edu/journals/advertising_and_society_review/toc/asr1.1.html.

② O'Barr, William M. "What Is Advertising?" Advertising & Society Review, vol. 6 no. 3, 2005. Project MUSE, doi: 10.1353/asr.2006.

③ Schwarzkopf, Stefan. "What was advertising? The invention, rise, demise, and disappearance of advertising concepts in nineteenth- and twentieth-century Europe and America." The Free Library 01 January 2009. 02 October 2018, https://www.thefreelibrary.com/What was advertising? The invention, rise, demise, and disappearance...-a0220202799.

"品牌管理";20世纪50年代,广告是"符号管理";20世纪70、80年代,广告是"创意为王";20世纪末,广告不仅帮助企业建立"消费者与品牌的关系",还在社会营销中发挥积极的作用。

从威廉姆、斯特凡的研究可以看到,广告概念的演变遵循两个路径:其一是广告在商业中功能的变化,从"信息告知""规模促销"到"全面服务""品牌管家",最后是帮助品牌与其顾客"建立关系";其二是广告运用边界的不断突破,从最初的商业促销,进入到政治宣传,而随着社会营销理念被广泛接受,广告的运用突破了商业领域,而进入非营利组织,在改变公众观念,动员公众参与社会活动中起着积极的作用。纵观现代广告的发展,广告边界的建构与解构,从广告概念演变的视角,主要经历了以下五个阶段。

第一阶段,19世纪末20世纪初,现代广告边界的初步建立

在这一时期,广告定义最广为人知的是约翰·肯尼迪,在1905年提出的"广告是纸上的推销术(salesmanship)"。① 还有其他学者们的广告定义,沃兹沃思认为:"广告是一种为了获得商品的分销或需求,除了个人游说之外的持续不断的各种努力。"② 迪珀和霍奇克斯定义:"广告是销售过程中的一个组成部分,它采用各种手段吸引消费者或顾客。"③ 马林则认为:"广告不是实物,是服务。比起版面,服务才是更重要的。广告不是可以用眼睛看到、用手触及的实物,是创意,它促使潜在的购买者对于广告商的想要出售的商品,在头脑中留下清晰、正面的印象,并促使其购买。"④

以上四个定义,揭示了广告与销售的关系:广告就是促进销售,是销售过程的一部分。也有人把广告与销售的关系形象地比作"铁路与运输"⑤。至于如何促进销售,肯尼迪的定义,揭示了广告规模化传递信息的能力,以及广告与大众媒体的关系:媒体是广告运作的重要环节。迪珀和霍奇克斯认为广告

---

① 阿尔伯特·拉斯克尔:《拉斯克尔的广告历程》,焦向军、韩骏译,新华出版社,1998年,第20页。
② Principles and Practice of Advertising(1913). G. B. Wadsworth; New York; Gerald B. Wadsworth, Page xiv.
③ Advertising: Its Principles and Practice(1915). HARRY TIPPER, HARRY L. HOLLINGWORTH, G. B. HOTCHKISS, and FRANK A. PARSONS. New York: The Ronald Press, pp.22.
④ Advertising: selling the consumer (1914). John Lee Mahin. Doubleday & Go. Inc., Garden City, New York; pp.13.
⑤ 杰克逊·李尔斯:《丰裕的寓言:美国广告文化史》,任海龙译,上海人民出版社,2005年,第145页。

通过吸引消费者，施加其影响，促成销售。沃兹沃思在阐释广告传播的"非人员"特性的同时，揭示了广告不仅对消费者，还通过向分销商施加影响，从而成为销售的一个组成部分。马辛的定义揭示了广告的本质是服务，能达到促销的目的，来自其真实、令人信服的具有创意的信息，而非之前流行的夸大其词，恶俗的表达。施瓦茨科普夫认为："马辛广告定义的服务导向，较之早先的销售导向在学科发展上具有里程碑的意义。"① 总而言之，这些概念，从广告理念、广告运作、广告产业三个层面，反映了当时广告边界开始建构的状态。

在这期间，艾尔父子、麦肯、智威汤逊广告公司相继成立，广告公司不再是为媒体销售版面，而是成为其代理，并为广告主提供广告策划、制作和发布的服务。1911年《印刷者油墨》杂志提出了《印刷者油墨法案》(the Printers' Ink Model Statute)，明确虚假广告是犯罪，并详细地列出处罚的条例，后来许多州以此为模版颁布了相关法律。1912年，世界联合广告俱乐部②的监察委员会发起了"做真实广告(Truth in Advertising)"运动，号召广告业者，广告信息要真实，不可欺骗、误导消费者。1910年美国广告主协会成立；1914年发行量审稽署成立、1917年美国广告代理商协会成立；1914年国会通过《联邦贸易委员会法案》；该法案对虚假广告进行了界定，确立了虚假广告的法律责任，并设立了管理机构。19世纪末，对于广告的专业化发展影响深远的是广告教育，广告课程开始进入大学本科的课堂。密歇根州立大学、密苏里大学、西北大学以及宾夕法尼亚大学的沃顿商学院等，相继开始了广告课程，与此同时，大量广告方面的教科书得以出版。③ 正如霍普金斯所言："我们希望通过对广告更好的理解来培育这一行业，把它当作一种商业行为，使它成为一种最安全、最可信、可以带来巨大回报的事业。"④ 至此，广告业界、学界、政府及社会，共同建构了现代广告的边界。

第二阶段，一战至二战，广告突破了商业经济的边界

从第一次世界大战开始，广告大量运用于宣传，广告除了专业化发展的路

---

① Schwarzkopf S. What Was Advertising? The Invention, Rise, Demise, and Disappearance of Advertising Concepts in Nineteenth- and Twentieth-Century Europe and America. Business & Economic History Online, 2009: 1 - 27.
② 世界联合广告俱乐部成立之初名为 the Advertising Clubs of America, 成立不久更名为 the Associated Advertising Club of the World, 后又改为: the American Advertising Federation, 沿用至今。参见 Advertising Clubs and Associations, https://www.advertisinghall.org/explore/issues12.html.
③ 查灿长:《国外高校广告教育研究》，上海三联书店，2010年，第13—30页。
④ 克劳德·霍普金斯:《科学的广告＋我的广告生涯》，邱凯生译，华文出版社，2010年，第7页。

径之外，随着一战、二战的来临，运用的场景不再限于商业经济，而是拓展到政治、非营利性领域：战时宣传、公益广告等。

广告的定义开始区分商业与非商业。比如亚当斯的"商业广告的定义是个人或群体通过付费的媒体而非个人对他人或群体进行的说服。这些尽力做出的说服行为可以为其带来金钱利益。"①1925年，英国《广告人周刊》刊文直言："招贴广告服务公民，海报艺术是服务社会的艺术。"②在1929年，世界联合广告俱乐部在柏林以"广告：世界繁荣的关键"为主题，探讨了广告在经济、社会和政治等方面重建国家的作用。世界各地1 000多广告人参加了该次会议。德国学者汉斯·F.J.克洛普夫将广告定义为"最广泛运用的机制，引领整个社会的消费行为，帮助政治家将分离的社会整合成一个整体"③。1932年，美国专业广告杂志《广告时代》(*Advertising Age*)公开向社会征集广告的定义，得票最多的入选定义是："由广告主支付费用，通过印刷、书写、口述或图画等，公开传播有关个人、商品、劳务或运动等信息，用以达到影响或促进销售、使用、投票或赞同的目的。"这个定义反映出广告突破了商业界限，而涉及非商业的领域。美国在1942年专门成立"广告委员会"组织运行面向整个国家的公益广告。英国没有类似美国"广告委员会"的非政府组织，1946年，英国政府成立了中央新闻署(Central Office of Information, COI)，主要负责公益广告。

第三阶段，20世纪50—70年代，确立以创意为核心的现代广告服务架构

"广告是由可确认的广告主，以任何方式付款，对其观念、商品或服务所作的非人员的陈述和推广。"这是美国营销协会所做的广告定义，自1948年发布以来经过多次修改，这是1963年修订的版本。伊文·格雷厄姆的定义是"广告是非人员的沟通，通过付费的媒体向实际或潜在购买者传递个人或组织的产品或服务的销售信息，旨在影响其购买行为"④。邓恩认为，"广告是由可识别的商家、非营利组织和个人通过各种媒体进行付费的非个人传播，并且这些

---

① Adams, H. G.. (1916). Advertising and Its Mental Laws. New York: Macmillan.Co; pp.4.
② Advertiser's Weekly(3 April 1925), 24; "Posters and the Public," Advertiser's Weekly(2 Oct. 1925), 39.
③ Schwarzkopf S. What Was Advertising? The Invention, Rise, Demise, and Disappearance of Advertising Concepts in Nineteenth- and Twentieth-Century Europe and America. Business & Economic History Online, 2009: 1-27.
④ Graham I. Encyclopedia of Advertising. New York: Fairchild Publications, 1952: 10.

可识别的商家、非营利组织和个人的相关信息会在广告中呈现"①。

这三个概念中所包含的"可确认的广告主""非人员""付费""销售信息"等,确定了现代广告中最为核心的广告代理公司与广告主的关系,广告与大众媒体的关系,以及广告服务的核心价值,是通过信息创作,帮助广告主推广其产品、服务和观念。

如果 19 世纪末 20 世纪初,广告通过产业服务的专业化、教学、学术和社会规制等建立,从而初步建立其边界,那么 20 世纪 50 年代至 70 年代,随着威廉·伯恩巴克的"广告不是科学,它是说服,而说服是一种艺术"②、"广告最重要的东西就是要有独创性(original)与新奇性(fresh)"③;大卫·奥格威的"除非你的广告建立在伟大的创意之上,否则它就像夜航的船,不为人所注意"④、"每一个广告都是为建立品牌个性所做的长期投资"⑤;罗素·瑞夫斯的独特销售主张;李奥·贝纳的"寻找商品与生俱来的戏剧性"⑥等广告人及其理念被推崇,以及他们所创立的广告公司获得的巨大成功,"创意"成为广告服务的核心价值。围绕着这一核心价值,广告代理业通过代理制、佣金制等从公司的内部结构到产业链的架构,把现代广告的边界建构推向了极致,棱角分别,精致坚固。

第四阶段,20 世纪 80—90 年代,资本入侵下广告"疆域"的拓展

经济的全球化发展,客户需要广告公司提供的服务不再仅限于本土,而是跨国,甚至是全球化的。从 20 世纪 70 年代开始,大的广告公司通过兼并独立的广告公司,形成广告集团(network)。从 20 世纪 80 年代中后期开始,资本开始进入广告业,宏盟、WPP、阳狮、埃培智(IPG)等控股公司在全球大肆并购广告公司。智威汤逊、奥美等纷纷成为控股公司的囊中之物。与此同时,客户对广告公司服务需求不再是单纯的广告,而涉及公关、促销、事件营销等领域,因此广告集团开始成立或并购相关的公司,广告从服务领域和服务地域两个方面拓展了"疆域"。1993 年,唐·舒尔茨等所著《整合营销传播:谋霸 21 世纪

---

① Dunn W. Advertising: Its Role in Modern Marketing(2e.). New York: Holt, Rinehart and Winston, 1969: 1.
② 马丁·迈耶:《麦迪逊大道——不可思议的每个广告业和广告人》,刘会梁译,海南出版社,1999 年,第 76 页。
③ 丹·海金司:《广告写作艺术》,刘毅志译,中国友谊出版公司,1991 年,第 2 页。
④ 大卫·奥格威:《广告大师奥格威:未公诸于世的选集(修订版)》,庄淑芬译,机械工业出版社,1996 年。
⑤ 同上。
⑥ 林升栋、林升梁:《美国伟大广告人》,中国经济出版社,2008 年,第 12 页。

市场竞争优势》一书出版,提出了影响深远的"整合营销传播"理论。广告的定义中开始出现"营销传播"的用词,比如威廉·比尔登等学者所撰写的教材中,将广告定义为"非个人的,有可确定的赞助者付费的,通过大众传播渠道的营销传播,旨在促进商品、服务、个人或观念的接受。"① 扬雅公司提出了整合营销的"全蛋理论",奥美公司提出了"交响乐团"整合传播运作理念,并自称为"360度品牌管家"。至此,"营销传播"开始替代"广告",出现在策划提案、业界峰会、学术交流和广告教育等场景之中,并且在 20 世纪 80 年代后期,奥美、智威汤逊、达彼斯等广告集团纷纷更名为整合营销传播集团。与此同时,1994 年随着互联网的商业化,网络广告开始出现。广告触及的领域进一步扩张,同时也意味着,其边界开始不再清晰明确。

第五阶段,进入 21 世纪,数字环境中广告边界的不断消解

2002 年,理查和库伦定义广告为:"中介化的传播,运用印刷、电子媒体,或者除了人与人直接接触之外的任何方法,向受众传达信息。"② 2007 年,美国营销协会修订了广告的定义,认为"广告是由公司、非营利组织、政府机构和个人在某个时间或空间上发布公告和消息,试图就其产品、服务、组织或想法告知和说服特定的目标市场或受众。"③ 前文米迦尔·达伦和萨拉·罗森格伦刊于 2016 年美国《广告学刊》的文章,将广告定义为:"由品牌发起的旨在影响人们的传播。"

理查和库伦以及达伦和罗森格伦的定义都不再强调"可确认的广告主或赞助者",那是因为广告制作者的界限正在消解,广告的来源不再仅仅是公司,还有消费者、用户。三个定义中都没有出现"付费"这一词汇,这不仅因为广告内容创作不再限于广告主,还有用户的创作,而且还因为随着社会化媒介的发展,广告信息的传播,不再仅有付费媒介,利用受众进行"病毒式"的传播或者在组织或个人的网站、博客、公众号等发表广告既不需要代理也无须付费。这也意味着广告媒介的边界正在模糊不清。美国营销协会的广告定义则扩大了广告主的范围,广告信源不仅包括公司还有非营利组织、政府机构和个人。这反映了广告运用边界正在消解;达伦和罗森格伦的定义扩大了信息接受的人

---

① Bearden W, Ingram T, LaForge R. Marketing: Principles & Perspectives(2e.). New York: Irwin McGraw-Hill, 1998: 581.
② Richards, J.I., & Curran, C.M.. Oracles on "Advertising": Searching for a Definition. Journal of Advertising, Vol.31, 2, 2002, pp.63-77.
③ 参见美国营销协会网站, https://marketing-dictionary.org/a/advertising/。

群,不再是特定的目标市场和受众,而是"人们",这预示着广告受众的边界正在消解。总而言之,数字时代,广告运行的环境发生了前所未有的变化,广告主的商业模式、数字媒介的发展以及消费者强大的信息获取、制作和传播能力,导致广告边界从内容架构、运作模式、产业链构成,均已发生了不同程度的消解。

三、后广告时代广告定义的要素与边界开放

计算机、网络和通信技术的发展,使广告运行的环境发生变化。这种建立在数字基础上的运行环境,正在消解广告的边界。这种消解已经从广告内容创作与广告活动运作、广告公司运营、广告产业结构等层面渐渐显现,那么在这"后广告时代",如何定义广告?广告定义最基本的构成要素是什么?

理查德和科伦曾对从20世纪60年代以来,最具权威的广告和市场营销教科书中"广告"的定义进行梳理,并总结现代广告的定义主要由5大要素构成:付费、非个人的沟通、有明确的赞助者、运用大众媒体、旨在说服或影响受众。随后两位学者以此为基准,邀请广告相关的思想领袖,采用德尔斐研究法,得出了在数字环境中的新概念:"广告是付费的,具有明确来源,通过某种中介进行的沟通,旨在说服接受者现时或将来采取行动。"[1]新定义用"明确来源"替代了"明确的赞助者";用"某种中介"替代了"大众媒体";用"接受者"替代了"受众"。

顾明毅、姜智彬、李海容分析了美国广告研究期刊JA关于"广告定义及其未来"专辑中学者专家们的定义,以及中国学者的定义,总结了这些定义所反映的变化:(1)倾向弱化广告具有"明确的来源",将"消费者来源"纳入其中,接受"品牌发起";(2)不再强调"付费",正视赢得媒体与非付费媒体的品牌传播效应;(3)认同广告对于"大众媒体"依赖的减少,突出赢得和自有媒体因其交互和双向传播特性,对广告传播的重要性;(4)对"说服"消费者发生分歧,较多学者专家认为"说服"无视消费者赋权后的互动沟通模式,建议关注影响力和消费者品牌反应;(5)广告是"人际传播"被接纳,品牌口碑传播受到学者们的重视。[2]

---

[1] Jef I. Richards & Catharine M. Curran, Oracles on "Advertising": Searching for a Definition, Journal of Advertising, 31: 2, 2002: 63-64; 74.

[2] 顾明毅、姜智彬、李海容:《百年广告定义研究辨析》,《现代传播-中国传媒大学学报》,2018年第4期。

根据学者们的研究,现代广告的定义要素主要在三个方面发生了变化:

第一,广告活动的发起、主导者不再限于广告主,消费者、用户都可以成为主导力量,这也意味着现代广告定义的构成要素"付费""明示的广告主"失去意义,而广告原有的运作流程也同样"失效"。

第二,广告创意不再聚焦"劝服"和所谓的"BIG IDEA",而是关注与消费者、顾客的对话和帮助企业或组织建立与消费者、用户的关系。这也意味着广告不仅仅是信息传播,还要创造场景体验,广告不仅具有信息传播的价值,广告本身就要创造价值、传递价值。

第三,广告传播不再只是"非人员的",人际传播将占据越来越主导的地位。

陈刚、潘洪亮在《重新定义广告——数字传播时代的广告定义研究》一文中指出,现行的广告定义已无法解释广告的诸多变化,重新定义广告,前提是要研究广告目前所处的背景,并认为:在数字传播环境中"超级规模化的人际传播和组织传播形成的社会和市场是思考广告的最重要的背景"[①]。以笔者之见,可能研究并揭示数字环境下,广告运行核心环节的变化和发展更直观。

现代广告的边界,以广告代理商为核心所建构,广告主、广告代理商、媒介以及相关的调查、媒介购买、公关和促销等公司构成了一个稳定的产业链。然而,数字技术、人工智能等科学技术正在无情地打破甚至开始颠覆这一产业链,重构广告运行的生态,主要体现在以下三个方面。

第一,商业模式的变化。现代广告的产生是工业化生产的需求——规模生产需要规模的商业信息传递,以促进规模消费。现代广告定义的要素之一就是"对消费者的劝服",这也意味着现代广告运行的前提是基于 B to C 的商业模式。互联网的发展,电子商务的出现,不仅催生了 C to C、C to B、C to M 等更多的商业模式,同时也使得 B to C 自身的商业运行模式发生变化。企业或商家可以借助网络直接交易也可以通过网络直接跟顾客沟通和互动,并且随着线上和线下的打通,厂商可以通过大数据,更深入地了解顾客的消费行为,洞察其需求,商业模式从供应链模式开始转向"顾客为中心"的"需求链模式"[②]。工业经济所内生的对传统广告服务的需求,在网络经济时代开始减弱。

---

① 陈刚、潘洪亮:《重新定义广告——数字传播时代的广告定义研究》,《新闻与写作》,2016 年第 4 期,第 24—29 页。
② 唐·舒尔茨、童淑婷、邱宝逸:《广告的未来及其可能性》,《广告大观(理论版)》,2017 年第 1 期。

第二,消费者角色的变化。现代广告就是为了解决工业经济运行中的信息不对称性,广告主希望通过广告传递产品或服务信息,并劝服消费者购买。消费者往往是被动的信息接受者,但是新技术"赋能"消费者。消费者不仅能够主动搜索商品信息,还可以随时分享信息;不仅能传播信息,还能参与制作信息,不仅能及时地反馈信息,还能随时进行信息互动。厂商与消费者之间的信息不对称性在减少,消费者正在变得"强势",与厂商、广告代理商之间原有的关系架构和权力结构开始消解。厂商必须要随时回应消费者的需求,随时进行沟通。为了应对这种变化,越来越多的甲方开始自建内容和营销中心,比如百事建立了创意者联盟(Creators League),联合利华建立了U-Studio 和 U-Entertainment。

第三,媒体的变化。数字技术促使媒介融合(convergence),导致媒介的边界消解。这种消解不仅仅涉及传统媒介,比如报纸、杂志、广播和电视的边界不再清晰,成为尼葛洛庞帝所言的"超媒体",媒体成为信息的化身,可多维度地以不同形式,在不同终端设备输出相同的数字化内容;并且媒介与生活的边界也在消解,"媒介对于我们如同水对于鱼"①,媒介已成为我们日常生活中各种活动发生的场域,包括购物——媒介即信息,媒介即生活。广告"从一个 big idea 的'360'度投放转变成品牌'365 天'随时随地跟消费者在一起,让内容在不同平台或者生态里流动"②。大众传播正在让位于"泛众传播"③。泛众传播与大众传播一样可以规模化传播,所不同的是它可以针对每一位受众进行"定制化"的传播设计,随着人工智能在营销中的运用,泛众传播将更具个性化,成本更低。

数字环境下,信息的创意表达和规模化的传播,不再是广告主的核心诉求。随着顾客力量的凸显,顾客关系的建立、顾客需求的洞察与应对,才是广告主根本的需求;媒介不仅仅是信息传播的渠道,还是购物、娱乐、社交等生活场域。为了应对这些变化,"广告"涵盖了公关、事件营销、植入式广告、H5、程序化购买、病毒营销等,任何能接触消费者的方式和方法,成为了"包罗万象的传播"。广告没死,现代广告的终结却是事实,后广告时代已经来临。

---

① Deuze M. Living in Media and the Future of Advertising. Journal of Advertising,2016,45(3):1-8.

② https://socialbeta.com/t/featured-interview-isobar-cco-chris-chen-mma-chairman-2018.

③ 李沁、熊澄宇:《沉浸传播与"第三媒介时代"》,《新闻与传播研究》,2013 年第 2 期。

唐·舒尔茨在《广告的未来及其可能性》一文中指出,未来"广告运作模式将从建立在销售基础上、由卖方对买方使用劝服性策略,而转换为洞察买家或消费者的需求,将传播、销售、分销渠道以及其他方面结合起来,为其创造整体性一站式的解决方案"①。国家广告研究院与中国传媒大学广告学院最新发布的《2018新营销白皮书——营销一体化变革与趋势探索》中提出:"营销和销售一体化时代来临",并"强调传播和销售同步进行、相互促进,传播销售化、销售传播化。"这就意味着在后广告时代,首先,"广告""营销传播"和"营销",三个概念之间的边界已经消解。工业经济时代,企业运用创意信息的规模传播即广告,实现对消费者的认知管理,通过销售渠道实现最终的交易,而通过公关、客户服务实现对顾客及各利益相关人的关系管理。在后工业时代,或者称为新经济时代,电子商务的发展,媒介环境的变化,尤其是智能手机、社交媒体以及即将到来的5G网络等发展,企业对消费者及其利益相关人的认知管理、交易管理和关系管理不再分离,而是同步进行,在信息传播的同时实现销售,在信息传播的同时,通过互动实现关系管理;其次,广告或者称为营销传播已无法剥离于企业运作的整个过程,营销传播意识和营销传播策略已渗透企业的各个运行环节。再次,广告业的核心价值不是"广而告之",而是"个人化信息定制与精准沟通"。在洞察消费者、顾客的需求,预测其行为的基础上,实现千人千面的个性化营销,并且根据实施的反馈信息随时随地调整策略和实施方案,实现动态营销。

后广告时代,广告边界不再囿于沟通,而涉及管理,是帮助组织实现对消费者、顾客或客户及利益相关人的认知管理、销售管理和关系管理。广告概念构成的核心要素不再仅仅是消费者、顾客,而是"人",一个个特定的人,围绕着人的需求,来集聚各种资源,信息资源、产品资源、服务资源、娱乐资源、审美资源,帮助广告主实现认知管理、销售管理和关系管理。因此拥有海量消费者、顾客、用户数据,并拥有数据分析、人工智能等技术的公司,比如美国的谷歌、Facebook、亚马逊,国内的阿里、百度、腾讯,将成为后广告时代的引领者。阿里巴巴提出的全域营销方法论(Uni Marketing),即"在新零售体系下以消费者运营为核心,以数据为能源,实现全链路、全媒体、全数据、全渠道的一种智

---

① Schultz D E. The Future of Advertising or Whatever We're Going to Call It. Journal of Advertising, 2016, 45(3): 276-285.

能营销方式"①,或许是未来广告发展的现实图景。

第二节　媒介融合与广告发展

计算机、互联网以及信息技术的发展导致了媒介融合现象的产生。近年来媒介融合现象越来越引起学者、业界的关注。对广告而言,媒介的不断融合正导致媒介生态的变化,从而将根本改变广告行业发展和运作模式。本文试图剖析媒介融合的表现形态,并就其引发媒介生态变化从而影响整个广告发展作出一番梳理。

媒介融合最早由美国麻省理工学院教授 I.浦尔提出,是指各种媒介呈现出多功能一体化的发展趋势。在《信息时代的传播媒介》一书中,作者约瑟夫·斯特劳巴哈和罗伯特·拉罗斯则认为,媒介融合是信息技术与媒介的融合,从而促使各种媒介形态的融合。在笔者看来,媒介融合主要体现在以下三个方面。

一、媒介融合表现在媒介的技术融合

互联网的兴起,其能传输文字、图形、声音、影像的特质,使传统的报纸、杂志、广播、电视纷纷在互联网上建立网站。这种融合,改变了所有大众媒介的特性,使其具有交互性和多媒体特性,同时也彻底解构了大众媒体原有的生态结构,模糊了人际传播和大众传播的界限。比如《人民日报》,作为国内最有影响的报纸之一,它不仅建立了网站,还开辟了网上论坛。有人据此断言,媒介融合进一步发展,到头来很可能只有一种媒介,而不是各不相同的收音机、电视、电影和印刷媒介。其形式将是精密高速的计算机网络以及与之相连的显示器和存储设备。当然,也有许多专家认为,媒介融合不会导致单一媒介,而是使媒介传输和接收多元化。但是近来媒介发展的现实是媒介融合出现另一种景象,媒介融合不仅仅是传统的大众媒介融入新兴的网络媒介,网络媒介大有向传统的大众媒体延伸的趋势。许多网络媒体的触角,通过联合举办专题节目或专版、专栏,正在积极地伸向电视和报纸等传统媒体。一些线上杂志开始创办线下杂志。如著名的 Space.com 与 Hearst 杂志社创办了《Space.com

---

① 阿里巴巴发布 Uni Marketing 全域营销方法论,https://zj.qq.com/a/20161201/027764.htm。

画报》。媒介融合使媒介的形态并没有减少，恰恰相反，各种媒介通过吸收、借用了其他媒介的优势，不断形成新的媒介，引发原有大众媒体或新媒介自身形态的变化。各种媒介、各种技术的相互融合与渗透，不断涌现各种新的媒介形式。而信息技术的进步，又在不断地创造着各种让人难以想象的新媒介形态，这种媒介变革对原有的大众媒介秩序和媒介环境产生了巨大的影响，使单一的大众媒介生态为多元化的媒介生态环境所取代。

二、媒介融合表现在媒介内容融合

数字化的计算机技术，使所有传统媒介的信息内容，文字、影像和声音均可转化成计算机可读取的比特——信息的最小单位1或0。尼葛洛庞帝在《数字化生存》中阐述道："人类在文本、影像和声音中的区别是无关紧要的。用来描述一篇报纸报道的文本元素的比特相同于描述一个广播或电视节目的声音或图像的比特。它们可以在任何一种数字传播系统内共存并混合。"媒介的数字化，他认为，使"媒介不再是讯息。它是讯息的化身。一条讯息可能有多个化身，从相同的数据库中自然生成"。以天气预报为例，广播公司传输一连串比特，你可以通过电脑、手机、数字电视任何一种接受终端来接受这些比特，同时你还可以选择接受这些比特的形态，影像或图片方式，你能直观地看到天气变化；你也可以用声音方式来接受，只听主持人的讲解，当你想更多地了解天气变化的细节时，你可以看到以图表形式对天气变化的分析和阐述。媒介的数字化，在消解传统大众媒介各形态之间原有界限的同时，使所有的媒体都具有了多媒体的特征。但是这种多媒体，在尼葛洛庞帝看来不仅仅是结合了影像、声音和数据的"声光飨宴"，它必须能"触动各种不同的人类感官经验"，比如能读给你听的书，这种书甚至还会在你打瞌睡时把音量放大或者放上一段轻音乐。大众媒介，这一大工业时代的产物，在数字的海洋中被消解的同时获得了前所未有的人性。

三、媒介融合表现在产业融合

数字化技术可以将各种媒介的表达元素转化为最基本的信息单位比特，并用同样的方式进行处理、传递和服务，传统大众媒介各种形态之间的壁垒被消除，从而引发了媒介的产业融合。这种产业间的融合主要表现在：

第一，传统媒介之间及与新媒介之间的融合。1998年，美国新闻集团就进入网络市场,其总裁默多克将其属下的9个娱乐及新闻网站与雅虎相互连接,实现了传统媒体之间或者传统媒体与新媒体的混合经营。

第二,通信、计算机、媒介等不同产业间的互相兼并和投资。以互联网技术为核心的信息技术的迅猛发展,使得媒体内容和信息传播技术,即通信技术之间的互相依存性加强,促使了更大范围的产业融合。微软公司投资广播、电视、出版和互联网服务产业;迪斯尼进军互联网,买下门户网站 Infoseek 约43%的股权;"美国在线"和"时代华纳"合并;长途电话公司 AT&T 买下了有线电视巨头电讯公司(TCL)。

第三,混业经营是所有媒介集团的现实。目前国际公认的全球五大跨媒体集团是时代华纳、威卡姆、迪斯尼、新闻集团和贝塔斯曼。查看其集团经营所涉及的行业极其广泛。因此,信息时代,传统媒体产业的严格分工已不复存在。

总之,以计算机、互联网为标志的现代信息传播技术的发展,全方位地改变了大众媒介的形态特征和结构,网络媒介的生成,媒介融合现象的出现,形成了多元化的媒介技术环境和文化环境,原有的单向度的大众媒介生态逐渐解体,多元的、复杂的、多变的媒介生态逐渐显现。

现代广告的产生和发展与大众媒介生态紧密相连,媒介融合使大众媒介生态产生根本性变化的同时,新的媒介生态逐渐形成。以数字化为特征的现代传播方式,是高度综合了现代高科技的多媒体技术、网络技术及通信技术的信息革命,这一信息革命,深刻地影响我们对世界的感知,也将改变我们感知世界的能力。建立在这一信息革命基础上的媒介新生态,其复杂、多元的结构,交互的传播特性,多媒体的形态特征,时间和空间同时具有的传播扩展能力,深刻影响着现代广告的变革,主要体现在以下三个方面。

(一)促使广告产业链的扩展

技术引发的媒介融合,不仅导致各种媒介形态模糊化,新媒介不断涌现,还使媒介环境复杂化,使整个媒介环境呈现非群体化趋势。传统大众媒体的零碎化,以及新媒体在传播过程中对时空所具有的前所未有的穿透力,远距离信息传播费用的迅速衰退,从而使得受众对信息的选择力和控制力越来越强,这一切撼动了整个广告和大众营销体系的既有基础,使世界广告产业价值链系统发生剧烈的变动。

全球广告业的年增长比例根据各大广告集团营业额统计显示,广告在经营额中所占比重在连年下降,而其他营销沟通的费用则在迅速上升。根据全球最大广告集团 WPP 的 2016 年财报,其广告与媒体投资收入占 45.5%,数据投资管理占 18.5%,公关与公共事务占 7.7%,而品牌管理、医疗健康传播和专业传播占 28.3%。传统广告与媒体的占比在下降,而其他各种沟通和营销收入占比在增大。广告公司的传统定位和价值观念正遭遇现实无情的挑战,媒介购买、户外广告、网络广告的迅速崛起,以顾客为导向的整合营销传播理念被广泛接受和现实运用,不仅改变了广告代理公司的运作方式,同时正在改变广告产业的结构和价值链体系。一方面,促使广告产业价值链的上移,品牌已经成为企业的核心竞争力,品牌战略、营销战略的制定成为广告客户的迫切需求,这就意味着广告代理业不仅要具备各种商业传播战术和技能,而且还要具备战略的制定能力;另一方面,促使广告产业价值链的横向扩展,也就是广告代理业不仅能够提供有关广告服务,而且还能提供促销、公关、直销、网络营销等服务,并且根据不同的情况,进行组合运用。广告不再仅仅是"创意的生意",广告代理业正在转型为提供全面沟通服务的商务传播业。

(二)促使广告运作理念和方式的变革

美国学者托夫勒在《第三次浪潮》中就指出,第二次浪潮中的大众传播媒介不断向人们的头脑中输入统一的形象,结果产生了大众媒介和"群体化的思想"。而第三次浪潮带来了一个"非群体化传播工具"时代。媒介融合促使大众媒介生态的消解,以及新技术促使媒介生态的非群体化特征的凸显,将极大地改变传统广告运作的理念和模式。规模化和个性化在工业时代是两个对立的概念,在信息经济时代,那将是两个可以兼顾的要求。在媒介新生态中,广告信息不再是针对不确定的大众,是特定的群体或个人;广告信息传递的目的不仅仅是促进销售更主要是建立消费者和品牌之间的关系。技术进步正在创造建立消费者和品牌之间联系的新途径。交互技术使得品牌与众多消费者之间建立深入而人性化的关系成为可能,同时给予消费者更多对广告信息看或不看的控制权,这预示着我们正从一个营销沟通的"打扰时代(Age of interruption)",进入一个"植入的时代"(Age of engagement)。基于上述的理念,广告运作模式的裂变呈现以下三个特点。

第一，广告在营销沟通中传统的控制地位将逐渐丧失，整合营销传播，使所有的沟通方式随着客户需要的变化而在具体的运作方案中有所侧重。阿尔·里斯在《公关第一 广告第二》一书中认为"公共关系正在取代广告成为主要的品牌塑造工具"。

第二，通过各种技术，获取消费者的资料，洞察消费者的需求，成为广告运作最重要的一个环节。随着定制广告的出现，广告作业链上原来最为核心的一个环节——广告创意，即广告信息创意，尤其是视觉化的信息表达创意，将让位于商业信息沟通方式的创意，比如2005年戛纳广告节上获得直销大奖的瑞典SYDSVENSKAN日报。为了提醒广告和媒体业报纸的重要性，策划人员将瑞典广告与媒体业界重要人士的出生广告找了出来，装框送给当事人。结果有90%收到这件特别礼物的业界人士表示了谢意。瑞典有在报上刊登新生婴儿出生广告的习俗，将每个人的出生广告从旧报纸上翻印在一张纸上，并不需要高超的设计能力。再比如目前流行的病毒营销，只是在每个电子邮件中加入了一条免费注册的信息，Hotmail通过病毒营销取得了成功。

第三，广告与娱乐的界限正在消失。当新技术能使受众轻易绕开电视广告时，广告主开始与电影、电视、游戏开发商合作，将品牌信息植入其中，成为内容的一部分。比如电影《偷天换日》中宝马生产的Mini Cooper车，《一线声机》中诺基亚手机，已然成为电影情节的一部分。近来植入式广告的盛行就是最好的证明。

(三) 促使广告表现形态产生变化

从广告传播的流程看，无论何种广告运作模式，广告要达到劝服消费者的目的，最终还是取决于广告信息是否为消费者所接收。任何形式的广告作品，即广告的表现形态，究其实质都是一种媒介表达。广告的表现形态，即广告作品，是无法离开所依托的媒介而独立存在的。

传统大众媒介广告，是一种强迫性信息传播。没有人看电视、听广播和阅读报纸、杂志，是为了看广告。对多数人来说，它们只是作为一种背景噪声而存在。Attention，往往是大众媒介生态中，广告作品设计首先要考虑的。为了引起受众进一步的关注，广告必须有趣，广告信息的表现方式，引入了大量艺术创作的手法，运用影像、声音、强烈的色彩、夸张的构图。因此，大众媒介生态下的广告表现形态有其独特的符码系统和结构意义。

目前还很难判断互联网是一种未来社会的主导媒体形态，还是一种发展技术平台。但可以肯定，以网络、数字化为核心的现代信息传播技术，将促使原有的大众媒体形态产生聚合和裂变的同时，在互联网这个平台上也将产生更多的媒介新形态。但是数字化，则彻底消解了传统大众媒体生态中各种媒体形态独立的符码系统。各种新媒介形态往往不具有独立的符码构成系统，它只是数字化内容的一个传递或输出系统。著名的传播学大师麦克卢汉在《理解媒介——人的延伸》一书中提出了"媒介即信息"的观点。但是在媒介新生态中，许多新媒介已丧失了作为"信息"的功能，只是一种数字内容传输、接收器。例如光缆、电话线、手机和MP3等。信息内容和信息传输与接收渠道的意义分离，使广告表现形式的符号意义和促销功能分离，进一步说就是广告作品的审美情趣与广告劝服功能分离。同时在新的媒介生态中，信息流向是复杂、多变的，并不是大众媒体生态中单向度的，这就意味着广告信息传播的发起者，那些企业很难控制广告信息的流向，广告信息传播的控制权倾向了接收者，受众对于信息的接收从接收内容、形式和接收方式和接收时间、地点都具有决定权。广告传播，不再是"消费者请注意"，而是代之以"请注意消费者"。在数字化、网络化的媒介新生态中，广告的表现形态将向两极发展：

其一，多媒体的传播载体给广告提供了前所未有的创意展示空间，广告表现形态将会更加具有审美意义。正如迈克尔·舒德森所说："当一种交流方式失去了它的功能性作用时，就变成了一种艺术形式。"就像绘画因摄影的发明而丧失其记录的功能成为艺术品，像马车因火车的诞生而丧失其运输的功能而成为博物馆内的展品，广告作品也将在因媒介融合及其技术发展生成的媒介新生态中丧失其促销功能而成为艺术品。

其二，剥离了审美需求的广告信息，将回归到促销（promotion）功能。在对受众的需求洞若观火的前提下，广告信息的内容将极具针对性，甚至个人化。比如商店可以根据顾客数据库，通过电子邮件发送一份根据该顾客销售记录应享受的折扣比例的折扣券。还有根据消费者需求进行有偿的定制，使广告信息具备更多的咨询价值。比如某人在最近一个星期不断进行"汽车"关键词查询，据此，将汽车厂家的促销信息传给他，以帮助其挑选汽车。

第三节　娱乐即媒介：广告的情景化

尼尔·波兹曼在《娱乐至死》一书中指出"媒介即认知"，这显然是马歇尔·麦克卢汉"媒介即信息"这一著名论断的意义引申。他认为媒介不仅传递信息，还"指导着我们看待和了解事物的方式"①，甚至"媒介的形式偏好某些特殊的内容，从而最终控制文化"②，即媒介不仅是信息的载体，其载体的形态影响装载的内容，从而对我们的认知甚至文化范式产生根本性的影响。体验经济时代，各种各样的娱乐形式比如电子游戏、电影、体育比赛成为广告信息的传递载体，并成为企业为消费者创造体验的平台；同时在数字化背景下的新媒介和传统媒介，都呈现出越来越多的娱乐化倾向，从信息传播角度，这一切促使了一种新媒介形态——情景媒介的产生，并导致广告——借助这一新型媒介传递的内容，其信息架构和运作范式产生变革。

一、体验经济的娱乐特性

美国未来学家阿尔文·托夫勒早在20世纪70年代就预示体验经济的来临，在其出版的《未来的冲击》一书中将人类经济发展划分为产品制造业、服务业和体验业，并预言"体验工业必然成为超级工业主义的重要一环，这种体验工业最后将变成'后服务经济'的基础。"③

体验经济引起广泛关注是1999年，《体验经济》一书的作者在书中将人类的经济活动分为农业经济、工业经济、服务经济和体验经济四个阶段，并宣称体验经济的时代已经来临。2012年，机械工业出版社出版中文版时将副标题去掉，而该书的副标题，则是极其形象地揭示了体验经济的重要特质——娱乐性，这体现在书中对于体验的定义：体验就是"企业以服务为舞台，以商品为道具，以消费者为中心，创造能够使消费者参与、值得消费者回忆的活动"④。体验就是创造难忘的经验。在服务经济时代，体验(experience)通常被看成服务的一部分，许多企业只是将体验与其产品和服务结合，旨在促进产品和服务

---

① 尼尔·波兹曼：《娱乐至死》，章艳译，广西师范大学出版社，2004年，第13页。
② 同上。
③ 阿尔文·托夫勒：《未来的冲击》，黄明坚译，中信出版社，2006年，第123页。
④ B.约瑟夫·派恩、詹姆斯 H.吉尔摩：《体验经济》，毕崇毅译，机械工业出版社，2012年。

的销售。在体验经济时代，体验成为一种经济物品，如同服务、货物一样可以进行交换。未来企业要彻底发挥体验的优势，必须用心设计，让消费者愿意为体验而付费。

按照体验参与的程度，作者在《体验经济》一书中将体验分为娱乐、教育、遁世体验和审美四种体验。娱乐体验是获得感官上的愉悦，比如观看电影、听音乐等。教育体验是获取知识的过程，比如上课较之娱乐体验具有更多的参与性。遁世体验指顾客不仅完全沉浸在某种体验里，并成为营造这种体验的积极参与者，比如玩网络游戏、参加《超级女声》《加油好男儿》等选秀活动。审美体验是体验者融入整个活动场景或氛围中，但并不影响体验的呈现，比如观赏美景、欣赏艺术作品。作者指出，令人难以忘怀的体验，通常同时含有以上四种体验。

当作者大声宣布体验经济来临时，与此相伴的是"流动加速化"问题的日益凸显。科技进步，尤其是通信技术的飞速发展，使信息在网络世界和现实生活中流动得越来越快，不仅如此，商品、服务、资本、劳动力的流动也在不断加快，社会生产效率不断提高。物质生产所需的人力越来越少，人们拥有较之农业社会、工业社会更多的闲暇和自由，因而大量的劳动力将从事非物质的生产以适应消费需求的变化。

"流动加速化"现象不仅存在于经济领域，已经渗透社会、文化乃至于人们生活的各个层面。新的社会思潮、文化范式和生活方式层出不穷，呈现出多元化繁荣背后"一时性"的本质。在农业经济、工业经济时代，整个社会的价值体系是相对稳定的，但是进入体验经济时代，"流动加速化"使整个社会的价值体系不再一体化，多元化和短暂化将是整个社会价值体系的特征，同时个人的价值体系在其一生中也将经历不断的重构过程。

"流动加速化"，伴随着全球化、网络化的加剧，无论是作为客体的物，还是作为主体的人，所有的流动呈现出去地域化的特性。即所谓的"主体和客体的流通日益加速，多重空间探索的流通日益加速，由此它们被掏空了意义"[①]。举例来说，在一个流动性较少的社会，人们可以通过长时间的接触，从而对某个人有一个全面的认识；同时作为个体，通过社区公共价值体系、行为范式的潜移默化，从而确立自身的价值判断，并且一旦确立往往一生都很难改变。但是

---

① 斯科特·拉什、约翰·厄里：《符号经济与空间经济》，王之光、商正译，商务印书馆，2006年。

处在一个流动性极强的社会,人与人的接触是短暂的,人们往往通过你的身份证、你的履历表、你的消费,比如你穿的衣服、你开的汽车、你住的饭店等来迅速地"认识"你,而不可能通过日常生活来慢慢地熟悉你、了解你。在这个对你的"速记"中,作为个体的你被彻底掏空了意义,成为一堆符号的集合。而你所面对的客体,比如你所消费的衣服、汽车和住所,它们意义也不再是遮蔽躯体的物品、代步的工具、休息的场所,而是你的身份象征,甚至是你个性追求、自我认同的体现。比如穿着黑夹克、手举玉米的李宇春的粉丝们,黄色的玉米与黑色的夹克成为一种认同的符号和象征。

在体验经济的加速过程中,当主体与客体日益地去意义化而呈现出更多的符号化特质时,当社会与个人的价值体系不再一成不变,并越来越短暂化时,作为主体的价值构架又将呈现怎样的图景呢?在体验经济时代,工业经济时代所追求的所谓事业有成的成功哲学,让位于转瞬即逝的快乐追求,人生无所谓"意义",快乐才是自我实现的最高境界。当然快乐是多样的、多变的,又是短暂的,就某个个体而言又是独特的,可以是在星巴克慢慢地品尝一杯卡布其诺咖啡,也可以是为慈善慷慨解囊,或当一个志愿者帮助弱势群体;就整个社会而言,又可称为是多元的。

沃尔夫指出,"快乐,通常以娱乐内容为形式(或者至少其内容与娱乐方式相关的),是当代消费者广泛存在的文化价值"[①]。在笔者看来,当"快乐"成为体验经济时代人们普遍的价值追求时,娱乐体验将成为实现其他各种体验的基础。在体验经济时代,学习与快乐将不再对立;遁世体验不再是陶渊明们的专利,无须隐入大山素衣陋食,坐在舒适的家中,轻点鼠标,即可进入网络的虚拟世界;审美体验不只为精英们所把玩,而是融入芸芸众生的日常生活,一个造型别致的杯子,一处设计独特的居所,都可以激发人们的审美体验,即所谓的日常生活审美化。创造体验将成为企业取得竞争优势的砝码,但要吸引消费者,任何一种体验的设计,都不能没有娱乐的因子。创造快乐的体验一直是娱乐业的核心,但在体验经济时代,娱乐体验已经突破电影院与游乐场产业的界限而渗透各行各业。在一个不断加速的时代,一切都那么短暂,快乐是人们在短暂的生命中能抓住的几乎唯一的东西。当追寻快乐、享受快乐成为人生

[①] 米切尔·J.沃尔夫:《娱乐经济——传媒力量优化生活》,黄光伟、邓盛华译,光明日报出版社,2001年,第63页。

主题时,制造快乐、提供快乐,自然成为经济的主题、社会的主题,也必然成为传播的主题,甚至影响传播方式和传播的符号编码。

二、娱乐泛化与媒介概念的延伸

体验经济时代,追求快乐成为自我实现的价值泛化,导致创造体验尤其是娱乐体验成为经济的发展动力。当越来越多的企业将娱乐因子加入它们的业务中去,并且商业信息的沟通更趋向于娱乐体验的设计时,传统的媒介概念被彻底颠覆。这种颠覆来自两方面的原因,一方面,媒介作为商业经营本身的娱乐化倾向,娱乐不仅成为媒介主要传播内容,而是成为所有媒介话语的超意识形态,也就是媒介的所有信息和内容都渗透着娱乐的因子,即便是新闻直播,比如伊拉克战争,往往成为好莱坞战争片的翻版,并因此吸引受众和广告主;另一方面,企业为了提供更多的体验,取得竞争优势,将所有娱乐及其活动作为其商业信息传播的载体,比如网络游戏、电影和体育赛事等。

人类历史上经历了三次信息传播的革命:第一次是表音文字即拼音文字的发明,这一发明是对口语传播的变革与延伸;第二次是纸的发明,极大地提高了传播的便利性,拓展了传播的地域性和时间性;第三次变革是数字计算机被发展用来处理、储存和恢复信息,同时网络和移动通信的发展,使传播媒介在时间和空间的延展性得到了前所未有的扩大。与此相伴的是传播媒介形态的变化,从苏美尔人的软泥版到埃及人的莎草纸;从"活字媒介"[1],如报纸、杂志、图书,到"声像媒介"[2]如广播、电视、电话等;从电脑、网络到数字电视、有线电视、手机,以计算机数字语言为基础,结合多媒体、通信等各种技术的新媒体形态更是层出不穷。作为信息符号载体的媒介,其物质形态不断变化的同时,传播特性也在变化,并深刻地影响着人们对媒介的理解,从而使媒介的内涵和外延不断地丰富和拓展。以下,笔者来梳理一下原有的一些媒介定义。

首先是从技术范畴,国际电信协会将媒介分为感觉、表述、表现、存储、传输等五种媒体并分别作了定义。

(1) 感觉媒体(perception media):声音、文字、图形、图像等,物质的质

---

[1] 张国良:《传播学原理》,复旦大学出版社,1995年,第113页。
[2] 同上。

地、形状、温度等。

（2）表述媒体（representation media）：为了加工感觉媒体而制造出来的一种媒体，如语言编码、图像编码等各种编码。

（3）表现媒体（presentation media）：感觉媒体与通信电信号进行转化的一类媒体。

（4）存储媒体（storage media）：用于存放媒体的一类媒体，如硬盘、光盘等。

（5）传输媒体（transmission media）：用来将媒体从一处传到另一处的物理传输媒介，如各种通信电缆。

从传播的范畴，对于媒介的定义有狭义与广义之分。

威尔伯·施拉姆定义传播媒介是"插入传播过程之中，用以扩大并延伸信息传送的工具"[①]。张国良教授在《新闻媒介与社会》一书中指出："本书所说的并不是宽泛意义上的无所不包的'中介体'，而是同特定意义上的处于人与人之间作为信息传播渠道的'居间工具'，即所谓的传播媒介。"[②]

以上两个定义属于狭义的定义。

广义的媒体定义最著名的论述当属加拿大学者赫伯特·马歇尔·麦克卢汉，他认为媒介是人的延伸，除了报纸、电影、广播、电视，还包括一切人工制造物，一切技术和文化产品，甚至包括大脑和意识的延伸。他将媒介分为两大类：肢体的延伸和大脑的延伸，并认为电子媒介是大脑的延伸，其余的一切媒介是肢体的延伸。在《理解媒介》一书中，他甚至列出 26 种媒介，除了广播、电视、报纸、杂志，还包括口语、文字、数字、电影、漫画、广告、游戏，甚至是服装、住宅、货币、时钟、自行车、飞机等。他还提出了"媒介即信息"的论断，认为媒介改变了人们的感知方式，从而对个体、社会及其文化发展产生了深刻的影响。麦克卢汉的大媒体概念引发极大的争议，尽管他没有对媒介进行明确的定义，但从更高的层面探讨了媒介与人、媒介与社会发展的关系。

国内学者崔保国认为："传播意义上的媒介是指传播活动的中介或中介物，它本质上由物质、技术和人构成，与整个传播过程融合在一起。"[③]该定义不仅将物质存在、人，还将技术也纳入了媒介行列。

---

① 威尔伯·施拉姆、威廉·波特：《传播学概论》，陈亮等译，新华出版社，1984 年，第 144 页。
② 张国良：《新闻媒介与社会》，上海人民出版社，2001 年，第 2—3 页。
③ 崔保国：《媒介变革的冲击》，《新闻与传播研究》，1999 年，第 41—45 页。

从以上对媒体不同定义的梳理，可以看出国际电信协会和传播学范畴中的狭义定义，都强调媒介最基本的特性是物质性；传播学中广义的媒介概念则将技术、人都纳入媒介的范围，从而大大扩展了媒介的外延。在体验经济，渗透到各行各业的娱乐化倾向，有趣、快乐的体验设计成为传播的主题，不仅仅人与技术，情景因素也将导入到传播媒介的概念界定。媒介不仅只是物质的"居间工具"，只要传达商品或品牌的信息，内容、信息及其喜怒哀乐都可以成为传播的媒介。媒介不仅是人肢体的延伸，大脑的延伸，也是情感的延伸。物质性不再是媒介的基本特性，媒介也可以是一种抽象的客观存在。在体验经济时代，一种与原有媒介有别的新媒介形态——情景媒介产生了。这种情景媒介具有以下三种特性。

（1）形态的非固定性。情景媒介没有固定的物质形态，它可以从任何原有的媒介转化而来，比如电视媒体，当某个品牌的调味料出现在美食节目中，随着节目的展开，而将其特性一一呈现时，此时它就成为情景媒介了。情景媒介可以是通过设计的某个场景，比如男子在地铁站的求婚设计，大束的玫瑰、长长的写有女孩名字的横幅、地铁站内人们羡慕的目光；也可以是某种情感表达，乘飞机时空姐亲切的问候，热情的微笑。

（2）符号负载的双重性。媒介内容的媒介化，促使媒介传输符号负载的双重性。无论是电影、电视、广播还是电视、网络，情景媒介所要传递的符号即是节目、电视剧等本身所要传达的内容，同是产品信息、品牌信息等广告营销信息的传达。这种双重性，从广告或商业信息传播的角度，也可称符号负载的寄居性。

（3）编码与传播过程的交互性。一般而言，作为中介的传播媒介，在其传播过程中不能对所负载符号做各种变形处理。也就是说，传播媒介在将传播者编制的符码比如电视台记者采编的新闻，传递给受传者之后，在受传者那里能够还原为传播者所编制的那种符码形态，即大众能够看到记者采编的节目。但是情景媒介在一般情况下具有很强的互动性，因此信息呈现，即编码过程与传播过程具有交互性，在传播过程中，传播的情景因素渗透编码过程，传播与编码相互交织，打破了信息传播还原性的规则。

三、情景媒介与广告运作范式及信息架构的变化

经济的娱乐特性意味着企业为顾客提供产品，不再仅仅是"一些功能特征

的混合体而是意味着提供并提高顾客体验"①，营销并不仅是提供顾客利益点，而是提供令人愉快、有趣甚至刺激的体验。这就导致广告乃至营销传播的基调发生变化，传播不再仅仅是提供产品、品牌等信息，而代之以娱乐。娱乐将成为商业信息传播的主题甚至是主体，同时又是承载信息的媒体。情景媒介是体验经济的产物，它将对广告的运作范式和信息的架构方式变化产生深刻的影响。

现代广告是工业化大生产的产物，规模的生产需要规模的消费，从而需要规模的商品、服务信息的传播。随着企业经营理念的发展，消费需求和消费文化及媒介生态的变化，广告运作范式变得日趋复杂和多元。从目前来看，主要是以电视媒介为核心媒介而发展起来的广告运作模式。这个模式主要有以下的几个步骤：市场研究，战略制定（目标受众的确定、广告目标的确定、媒体战略、创意战略），广告创意，媒介发布，效果评估等，尽管这个模式中每个步骤都极其重要，但究其实质，广告创意是运作链中最核心的一环。

随着数字媒介时代的来临，就广告传播而言，媒介的碎片化和信息过剩是一个不争的事实。产品或品牌信息在这样的传播环境中要达到预期的传播效果，必须要整合运用其他的传播手段和方式，比如公关、直销、促销等，因此广告运作泛化为营销沟通，广告创意的核心地位发生动摇，沟通方式的选择与组合、媒介战略成为整合营销沟通运作链中核心的部分。

随着媒体、计算机、通信技术等的发展，信息获取和传播的成本较之以前大大降低，因此一定规模的广告信息的传播定制成为广告运作的新模式，主要步骤是：消费者或顾客数据库的建立，通过数据分析，判定顾客价值，确定沟通的目标群体，根据目标群体行为、生活形态等，设定接触方式、设计激励信息，通过测量顾客或称目标受众的行为，确定广告传播的效果，计算出广告投资回报。

情景媒介所具有的形态的非固定性、符号负载的双重性、编码与传播过程的交互性等特性，决定了依附其上的产品、品牌的信息传播将颠覆以上三种广告运作的模式。情景广告是内容或场景的融入，不需要广告信息的创意制作，也无须媒介战略选择，其运作的主要步骤是：内容选择或制作，包括电视节目、新闻栏目、电影、游戏、小说、软件、比赛等；产品或品牌信息的情景呈现；当

---

① Bernd H. Schmitt：《体验营销》，刘银娜等译，清华大学出版社，2004年，第9页。

然市场研究和传播效果的测定这两个环节也是必不可少,但是这两个环节的运作内涵已发生变化。市场研究,不再仅仅是研究广告目标受众的需求,还有媒介受众需求与企业需求。其效果研究也不再仅仅是产品或品牌信息的记忆和好感以及由此产生的消费行为,而是对于产品或品牌在生活中符合意义的认同。从整个情景广告的运作可以看到,其模式中被掏空了原有广告创意与媒介运用,其实质已不再是传统意义的广告,而是一种新的沟通形式,它是将内容与产品或品牌信息合二为一,广告创意人员直接面对的是内容创作,比如小说、电影中的情节等。有人把它称为"第三方传播",又称为"纽豪斯传播"①,在国内也称之为"植入式广告"。其实情景广告不同于产品或品牌信息的简单植入,它是需要通过对内容的创意,将产品或品牌信息展示在各种内容之中。这种传播形态不同于硬性广告、软性公关,同时又综合广告与公关特点。目前在许多细分媒体和时尚消费类报纸杂志中都已开始运用。比如在《贝太厨房》节目中,有一道根据光明奶酪创意的"番茄奶酪意面",就是由编辑人员与光明乳品公司的有关人员直接沟通而创作的情景广告。

从信息架构层面来看,传统广告的信息架构主要涉及三个层面:主题确定、符号运用和编码等,通俗地说就是:说什么,怎么说,说。比如一则引起争议的耐克广告——恐惧斗室。首先是主题确定,耐克广告的主题就是"JUST DO IT",即通过奋斗,获得成功;符号运用,在这则广告中,它选用一个著名的篮球明星勒布朗·詹姆斯,它打败了作为中国图腾形象的龙、武术大师和飞天美女,最后获得成功。在这里无论是篮球明星勒布朗·詹姆斯还是中国龙、武术和飞天美女都被符合化。篮球明星是"追求自我实现"的符号,中国龙、武术、美女是困难的象征,引起冲突,只是广告中的符号的象征与受众对该符号的象征理解的不同。编码就是影像、图片、音乐等元素制作成"恐惧斗室"的广告片。

与传统媒介不同,情景媒介为负载其上的情景广告提供的不仅仅是一个简单的信息传输中介物,而是提供了一个现实影像的符号系统;情景广告则融入媒介符号系统之中,成为其组成部分,其信息的架构过程,并不独立于媒介系统;而是成为媒介符号系统的组成部分。

---

① 20世纪90年代,美国传媒帝国的巨头纽豪斯的媒介经营理论,即消费需求、阅读需求和客户需求三者相重合、统一的传播方式。该传播方式有别于广告和传统的媒体公关,因此被称为第三方传播,因由纽豪斯提出,在西方社会也称为"纽豪斯传播"。

传统广告信息架构的原则是"引起注意 attention——引起兴趣 interesting——引起欲望 desire——产生行动 action",因此广告本身必须要具有冲击力。而情景广告则必须融入内容或场景,广告创意强调的是其与内容、主题、情节和情景的相互的契合度。由于情景媒介形态的非固定特性,因此作为情景广告的信息架构也将随着媒介形态的变化而变化。只有当情景广告契合于整个媒介符号环境系统体时,它才有可能收到最佳的传播效果。

第四节 网络新空间中的广告发展
——Google 核心价值链及其拓展的分析与思考

因《数字化生存》一书而闻名于世的尼葛罗庞帝,参加中国互联网高峰会时,讲述了一件事,令人不得不感叹 Google 的影响力。他说在柬埔寨的北部由他出资建了一所小学,他设法使孩子们能够上网获得更多的知识和信息,令他感到吃惊的是,这些学生学会的第一个英文单词是 Google。就如当下的流行语"让我们 Google 一下",这不仅仅是词性的转变,而蕴涵着 Google 对于我们所处世界的渗透力,这种巨大的渗透力正随着其价值链的拓展而拓展。这种拓展预示着互联网运用发展巨大的变革和突破,同时又在重新定义网络空间及其意蕴,就广告乃至营销而言,重新审视自身的地位和作用并非杞人忧天。

一、Google 价值链的拓展

Google 的创始者之一拉里·佩奇曾经说过,"最终的搜索引擎会明白世界上的一切,并且永远提供最准确的答案"。Google 在向这一目标迈进的同时,正在开启互联网运用的新时代。

打开 Google 简洁的页面,点击"更多……",呈现的服务项目和网络运用工具令人惊叹。为了研究 Google,笔者订阅了以 Google 作为关键词的新闻,即 RSS 订阅服务,半年来笔者每天收到关于 Google 的新闻或来自论坛的文章,在这些 Google 的新闻和论述文章中,笔者体察到 Google 在其不断创新的技术过程中,正以惊人的速度,通过对于人类需求的深刻洞察,和对市场的探索勇气,在涉足一个个业务领域和服务空间的同时,其自身的价值链也在不断地扩展。价值链的概念由哈佛大学教授迈克尔·波特提出,在此运用这个概念主要想比较清晰说明 Google 业务的变化及其创新意义。

　　Google 的核心价值链显然是其搜索服务，与之相衔接的是其创新技术，而关键词广告则是企业整个价值链中关键的一环，没有这一环节，作为企业就无法生存（图 1-1）。这一环节的开创，使提供免费优质搜索服务的 Google 实现了赢利，并为其技术创新和服务拓展提供资金保证。核心价值链不仅是企业竞争的动力源泉，同时也构架了企业的运作空间和范围。

图 1-1　Google 的核心价值链

　　在这个最初核心价值构架中，Google 的一切运行都没有离开互联网所规定的那个网络空间，电脑是进出其服务空间的唯一接点。然而，就目前而言，其核心价值已获得了非常大的拓展，并且在不断地延伸，已经开始突破了网络的空间界限，进入日常生活的各个领域。在构架超媒体信息服务平台的同时，正对传统的行业界定提出挑战，一个建立在各种信息搜索服务基础上的超服务体系正在形成（图 1-2）。

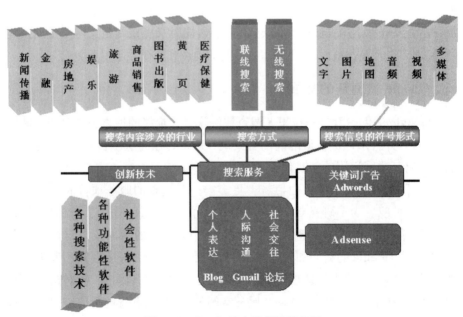

图 1-2　Google 核心价值链的拓展

从图 1-2（该图并未列出 Google 的所有服务项目和提供的各项功能性运用，只是列出其主要拓展脉络和方向）可以看出，作为核心价值链中的核心——搜索服务，从搜索的方式看，已经从联线扩展到无线，这就意味着 Google 的搜索服务空间已经突破了计算机、传输光缆或者电话线、服务器所构筑的空间，进入到一个新的空间构架。按照"无线"的发音输入拼音，汉字输入软件还会跳出另外一个词汇"无限"，这虽是一个巧合，却也预示着搜索进入无限领域业务发展的无限可能。2006 年 2 月 28 日，手机厂商索尼-爱立信公司宣布在今年发布的几款新手机中将采用 Google 的搜索和博客功能。之前摩托罗拉公司宣布计划在手机中设置一个 Google 的图标，以便手机无线上网。Google 搜索与戴尔合作，在其出售的电脑中预装 Google 的桌面搜索软件。这一切都在重新定义着网络空间及其与人们日常生活空间的关系。从 Google 搜索的符号形式看，Google 已突破文字信息，开始音频、视频和多媒体的搜索服务。除了搜索服务，Google 的核心服务价值链又多了一个环节，那就是满足个人表达和社会交往需求的 Blog、Gmail、即时聊天、Wiki、论坛等。并将最新的搜索技术及 Google 其他技术整合入内，正朝着满足个体信息需求到社会交往需求，打造个人门户的方向发展。从搜索的内容看，Google 涉及行业广泛，信息的提供不仅缩小消费者与商家之间的信息不对称，还将震撼原有行业运作的基本规则。

从其核心价值链的最后一环——广告，我们可以看到 AdSense 计划的推出，无论是广告刊登的空间还是广告刊登的内容都得到巨大的拓展。AdSense 实际上相当于一个广告联盟。AdSense 可以在加盟者网站的内容网页上展示相关性较高的 Google 广告。只要链接的广告被有效点击，加盟者便可从 Google 处分得一部分广告收入。通过 AdSense，Google 将突破自身的局限，将广告刊登到与之合作的互联网中大大小小的各种网站，甚至个人的 Blog，这就意味着 Google 在互联网中编织一个无限扩展的信息传播网；同时突破关键词广告只能做产品广告的局限而进入品牌广告的领域；广告的发布形式不再仅仅是文字，还有图像、甚至是多媒体。

当然与其服务和广告这两个环节相衔接的技术创新环节，从图 1-2 可以看出除了搜索技术，Google 还致力于各种功能性软件，比如网上办公软件和桌面搜索，以及满足人际交往需求的社会性软件等方面的开发。

总之，通过 Google 价值链及其拓展的分析，我们可以看到 Google 通过其技术正在构建一个超服务体系。所有这种超服务系统的建立，其真正意义在于新的空间体系的构架。这种新的空间体系蕴涵着各种新的商业机会和广告运作的巨大变局。

二、Google 超媒体与网络新空间的形成

Google 的商业模式是将信息的搜索服务与刊登广告有机地结合，Google 本身成为一个特殊的广告媒体。随着其价值链的拓展，Google 已经发展成为一个超媒体。

超媒体（Hypermedia）从技术层面是指一种新型的管理文本或媒体信息的技术，使得任何一条信息都可以随意直接、自动地选择另一条信息链接，所以 Hypermedia 也有人翻译为"超链接"。这种新技术与传统信息管理技术相比，它的新颖与强大之处在于不仅管理信息，而且管理信息之间的关系，并且强调对关系的管理。也就是说，从一般意义上讲，"Hyper"主要不是表现在文本/媒体本身的性质上，而是表现在它超越了媒体信息本身的空间，它为信息管理加上了新的一维——关系。Wiki 百科认为超媒体是超文本的逻辑延伸。超媒体通过非线性的超链接将视频、音频和简单文本组合创造一个非线性信息媒体。尽管多媒体从物质形态上通常能够随机提取，与超媒体相比，从自然本质看，它是线性的媒体。

从超媒体的定义可推断其特性主要体现在两个方面：其一它是非线性的，通过链接形成不断扩展的网络，具有无限大的传播张力，与传统媒体不同，甚至与多媒体都有本质区别，超媒体传播的网络是在传播过程中自然生成，并且会根据不同的信息生成不同传播网络；其次，超媒体不仅仅是信息载具，它还涉及节点之间的关系管理，点与点之间的链接尽管随机，但并非没有原则，有其内在的逻辑关系，因此当超媒体技术在进行信息节点之间的链接时，便生成了一个个网络，这并非仅仅是单纯的信息传播网络，而涉及各种复杂的关系，甚至蕴涵着新的商机。

作为商业模式的 Google，其超媒体的特性已经突破了技术层面，触及我们对网络空间的重新认识和定义。通过一个个关键词的搜索，Google 制造了一个个需求的空间，并且可以通过一系列功能的整合成为一个个消费空间。这些空间其实已经成为功能和形式的一种网络。在这些需求空间中，Google 将被大工业时代因分工和规模生产导致的生产与消费的割裂有效地整合，形成

一个高效而灵活的需求供给系统。需求、沟通、销售、交付乃至设计和生产，都在这个空间中整合。比如你想买辆家用汽车，你只要输入关键词，那么就可以看到有关汽车的各种信息，链接到各种汽车生产商的网站，网站上有他们生产的各种产品的介绍，以及汽车销售商的各种优惠广告，甚至有汽车销售网站等，凡是能满足消费需求的各种功能，从营销信息到销售渠道，甚至产品开发、设计、生产和制造，将来生产厂商为了增加竞争力会通过网络开展越来越多的定制服务。各种功能，都快速地整合进 Google 为你的需求所构建的超媒体空间之中。

Google 所有的努力不仅仅是提供快速、有效的信息查询，正朝着迅速构建高效的消费空间方向发展。比如 Google 搭建的图书内容全文索引目录，它能帮助读者进行图书全文检索，迅速地定位并找到希望购买的图书，并通过链接出版社网站或网上书店进行购买，这意味着数以百万计的图书，其中包括不再出版的和版权已公开的图书，都能立即被读者找到并通过 Google play 网上支付系统购买，这将使网上购物更加快捷，使消费空间的功能更完备，生态更完善。正如英国电信公司首席信息官 Ramji 指出，Google 正在从搜索引擎公司转向消费者技术领域。Google 的技术创新将不断发展其消费空间功能的整合力。

在 Google 这个超媒体平台上，空间随时都会随着需求变化而重新构架，而非固定不变，各种资源被随时组合。所有行业和企业乃至国家，如果不能尽快适应这种新空间及其资源的组合方式，并主动调整自身的结构，不是危言耸听，将会影响到自身的未来发展。这些消费空间可以随着消费者输入的关键词，即其需求的变化而变化。因此从理论上讲，Google 将涉足任何我们传统意义上的行业，或者新兴行业，只要消费者有这个需求，并且 Google 认为值得去做，Google 就会做。这也就是为什么 Google 会不断引起人们恐慌的原因，从房地产销售业到旅游业，从 eBay 到微软，甚至是很多国家的安全部门。在 Google 这个超媒体平台上，因工业时代分工导致的生产、服务细化和需求的割裂，重新得到整合，并朝着开创一个新的完整的个性化的人性空间发展，新的空间的组合模式将会全面影响我们整个社会、生活的架构方式，包括行业、企业的架构和运行，广告业也不会例外。

Google 所创造的消费空间，使个体需求的满足成本下降的同时，时间得到了无限延伸。比如以上所说的 Google 正在开发的图书内容全文索引目录，通过这个系统我们不仅能查找现有的出版物,并且已经绝版或者将要出版的出版物都可以以某种形式在网上找到,甚至出版社可以在读者的反馈中发现有价值的选题。在这个图书消费空间中,过去、现在和未来都在搜索点击的一刹那呈现,时间的维度被当下所压缩,从另外一个角度看又被无限地延伸了。通过Google的价值链拓展图,我们可以看到,Google正在积极投身无线领域的搜索。通过这些技术,人们可以通过具有上网功能的手机以及即时转换系统在世界的任何角落任何时间,查找信息,从而使消费空间产生流动,形成流动的消费空间。这就意味着空间不再是某个特定地点的空间。时间和地点,是每个人或企业确立自身身份的关键要素,在一个这两项不断弱化的空间中,企业和个人如何确立自己的身份,并实现产品的推广和销售?原有的营销理论已经有点力不从心,在下面部分将结合目前的运作情况,详细阐述笔者的观点。

三、网络新空间中的广告发展

当人们为广告第一还是公关第一争论不休的时候,技术的发展,特别是通过Google技术及其商业模式所展示的新空间及其功能,以及无线运用使这一空间所具有流动性和向实现空间的渗透力度,使我们对于广告乃至营销的作用不得不进行思考。

农业经济时代自给自足的生产方式导致人的生存空间相对封闭,交换在整个社会经济生活中作用很微弱。工业经济时代,规模生产,使交换成为社会经济生活中关键的一个环节;社会分工的不断细化,使消费者和生产者割裂。企业如何寻找到规模的消费者,促成其交换成为营销理论的核心所在。现代广告业、现代广告理论产生和发展都围绕这个命题展开。随着知识经济时代的来临,通信技术和互联网的发展,生产者与消费者割裂状况开始改善,企业营销的根本使命不是寻找大量的消费者,促成交换,而是让消费者找到你,并留住消费者,了解消费者,建立关系,不断为其提供新产品、新服务,创造顾客价值。

现代市场营销理论一个重要的组成部分是市场细分理论。按照该理论,企业通过人口统计、行为、心理和地理四个方面的变量来划分市场,然后根据企业的资源,选择进入某个细分市场。市场的细分和资源的组合和投入都无法离开地理变量。但是Google所构建的消费空间是可以随时切换,并随着无限上网搜索的运用而开始流动,因此对企业来说,消费者已经变得飘忽不定,地域性在企业运作中的意义在发生根本性的变化。不是分众而是聚众能力是当下和未来企业营销最关键的所在。

尽管整合营销传播理论在广告业得到普遍的认同,但是目前,尤其在中国,广告运作仍然习惯以电视广告创意和电视媒体运用为中心来组合各种沟通工具,以达成所谓的整合营销传播。整合营销传播的理论强调以消费者为中心,加强消费者与品牌的接触管理,强调媒介中立的企划原则。但广告运作的惯性,以及原有运作生态的改变并非朝夕之事。至今我们的营销沟通,或称整合营销传播运作,大多把网络中的沟通简单地理解为网络广告,并仅作为整个沟通计划中一个非核心部分。

在线出版商协会(OPA)的一份研究报告称,网络已经成为人们工作时使用的头号媒体,是家庭中的二号媒体。网络中的广告只占所有媒体中比重的8%。这项研究 OPA 委托 Ball State 大学媒体设计中心进行。该研究项目每隔 15 秒对代表着不同性别、不同年龄段的 350 个人使用媒体的情况进行跟踪。

根据 eMarketer 的报告,2018 年全球广告总支出 6 286.3 亿美元,其中数字广告支出将占全球媒体广告支出总额的 43.5%,根据《2018 中国互联网广告发展报告》[①]显示,2018 年我国互联网广告总收入达 3 694 亿元,在线出版商协会和摩根士丹利研究报告均表明网络已经高度渗透到我们的日常生活,但是我们的广告运作仍沉浸在自身的惯性中。以网络沟通为中心,来构架我们的广告传播、营销沟通乃至企业的营销模式,将是未来广告行业运作的发展方向。那么未来以网络为核心的营销沟通将如何运作?Google 向我们展示了新的空间构架,在这个新的空间中,广告作为商业信息沟通的本质不会改变,但是广告的运作形态将会产生巨大的变革——创造良好的消费体验成为广告运作的核心内容。广告不需要广而告之,广告或者宽泛地称营销沟通,甚至营销已经与产品的开发、设计、甚至使用和购买过程整合在一起。唐•舒尔茨在《整合营销传播》一书中提出了"传播即营销,营销即传播"的观点,其实在网络新空间中,高度的整合性,不仅将营销与传播整合为一,而且与整个消费体验

---

① 该报告由中关村互动营销实验室主持,普华永道执行,秒针、百度等公司提供数据与观点支持。

过程无法分离。无论广告还是其他的营销要素，都成为消费者体验过程中的一个组成部分。消费者的体验追求不同，体验各要素的组合不同。这种体验追求和满足方式，与产品类别紧密相连。

按照原有的营销理论，一切交换行为都存在风险，根据产品交换的风险高低将产品分为高卷入产品和低卷入产品，两者的消费行为模式有很大的差异。在新的空间构架中，消费者的体验创造将决定企业的存在和发展，因此按照产品的消费体验，我们可划分为距离消费产品和非距离消费产品。距离消费产品是指物理上的距离并不影响其消费体验，比如软件等IT产品和服务。在软件专卖店购买与在网上购买并不影响其消费体验。非距离消费产品是指不直接接触产品，会影响消费体验的获得，比如食品、服装、化妆品，消费者亲自品尝、亲自使用，甚至消费环境、消费服务对其消费体验获得至关重要。在网络消费的新空间中，非距离消费产品如何创造良好的消费体验，这是营销沟通面临的挑战。比如网上有一家服装公司设计了一种软件，你只要输入尺寸等数据，就可以模拟在网上试衣的过程。整个消费过程就像玩游戏，让我们姑且给它一个新名词：娱乐消费。

总之，在网络新空间中，随着短视频、H5等表现技术的不断出现，广告表现力将完全超越现有的任何媒体，关键是消费体验的设计能力，将是广告、营销沟通乃至企业营销未来发展的方向。

第二章 媒介新生态与广告新样态

第一节 关系的力量：SNS当下与未来的发展

随着Facebook、Twitter、微信等的发展，SNS成为值得研究的话题。SNS有多种解释，一是指Social Networking Services，即社会性网络服务，专指帮助人们建立社会性网络的互联网应用服务。SNS的另一种解释是Social Network Site，即"社交网站"或"社交网"。不管哪种SNS的解释，都无法回避一个词汇"关系"，无论是社会性网络服务还是社交网，其存在价值就是建立人与人的关系，并赋予关系以价值。如果是商业性的SNS网站，那还必须有一个能将关系价值转换为商业利润的经营模式。本节试图运用社会网络理论，通过分析国内外目前SNS的运作模式，探讨SNS所形成的关系价值所在，并对其发展提出一管之见。

一、六度空间与社会网络理论

"百度知道"对"SNS"的解释中有这样的表述，"依据哈佛大学教授斯坦利·米尔格莱姆的'六度分隔'理论，以认识朋友的朋友为基础，扩展自己的人脉"。所谓"六度分隔"，是指世界上任意两人之间只需六个人就能建立联系。这听起来有点匪夷所思，但在1967年斯坦利·米尔格莱姆所做的实验却揭示了这一现象。进行实验者随机选择卫奇塔和奥巴哈的居民，向他们发送信件，信中写有一个波士顿股票经纪人的名字和地址，要求他们把信寄给目标人物，如果不是直接认识目标人物，可以把信寄给其认为可能认识目标人物的熟人，并告诉这位熟人如法炮制,最终将信件寄达目标人物。信件一共发送了 160 封,但最后收到的只有 42 封,最短的只有 2 个链接,最长的是 12 个,这些完成信件中间人的平均数是 5.5,四舍五入,这就是所谓的"六度分隔"。其实斯坦利·米尔格莱姆从未使用过"六度分隔"的概念,他只是用"小世界"①来描述这一社会链接现象。

"六度分隔"又译"六度空间"被人广为传播是 1991 年,剧作家约翰·格尔的同名戏剧在百老汇走红,随即又被拍成了电影。剧中主人公对于人与人之间的相互关系有一段精彩的论述,"这个星球上,每个人之间只隔着 6 个人,即六度分隔……"斯坦利·米尔格莱姆的实验只限于美国,电影则将之扩展为整个地球。

"六度分隔"或称"小世界"理论,只是揭示了人与人相互关系建立的一种表象,那么芸芸众生,随机的两个人为什么只需如此少的中间人,就能建立联系?人与人的联系,是如何架构成为网络的?信息如何在社会网络中传播?其实在"六度分隔"的小世界背后蕴含的是社会网络研究的大领域。

研究者发现网络由节点和链接组成,链接就是节点之间有信息的沟通和交流,也就是存在人与人之间的联系,而我们每个人都是社会网中的一个节点。按照保罗·艾尔德和阿尔佛雷德·莱利两位数学家的研究结果是:每个节点只需一个链接,就能让所有的节点连为一体。也就是说,地球上的任何人只要认识出自己以外的任何一个人,就能和社会网络中的其他成员链接起来,这种链接可以是直接的,也可能是间接的,也就是需要中间人的。

社会网络的构成并不是均衡的,有些成员之间的联系非常紧密,有的则相反。马克·格兰诺维特按照:"认识时间的长短""互动的频率""新密性"(相互倾述的内容)和"互惠性服务的内容"四个因素来测定链接的强度,把人与人之间的关系分为强链接、弱链接和无链接。② 强链接之间人员往往出现集群,通俗讲就是形成一个小圈子,弱链接人员之间往往不是一个圈子的,但可以使不同的集群之间产生联系。正是存在着弱链接,大大减少了人与人链接的中间环节,使地球成了一个小世界。

社会网除了具有大量的社会集群存在,还有中心节点,即高度链接的节点。虽然每个人都可以成为社会网中一个节点,但只有少数人才能成为社会

---

① Stanley Milgram, The Small World Problem, Physiology Today, 1967 Vol.2, pp.60 – 67.
② 马克·格兰诺维特:《镶嵌:社会网与经济行动》,罗家德等译,社会科学文献出版社,2007 年,第 69 页。

关注点,即中心节点,在这些人身上聚集了大量的关系。马尔科姆·格拉德威尔在其《引爆流行》一书中称其为"连接者"。"连接者"是社会网中关键成员,对传播时尚、引爆流行等至关重要。互联网中也存在着这样的中心节点,如雅虎、Google。根据巴拉巴西的研究,在2.03亿的网页中,约占90%的网络文档,拥有指向它们的链接10个以下,约占3%的网页,则被近100万个其他网页引用。[①] 中心节点的存在进一步缩小了网络世界,使网络中任意两个节点之间的链接缩小。

中心节点主导着网络,就如同连接者主导着时尚与流行。删除一些节点,不会影响网络的运行,但是删除几个中心节点,便可导致网络的运行不良,甚至瘫痪。要成为网络的中心节点,根据巴拉巴西的研究,取决于节点的适应性。节点的适应性不同,其获取链接速率也不同,并且通过进一步研究发现,在某些网络中,最适应的节点理论上会吸引所有的链接,其他节点几乎没有链接,结局是胜者通吃。[②]

"六度分隔"理论揭示了社会网络中的个人即节点之间关系的建构过程,集群现象和中心节点反映了信息在关系网络中的传播特性。社会网络理论不仅涉及网络的结构及其传播特性的研究,还有对社会网络功能及作用的研究。比如马克·格兰诺维特的弱链接和镶嵌理论。弱链接在上面已经论及。在镶嵌理论中他提出经济行为并非独立于社会结构之外,而是镶嵌于社会网络之中,来自社会网络的信任,影响着人的经济行为。林南为代表的社会资源理论则认为,镶嵌于个人社会网络中的社会资源——权力、财富和声望,尽管并不一定为个人所直接占有,但可以通过社会关系来获取。个人所拥有的社会网络对其社会资源获取具有重要作用。皮埃尔·布尔迪厄首先运用了"社会资本"概念,"社会资本"学说将个人的社会网络视为其社会资本,并将社会资本作为人力资本积累的条件。下面我们运用以上的理论对目前国内外SNS运作模式进行分析。

二、SNS 目前的运行模式分析

按照上文对于SNS的定义分为两种,其一作为Social Networking Services,

---

① 艾伯特-拉斯洛·巴拉巴西:《链接:网络新科学》,徐彬译,湖南科学技术出版社,2007年,第68页。
② 长歌:《Facebook 或在三个月内成为全美最大社交网络》,https://tech.QQ.com,2009 年 04 月 16 日。

即社会性网络服务；其二是 Social Network Site，即"社交网站"或"社交网"。前者强调的技术服务，后者是指一个提供社交服务的运作平台，就如当初的博客和博客网。SNS 目前运行模式主要有两种：

一种是独立型的 SNS，即提供社交服务的独立网站，比如美国的 Facebook、Myspace、Orkut，日本的 Mixi、Gree、DeNA，韩国的赛我网，中国的微信、微博、51 游戏社区等，这类网站运用实名制，帮助网络中的个人拓展自身的社会网络。网站具有明确的定位，以便于聚集用户，并根据用户的需求和喜好提供服务项目。为了增加网站的黏性，网站不断开发各种服务，有些网站将游戏、娱乐项目植入其中。为了网站的生存，运用各种方式将网络中的关系变成可以盈利的工具。

Facebook 就是这一类 SNS 网站典范。Facebook 于 2004 年 2 月 4 日上线，其创办者是哈佛大学的学生 Mark Zuckerberg。网站开始的目标群体就是大学生，因此网络早期只有拥有至少一个大学后缀电子邮箱的人才能注册。随着网络的发展，目标群体范围拓展到高中、公司。2006 年 9 月 11 日开始，只要输入有效的电子邮件地址和年龄段，就可加入。随着网络的扩展，Facebook 又细分许多集群网络，比如中学、公司或地区，用户可以选择加入一个或多个网络加入。根据 2018 年 7 月 25 日 Facebook 公司发布的财报，有多达 25 亿的用户至少使用了一项公司旗下的应用，其中 Facebook 的每月活跃用户达 13 亿[1]。

SNS 网站功能最基本的是朋友与朋友之间的信息沟通，Facebook 也不例外，它有"墙"（The Wall），即用户档案页上的留言板。很多用户通过他们朋友的"墙"留短信。更私密的交流则通过"消息（Messages）"进行。消息发送到用户的个人信箱，就像电子邮件，只有收信人和发信人可以看到。为了推动关系建立，网站推出了礼物功能，朋友之间可以互送"礼物"，网站中还有市场，可以免费发布卖二手货、租房、工作等分类广告。为了帮助用户组织线下的社交活动，网站设有"活动"的功能，主要用来帮助用户通知朋友们将举办的各种线下活动。网站最具创造性是推出了 Facebook 开放平台（Open API），允许第三方软件开发者开发与 Facebook 核心功能集成的应用程序，大大拓展了网站的功能，各种游戏、博客以及其他应用性项目应运而生。网站还推出了视频，目

---

[1] 数据来源自 https://www.facebook.com/Q2Officialpage。

前是全球最大的视频分享网站，用户可以对出现在照片和视频中的人物进行姓名标记，以便其他人轻松查找其 Facebook 朋友的照片。

目前 Facebook 的收入主要是广告，包括横幅广告和商业赞助。2007年11月，推出了极具创新性的"社会化广告系统"。系统包括三个部分：社会化广告，就是商家就通过建立网页等方式，通过用户的档案数据，精准地找到目标用户，吸引用户并与之进行沟通，潜入目标用户的社交网络，利用口碑传播信息；指示灯则类似标牌，用户可以将之嵌入其页面，标示自己是某个品牌的粉丝，并通过个人 feed 传播给朋友；洞察系统则通过深度追踪用户，向广告主提供所需的市场数据。这个系统既具有革命性又存在着巨大的风险，它是把通过实名制建立的网络社群之间的"信任"出售给商家，但是商家如何运用，尺度在哪里，商家如何遵守商业道德发布真实的商品信息却值得思考。确实，按照马克·格兰诺维特镶嵌理论，镶嵌于社会网络之中的信任，将促使交易成本的下降。商家如果能够守信，成为顾客社会网络中的一个真实的节点，那么无论对商家还是顾客都将大大降低交易成本。如果商家不能做到诚信，而利用社会网络真实一员的身份进行欺骗，那将给网络带来毁灭性的打击。Facebook 如何在技术上防范这种风险，网站内信任度的保持，这是它接下去面临的最大问题。

另外一种是拓展型的 SNS，即这类 SNS 往往建立在原有网络运营平台和资源之上，是该平台或资源运营的一个拓展项目，比如门户网站提供的 SNS 服务，如新浪的微博、腾讯推出的 QQ 校友。这类 SNS，并不缺少用户资源，它的发展要视所依托的平台和资源如何看待其所具有的作用而定，如果仅仅如博客一般，将 SNS 作为其互联网运用的又一新工具，那么其发展就会受到限制。

中国电信、联通等运营商创办的 SNS 网站和服务，短期内不会有太大的作为，因为这些 SNS 主要瞄准的是无限社区，即移动 SNS。但是随着无线上网资费不断下降以及带宽的增大，移动终端将真正成为"个人信息中心"，移动 SNS 的发展将会极其迅猛。日本移动 SNS 的市场份额就占整个 SNS 的 90% 以上，因此从中长期看移动 SNS 的崛起将使目前的 SNS 格局发生重大影响。

腾讯 2018 年报显示，QQ 拥有近 7.8 亿的用户，其中活跃用户近 4 亿户。腾讯作为中国即时通信的老大，拥有庞大的客户、产品及服务资源。2009 年 4 月 17 日，腾讯发布基于全新技术平台的 QQ2009，即"蜂鸟"，这是第三代 QQ

核心平台。"蜂鸟"突出了社会关系管理功能,这是区别于以往产品的重要标志。蜂鸟将SNS的功能进一步强化,使得所有使用QQ的人由单一、垂直的好友关系发展为"关系网络",支持用户自主选择的权利,能够有选择地对自己的社会关系链进行实名或匿名管理。腾讯董事局主席兼CEO马化腾表示,即时通信是中国使用率最高的互联网基础应用,腾讯未来的成功将是即时通信社区化。腾讯所做的,就是通过各种产品与服务,为这个社区内的关系增加黏性,并最终为持续增长的网民提供符合用户价值的一站式在线生活平台或社区。2011年1月21日,随着微信的推出,预示着移动SNS发展时代来临,根据腾讯公布的数据,微信用户已突破10亿。腾讯的SNS发展模式把从交友工具扩展为生活社区,不仅影响了社交媒体的发展,而且影响到整合社会的发展。

三、SNS在中国的发展前景

SNS如果要逃脱博客的宿命,即仅视为一种工具价值,取决于自身的发展,包括技术的创新和经营模式的创新。从目前看主要有两种发展的方向。

一个是人际化的生活平台方向发展,就是整合多种网络应用工具,比如即时聊天、视频分享、博客、电子商务、游戏娱乐等社区,并且将融合线上和线下的生活。使原本虚拟的网络社会成为真实的生活社区,要实现从社交网到人际生活社区的理念转变。根据网络中胜者通吃的原则,在激烈的竞争中这样的巨型SNS网站只可能留下一到两家。网站通过广告、直接交易等方式获得收益。独立型、拓展型的SNS都有机会胜出。腾讯的微信就是典型,尽管2008年Facebook推出中文简体版,但因为种种原因没有真正进入中国市场。

另一个发展方向是垂直市场,也就是做特定人群、特定功能、需求和地区的社交网站。金领人脉,用户是高端商务人群、金领人士。天际网用户是中高端职业人士。战友网,中国第一个实名制军人社交网络,专供军人及其家属联系的社区,同时也供军人退役后寻求帮助。贸友网,它的功能很明确是招聘工具及贸易信息的发布渠道。驴友网,以兴趣聚集的社交网。这类网站会大量存在,但市场占有率不会高,尤其在康盛创想推出UCHome之后,进入垂直交友网站市场门槛更低,其实只要会用这款软件就能建一个社交网站,因此对于一个垂直型的SNS,其发展关键是找到一个特定需求的特定人群;网站的设计,无论从外观还是内容,还有运用的体验,必须符合其心理及需求。要想赢利关键是取决于这一特定人群的特定需求、特定人群及其关系本身是否具有商业化的可能。就整体的垂直型 SNS 市场而言,在笔者看来很长一段时间将处在"战国时代"。

第二节 博客、播客：营销沟通的运用前景

雅克·德里达,这位解构主义哲学家曾经提出的"去中心"概念,却在网络世界中有了真实的体现。相对越来越集团化、中心化的大众传播体系,博客、播客的发展,使传播回归个体。不断创新的技术及应用又使这种"草根"传播突破了虚拟的网络空间,日益侵入现实的大众传播体系,正如约翰·C.德沃拉克(John C. Dvorak)所言,"毫无疑问,播客的发展,必将对现存的媒介体系产生威胁"。也有人预言,博客将成为主流媒体的重要组成部分。与此同时,其所蕴含的商业价值,又令人浮想联翩。本节试图通过揭示博客和播客的发展轨迹和传播特性,分析其在营销沟通,包括广告上的运用前景,预示博客、播客将给企业沟通模式甚至经营方式带来的巨大变化。

一、博客、播客的发展轨迹

Blog 翻译成中文为博客或网络日志。Jorn Barger 于 1997 年 12 月最早使用 Weblog 一词。Peter Merholz 于 1999 年将 Weblog 一词缩写为 Blog,后来又衍生出 Blogging、Blogger、Blogsphere 等词汇。Peter Merholz 的贡献并不是把 Weblog 简化为 Blog,而是在简化过程中将这个的词性由名词改为动词,极大地拓展了 Blog 的内涵。

那么究竟什么是博客？可以从两个方面对"博客"加以梳理。

一方面,博客是一种软件,一种技术,它的功能除了让人们在网上方便地发表文字、图片,能即时更新之外,最大的特点是能回溯引用或称反向链接和留言、评论。所谓"回溯引用"有点像论文中的注释,比如你在写博客时,你引用别人的话,只要点进去就能链接到原文或相关的论述。所谓"留言""评论",就是其他博客或读者对于你的博客文字可以发表意见。通过回溯引用和留言、评论,促进了网络之间的人际交流,形成所谓的博客世界。

另一方面,使用博客软件,在网上发表文字,建立回溯引用,发表留言、评论,这个过程就是博客另一个层面的解释,其实质是内容提供。

如果把博客视为媒体，博客技术构架了信息发布的平台，如同报纸、杂志、广播、电视；博客制作就是内容提供，如同报纸、杂志上刊登的文章，广播、电视中播出的节目。博客就是撰稿人或制作人。

博客发展的关键点是 Blog 服务提供者（BSP）的出现。1999 年，Pitas 首开免费的 Weblog 服务，Pyra lab 紧随其后推出 blogger.com。2002 年方兴东建立中国第一个博客网站——博客中国（www.blogchina.com），博客的译名就是出自方兴东。Blog 服务提供者的大量出现，一方面普及了博客技术的使用，迅速扩大了博客群；另一方面也促使博客技术进一步发展和相关技术在博客中的运用，比如许多 Blog 服务网站采用的 RSS 和 Tag 技术。RSS 是"Rich Site Summary"或"Really Simple Syndication"的英文首字母缩写，翻译为"简易信息聚合"。通过 RSS 订阅，读者可以随时了解自己感兴趣 Blog 的更新。Tag 翻译为标签，是一种灵活、有趣的日志分类方式。跟以往的分类技术不同，博客可以为每篇日志添加多个 Tag，这有点像论文的关键词。比如你写了一篇到非洲刚果的游记，你可以加上"游记""非洲""刚果"等标签，人们可以通过这些标签查询到你的文章；你自己也可以通过搜索，找到使用相同标签的博客，跟他（她）聊聊有关非洲的话题或谈谈去刚果的心得，甚至找到一个跟你一样喜欢旅游的朋友。

随着博客的发展，博客服务潜在的商业价值引起各大企业的关注。2003 年初，Google 收购了全球最大的博客服务提供者，从此博客发展进入商业化的历程。2004 年，网易、Sohu、Tom 等网站相继推出了博客服务，年末，微软在自己的 Msn 网站上推出博客服务——Msn Spaces。2005 年新浪、雅虎推出博客服务。而那些博客服务的首创者通过获得风险投资，也纷纷开始商业化。实力企业和风险投资的加入，使博客技术不断更新和博客服务不断拓展，近来博客服务商不仅提供文字博客，还有音频和视频的播客乃至视客服务。比如博客中国近年推出的"播客服务"，还有雅虎推出的博客软件，除了文字，兼具有音频和视频的播出功能。

播客译自英文 Podcast，由广播（Broadcasting）和 iPod 两词合成。iPod 是美国苹果公司生产的一种移动存储介质，可以从网上下载音频文件，比如音乐、演讲，甚至各种数字化的广播节目进行播放。Podcast 是一种用声音取代文字的 Blog。尽管播客也是一种个人性质的网络表达方式，只要一只麦克风和一台电脑，你就可以成为一名播客，与博客的发展不同，播客诞生之初就与商业紧密相连。美国苹果公司发布能够播放从网上下载的各种音乐和广播节目的软件 iPodder 和 iPod 产品的上市不仅促使 Podcast 一词的产生,也引发了播客狂潮。不仅个人,主流媒体如美国的 ABC、BBC、《新闻周刊》、ESPN,也纷纷加入播客行列,而国外大学如 MIT、STANFORD、OXFORD 也运用播客技术在网上推出开放课程(opencourse)。而苹果公司的技术开发促使其媒体播放器销量大增的同时,新软件的推出给播客的发展推波助澜。随着技术的发展,播客内容不仅包括音频还有视频。正如有人预测,随着网络技术的发展,不久将来"视客"就会出现。以前在中国,播客引起了广泛的关注,但却没有像欧美那样引发播客狂潮。当时提供播客服务的网站主要有中国播客网、播客天下、土豆播客等。

随着网络无线传播技术的发展,移动博客随之产生。由于具有摄像、摄影功能手机的日益普及,移动博客中已经大量出现影像。雅虎的 Flickr、Google 的 blogger.com、Msn 的 Spaces 在其博客空间提供影像上传服务。移动博客的兴起,使博客突破网络的虚拟世界,侵入现实生活之中。

从博客、播客、视客乃至移动博客,从文字、声音、图像到多媒体的音频和视频,从电脑到手机,博客的称呼在变化,博客的信息符号在变化,博客的信息载具在变化,这种"变化"预示着博客必将从精英迈向大众,并渐渐地融入普通人的日常生活。这种"变化"也必然波及广告及其相关行业。

二、博客、播客的传播特性

从以上对博客、播客的介绍可以看出,现代数字信息技术的运用,使博客、播客的传播特性完全有别于传统的大众媒体,主要体现在以下三点。

(一)"去中心化"

现有大众媒体的结构体系是大工业经济的产物,经济全球化和集团化经营,使全球信息消费量的一半来自维亚康姆等世界六大传媒集团。媒体经营所体现的信息生产的大工业经济模式,从传播客文化的层面所折射出的是极端的中心化。个体的沟通需求,在集团利益和信息生产规则面前荡然无存。博客则正相反,其"去中心化"特征可以从三个层面,即信息制作、信息传播以及所形成的传播文化来反映。

从信息制作层面看,相对于大众媒体高昂的制作费用和规模制作、规模传播的信息制作机制,博客和播客的信息制作和传播成本几乎为"零",有人把博客总结为"6零",即零编辑、零技术、零体制、零成本、零形式、零进入壁垒。博客制作和发布成本的低廉和简便,使普通的民众、企业或各种组织团体与构成复杂而庞大的大众传媒集团,拥有了同等的信息制作和发布权,同时博客"零编辑"的特性,各种信源体的信息发布,不再受制于大众传播审查、筛选机制的制约,因此博客的信源呈现多元的态势。

从信息传播层面,我们可以看出,与大众传播的点到面的传播模式不同,博客传播是通过点与点之间的链接,是节点传播。当然这种节点传播的呈现形态随着博客技术的进步必然有多种样式,一是点到许多点的方式,这种传播效果有点类似于大众传播,只是大众传播到达的面往往无法确定具体受众,但博客技术能够知道这些点的受众个体特征;二是点与点之间的传播,这种传播呈网状扩散的同时,点与点之间不断地进行互动传播,通过话题,形成网络社群。因此博客传播的"去中心化",由其技术特征所决定,但在现实的传播过程中,不可能完全没有中心,就某种意义而言,每个节点都可能成为一个"中心"。只是这种"中心"凸显的不再是信息垄断的特征,而是"意见领袖"的特性。

去中心化还表现在博客、播客传播所体现的文化特征。博客、播客打破了等级分明的大众传媒体系,赋予所有个人和组织几乎相同的信息组织权力。企业、团体和个人无须借助巨大的媒体帝国,就可以实现其沟通的愿望。在各种沟通动机的驱使下,博客、播客则呈现出纷繁复杂的沟通形态,比如企业的营销沟通和某个个体的自娱自乐。博客文化呈现的是多元的形态,是某个社会个体(包括组织和个人)的旨趣,而非政府或利益集团意志的表达。这种社会个体的情节按照博客的技术设定,可以被许多人共享,这就形成博客、播客传播的另一个特点——社群性。

(二) 社群性

由于博客或者播客技术的特征,与大众媒体不同,其传播的信息能够取得即时的反馈,从而通过信息的互动形成网络中的人际交往。这种网际交往通过兴趣、爱好、所从事的职业、某个突发事件或话题,聚集成一个个群体。美国网络社会学专家莱恩格尔德指出:网络最终所能带来的社会变化并不只是建立一个信息市场,而在于形成长久的个体关系与群体关系。博客或播客的网际交往之所以存在形成长期的个人和群体关系的可能,是由其另外一个传播特性——积淀性所决定的。

(三) 积淀性

从信息的组织方式来看,博客或者播客有别于大众传播的一个重要特征是信息的积淀性。博客、播客以网络日志的形式呈现,无论是博客、播客内容还是对其的评论或者是引用回溯,都按照日期的先后进行排列。博客、播客的这种信息积淀特性,使信息传播不再是稍纵即逝的,首先,这就使个性化的知识积累成为可能;其次,博客的积淀性,形成了信息修整模式,通过日积月累的记录和评论,使个体的表达与社会的公共利益达成一种平衡,克服了因缺乏把关人,而出现的信息传播的安全危机;再次,这种积淀性改变了沟通的质量,使个体之间深度沟通成为可能。这就是博客、播客传播与BBS等网络互动人际传播最大的区别。从营销沟通的角度,这一特性使企业和顾客之间建立长期的信任关系和情感纽带成为可能。

三、营销沟通面临的挑战

博客、播客的"去中心化"、社群性和积淀性等传播特性,是对大众传播的一种冲击。博客、播客将对以大众传播为主体的现代社会传播体系带来结构性的冲击,同时也必然促使整个广告业以及企业的市场营销带来革命性的变化,因为现代广告的产生、发展与现代大众传播体系紧密相连。

博客、播客"去中心化"的特性,首先是信源体的突破性增长,减弱了企业对消费者信息获取的控制力。在大众传播时代消费者或称受众的信息获取的渠道有限,企业通过大众媒体广告向消费者传达产品信息。博客时代,消费者对于信息的选择和鉴别能力,因信源的多元而空前地强大,消费者往往不再被动地接收企业通过各种媒体传递的信息,他们可以通过各种途径获得,包括企业的竞争对手、企业的老顾客等传递的信息;其次"去中心化"的传播方式,使消费者的口碑传播在博客时代具有了非凡的威力。无论是广告信息还是产品或服务本身等,消费者的反馈通过博客能迅速传播,企业或者营销沟通策划根本无法控制传播的范围。在大众传播时代,企业面对的是大众,其英文词义是乌合之众,它的无序使大众无法对有组织、有计划的传播做出真正的回应。在博客时代,企业面对的是社会个体,这种个体的能量会因为博客所具有的社群性而存在被无限放大的可能。因此,以消费者为中心,不再是一句时髦的口号。企业、广告和营销策划者不仅要设计个性化的信息表达方式,而且要发展一整套针对某些个体或某些群体的信息应对方式,以确保企业营销信息传播的安全性。

现代意义的商品品牌最早出现在 19 世纪 50 年代,工业革命之后。规模生产促发规模消费,在规模信息传播模式背后,凸显的问题是商品生产者,即企业,开始远离自己的顾客,与自己的顾客已无法进行直接的沟通,品牌成为企业与消费者之间建立关系最经济的方式。商品生产者或服务提供者与其顾客之间直接的个性化的沟通,让位于规模化的广告宣传。顾客关系的长期经营,让位于所谓的品牌化运动。而博客、播客不仅提供了企业能够与其顾客或潜在顾客建立直接沟通的平台,而且因其所具有的积淀性,使长期的个性化的沟通甚至个性化的商品或服务提供成为可能。因此,一旦通信技术的发展使移动博客全面进入大众生活,广告将逐渐回复其最基本功能——创造一个有效的沟通系统,促进产品销售,而非进行品牌造神。广告、营销策划人员要通过设计有效的沟通系统来建立长期的顾客关系,企业通过个性化的商品和服务建立自己的竞争优势。当下大红大紫的"品牌化"将渐渐褪去鲜艳的色彩,而让位于个性化的信息沟通和服务提供设计。

四、博客、播客在营销沟通中的运用

博客、播客所具有的传播特性及其技术的不断发展,给传统的广告和市场营销带来巨大的挑战,随着微博的发展,运用更加广泛。从目前的案例看,博客、播客在营销沟通方面的现实运用主要有以下三个方面。

(一) 直接在博客网站上做广告

从目前看,企业直接在博客网站做广告,其形式非常多。

其一,在博客托管网的接入页面做广告,或选择托管网中某个或几个有影响的博客上做广告。通过影响某些特定的群体,形成网络化口碑传播。索尼在推出针对高端玩家的 Cyber-shot DSC－F828 数码相机时,就在一些专业摄影博客上发布信息,进行营销活动。

其二,运用博客具有的标签和搜索功能,做类似 Google 的关键词广告。也就是企业通过赞助有关主题的博客内容,达到宣传企业品牌或促销的目的。

其三,直接在某类托管网上开设博客,通过博客平台,将企业的品牌理念和产品开发等情况向受众介绍。比如耐克公司,曾经在一个专业博客网站 Gawker Media 上进行了名为"速度的艺术"主题推广活动,专门在该网站刊登系列文章,阐述"速度的艺术"这一概念,从而为耐克品牌注入新的内涵。甚至有企业跟某一博客签订协议,将品牌或产品信息直接植入其博客内容之中。①

(二) 运用博客进行顾客关系管理

顾客关系管理是营销领域的新概念,相对于传统的职能型营销模式,顾客关系管理就是以顾客为中心,通过跨职能的协调活动,与顾客建立长期的关系。在具体的运作中,许多顾客关系软件因缺乏亲和力,在促进顾客关系上见效甚微。博客个性化的传播方式、积淀式的传播特性,在建立长期、深入的顾客关系方面具有得天独厚的优势。2005 年 1 月,微软首先在其 MSDN 网站公布员工博客,随后 Sun、IBM、惠普等公司相继在其网站上提供博客支持,让一些公司员工,主要是技术人员,发表面向公众的网络博客。通过博客的意见反馈功能,公司产品或软件研发人员能及时改进产品或软件,使公众能够在产品研发阶段就参与其中。因为顾客建议的被采纳,或者博客者的语言风格甚至个人化生活细节的披露等因素,顾客或潜在顾客与公司员工的交流具有个性化、情景化的特点。这种交流往往因注入了个人的情感,而使其建立的关系较之原有客户关系管理方式所建立的客户关系更深入、持久,并且具有很强的信任感。

(三) 运用于企业公关

与大众传播时代不同,网络时代信源的多元化和信息传播的便捷,使企业对消费者的信息控制力减弱,这就是危机管理目前盛行的原因。博客、播客日益成为企业进行公共关系管理的一个重要工具。博客、播客的公关运用主要有三个方面。

其一是进行企业形象展示。比如发明了网络动画工具 Flash 的发明公司 Macromedia,这些企业管理者的博客往往谈论企业的经营理念,甚至其个人的

---

① Oser, Kris, Nike assays blog as marketing tool. Advertising Age;6/14/2004,Vol. 75, Issue 24, pp.26 - 26, 3/4p, 4c.

人生经验,平等地与消费者进行沟通,及时回复顾客的批评等,他们的博客成为企业形象最好的展示舞台。

其二是通过博客、播客这一平台开展各种公关活动。宝洁"SecretSparkle"系列的身体喷雾产品采用四个各具个性的女孩形象,来代表四种香型。根据四个女孩的个性特点,在网上开辟了四个博客,专门设计与她们个性相符的语言表达方式,与产品的目标市场进行沟通。

其三是进行企业的危机公关通过分析博客空间企业的各种负面信息,发现危机及时弥补。比如2005年年初,通用汽车因《洛杉矶时报》对其的一篇新闻报道而撤销了在该报的广告。这事引起了不小的反响。通用汽车利用由公司副总裁 Bob Lutz 主笔的 FastLane 博客,直接与受众沟通,十分有效地处理了这次"危机"。

总而言之,博客、播客的运用前景十分广阔,并不限于以上所列举的。随着博客技术的发展和博客形态的变化,播客、视客和移动博客的出现,博客将走下精英的圣坛而成为大众日常生活的一部分。被誉为"博客教父"的方兴东博士曾经在北京大学首届博客文化高峰论坛暨博客文化节上预言,手机博客因其便利性将快速兴起,博客的人数最终将会超过网民人数。确实博客的营销运用将随着博客及其相关技术的发展而变化,同时博客、播客的运营模式也将对于其营销运用前景产生巨大的影响。

第三节 数字世界的病毒营销

尼葛洛庞帝说:"在浩瀚的宇宙中,数字化生存能使每个人变得更容易接近,让弱小孤寂者也能发出他们的心声。"[1]这正应合了在数字环境下,当下流行的病毒营销。作为一种口碑传播方式,病毒营销正是因为有了数字化的环境,才使弱小的个体,爆发出令人震惊的传播力和营销力。戛纳广告节也已将病毒营销作为网络广告的一种列入其中。

一、数字化环境与病毒营销

2000年5月4日,许多人的邮箱中,收到一封主题为"我爱你"(I love

---

[1] 尼葛洛庞帝:《数字化生存》,胡泳等译,海南出版社,1997年。

you)的电子邮件。邮件中有一个病毒附件(Love-letter-for-you.txt.vbs)。只要打开附件,病毒就被激活,程序就会自动将病毒寄至通信簿上每一个电子邮件的地址,收件者因邮件来自相熟朋友邮箱而疏于防范。仅仅两个小时,爱虫(Love Bug)病毒就会传遍全球。这个病毒的制造者竟然是一个学计算机的菲律宾大学生。

从技术发明到进入普通人的日常生活,收音机用了 38 年、电视用了 13 年、有线电视用了 10 年、互联网用了 5 年,"爱虫病毒"仅仅用了两个小时。数字化的环境是其实现传播奇迹的外在原因,沃顿商学院营销学的教授们还就"爱虫病毒"的流行对市场营销学的启示举行了研讨会。而 CEO 们,则将这种数字世界的病毒传播模式运用于产品和服务信息或者产品和服务本身的传播和推广,这就是病毒营销。

病毒营销这一词汇于 1997 年由 Draper Fisher Jurvetson(DFJ)公司的 Steve Jurvetson 和 Tim Draper 创造。所谓病毒营销,究其实质是一种信息传递战略,即任何刺激个体将营销信息向他人传递、为信息的爆炸和影响的指数级增长创造潜力的方式。这种信息传递方式如同病毒扩散,将数字化的信息进行快速复制传向数以千计、数以百万计的受众[1]。

Hotmail 就是最早尝试病毒营销并获得成功的企业。1996 年,公司成立,提供电子邮箱服务。为了推广这一服务,他们让网友免费申请 E-mail,使得每位 Hotmail 的使用者成为 Hotmail 的"义务推销员",结果 Hotmail 成立 18 个月就拥有了 1 200 万用户,成为有史以来客户成长速度最快的公司。某公司曾经是 Hotmail 公司的竞争对手,其花费了 2 亿美元进行网站的推广,但获得的注册用户只有 Hotmail 的七分之一。而 Hotmail 当时的市场推广费用只有 50 万美元。目前 Hotmail 注册用户遍布全球 220 余个国家和地区。

Hotmail 的成功,体现了病毒营销的巨大潜力。与传统营销依赖大众媒体对于消费者或潜在消费者进行信息单向度灌输不同,病毒营销充分利用数字环境中,特别是因特网信息传递的快速、便捷和互动性,通过口碑进行信息或产品及服务的爆炸式扩散传播。口碑传播这一农业经济时代的主流传播方式,随着工业经济的到来早已让位于大众传播,却随着数字时代的来临而突放异彩。数字化的原理是信息的开放式体系结构、可升级性,信息发送和信息接

---

[1] Draper Fisher Jurvetson's White Paper, https：www.drapevc.com/viralmarketing.html.

受的共生性、互动性。数字世界,信息传播精确、快速,颠覆了现有的时间和空间概念,使口碑传播的成本大大降低到几乎为零的同时,传播效率则大大提高,并突破原有时空限制,使信息能迅速传遍全球。因此病毒营销的内核是基于数字环境下的口碑传播,这一传播方式在营销中的运用,将是每个走向未来的企业必须研究的问题。现实是无论是 IT 企业还是传统企业,比如宝洁、苹果电脑、微软、宝马、通用都开始尝试这一营销方式。

二、病毒营销的运作分析

美国 Ralph F. Wilson 博士总结了进行有效的病毒式营销战略的六项要素。这六个基本要素是:① 提供有价值的产品或服务。在市场营销人员的词汇中,"免费"一直是最有效的词语,大多数病毒式营销计划就是提供免费的新产品或服务来引起注意的;② 提供无须费力的向他人传递信息的方式。病毒只在易于传染的情况下才会传播,因此,携带营销信息的媒体必须易于传递和复制;③ 信息传递范围很容易大规模扩散;④ 利用公众的积极性和行为;⑤ 利用现有的通信网络;⑥ 利用别人的资源。① 病毒式营销战略的六项要素,其实是指出了病毒营销实施机理,以下笔者想就病毒营销的具体步骤,来进一步说明在一个动态的环境中,如何成功实施病毒营销。

克纳特认为病毒营销就像是打"数字喷嚏"(Digital sneeze)②。病毒营销的分为六个步骤。

第一步,制造病毒

即你所提供的产品或服务及其信息的设计,要具有传染性。信息要具有传染性,信息必须有趣,有价值、简单而易于传递。

所谓有趣,即信息要具有娱乐性,比如 2003 年本田汽车公司请英国 Cog 广告公司为其新车 New Accord 拍摄的网络短片。New Accord 的一百多个零件及其新功能以"推多米诺骨牌"的方式——呈现,最后一个零件倒下,竟然推动了一辆 New Accord 的整车,缓缓地进入画面。短片精妙绝伦,通过 E-mail,两周内被全球网友疯狂传看。

---

① Dr. Ralph F. Wilson Learn how to use viral marketing principles in your marketing strategies. Web Marketing Today,Issue70,February1,2000.

② Knight, Christopher M. Viral marketing. Boardwatch Magazine, Nov99, Vol. 13 Issue 11, p50,3p.

所谓价值,就是在信息中必须展示产品、服务或信息本身给消费者带来的利益。这种利益可以是有形的,比如 ICQ 的即时聊天、免费的 E-mail、折价券等;也可以是无形的,比如提供一种情感体验。再如 Egreetings.com 提供免费的电子贺卡,每张贺卡中录有当下流行的音乐和歌曲,只是贺卡中有购买该音乐 CD 的网站链接。网站专门为消费者向亲人、朋友送出"电子吻"。当然在所有的"电子吻"中都有一个指向该网站的链接。

所谓简单而易于传递,是指信息设计要简单,容量不能太大,以免给信息传输带来不便。当然简单而易于传递,是一个相对的概念,随着信息压缩技术和传递技术的发展,宽带的运用,信息传递的速度在不断加快,信息传递的容量在不断增大。

病毒往往会产生免疫,因此,病毒必须时时创新,才能产生传播的雪球效应。

第二步,选择传播路径

目前网络中的信息传播路径有邮件列表、网络日志、新闻组、即时通信、免费 E-mail、个人主页、BBS 等。传播路径随着数字化及其传播技术的发展将有不断的创新。数字信息传播系统(它不应只局限于因特网)具有巨大的社群积聚能力。无论是邮件列表还是 BBS 或是其他的传播路径,其本质是一种群体聚集的方式。比如网络日志,可以通过链接,就某个兴趣比如"养狗",在数字的虚拟空间,聚集起一个喜欢养狗的社群部落,因此传播路径的选择,决定着信息接触群的选择。

第三步,病毒发布。

首先要对信息源进行相应的配置。比如选择 E-mail 的传播路径,那么选择谁来充当信源呢? Google 在推出其 1G 的免费邮箱 Gmail 时选择了 Google 员工和活跃用户。

当然病毒发布跟其他传播方式中的信息发布,比如广告一样,也要注意发布的时机。病毒发布时机的选择必须充分考虑受众的需求和数字化的信息传播环境,以及与其他营销方式的协调。爱虫病毒发布于 2002 年的 5 月 4 日,它能在短短两小时传遍全球,与接下来就是一年一度的母亲节紧密相关。QQ 导入市场的初期,腾讯在各大主流网站上建立链接和 QQ 免费软件下载的同时,进行了"别 Call,请 Q 我"广告宣传活动,通过 QQ 文化的建立和传播,提倡 QQ 族建立自己的网上社区,通过这些活动协调运作,从而使 QQ 不断巩固病毒营销所建立的客户群落。

第四步,从兴趣尝试到消费转移,病毒营销的效果转换

病毒营销的传播效果很难测量,100万注册用户,可能是其传播效果的一种呈现形式,但并不代表什么价值,只有将其用某一种形式转移,才能实现其价值。因此病毒营销成败,除了能赚取眼球外,关键的一步是进行效果转换。

"免费"一直是最打动人的词语。大多数病毒性营销通过提供有价值的免费产品或服务来引起注意,通过数字环境的口碑传播,能迅速聚集用户群体,促成对产品、服务的尝试,并快速建立品牌的知名度。这种快速建立的客户群,以及他们对于产品和服务产生的兴趣,如果不能有效地转移,那就如一句俗语:"来得快,去得也快!",这一切都会随网络口碑传播衰退周期的到来而迅速失去。

从目前实施病毒成功的企业来看,他们都将病毒营销取得的效果进行了有效的转换。这种转换有以下几种模式。

(1)是通过产品或服务的不断更新,在形成产品和服务路径依赖的前提下,适时将"免费"变为"收费",这些往往是转移成本高的知识产品,或独特的体验式服务。比如金山毒霸杀毒软件,公司将试用版发布在一些主要的门户网站,并允许网站和用户随意下载和转载。免费和开放的政策吸引了大量的试用用户,并通过口碑传播,迅速建立金山毒霸的品牌知名度。公司通过正版降价、说明正版与试用版的差异、定期通知用户升级版本或购买正式版的方式,实现试用客户群的消费转移——购买正版的金山毒霸。这是纵向的产品消费转移。

(2)对原有产品或服务不断更新的同时,迅速建立品牌知名度,形成品牌忠诚度,推出相关的产品和服务,对于相关的服务进行收费,这就是客户消费的横向转移。比如腾讯QQ,在不断更新QQ,以适应用户新需求的同时,开发了短信、网络广告、网络游戏等收费服务,实现了客户消费的横向转移。

(3)将通过病毒营销建立的客户资料,通过广告来实现病毒营销效果的转换。例如www.egroup.com,通过提供免费的网络交流服务,这种交流以某一个主题组成一个组群,通过E-mail进行。网站提供大量的主题,以一个个主题组成的组群,是最好的细分市场,对于广告客户具有很大的吸引力。

(4)除了网络公司或IT公司,还有大量的传统公司开始运用病毒营销。他们往往会与其他的营销手段一起运用。此类病毒营销的效果,往往通过其

他营销手段的运用,实现即时的转化,来共同实现其营销目的。

比如 2001 年底,惠普公司准备推广笔记本电脑。公司"互动营销部"调查发现惠普笔记本电脑的品牌知名度落后于几个重要竞争对手,因此想通过市场营销提高品牌知名度。为此他们寻找合作伙伴,举办"Flash 创意大赛"。通过为期两个多月作品征集,惠普不花一分宣传费就收集到超过 200 个 Flash 作品,包括与惠普笔记本相关的动画、情景剧、小游戏等,大部分作品制作精良。作品除了在大赛网站上发布,还通过惠普公司的邮件列表进行发布。很多优秀的作品在其他 Flash 推荐网站上也得到广为传播,加上网民中的相互推荐。据不完全估计,包括一等奖作品《小惠和小普》在内的优秀作品的传阅数量不下 100 万人次,150 余则参评作品平均的浏览率也在 10 万人次,惠普笔记本大概总计占据了网民 1 500 万次的眼球。惠普公司主页笔记本专区由此带来的访问量激增,电话客户互动中心的问询电话也增加不少,带来惠普笔记本电脑销量在之后几个月内持续增长。这是一种运用病毒式营销传播方式进行的网上 Event 活动,非常成功。

病毒营销在运作过程中除了以上分析的六大要素和四大步骤之外,莫尔总结了病毒运作的两大模式,即根据消费者在营销过程中涉入的程度,分为低涉入病毒营销和高涉入病毒营销。[①]

低涉入病毒营销是指企业在进行病毒营销策划时,只是要求用户或潜在用户将信息通过传递给自己的朋友,通过朋友再传递给朋友,这样通过数字网络的口口传播,将信息扩散开来。这跟传统口碑传播类似,只是在信息最后多了一个指向病毒营销发动者所设定网站的链接。

高涉入病毒营销,是营销策划者要求用户在传递信息的同时,能更积极地反馈信息,不仅进入设定的网站进行浏览和下载,而且要加入企业开辟的网络空间,交换信息,参与讨论,对于产品或服务提出意见和建议等。

目前大多数病毒营销是低涉入的病毒营销,高涉入的病毒营销尽管能使用户更深入地参与到企业营销活动之中,但因缺乏有效的控制机制,实施比较困难。当然也并非没有,E-bay 网上的买家和卖家的相互评价,Amazon 上读者的书评,就是典型的高涉入病毒营销。

[①] Moore R E. From genericide to viral marketing: on "brand". Language & Communication, 2003, 23(3): 331 – 357.

三、病毒营销的运用前景及风险

病毒营销成本低、效率高,可以产生雪球效应,具有巨大的运用前景。首先,病毒营销不仅是一种传播战略,而且还是一个有效的分销渠道。商业信息通过口碑传播的同时,形成了一张巨大的网络,在这个网络上,企业可以进行产品或服务的直接销售。其次,病毒营销是品牌推广的有效途径。对新产品、新品牌,往往可以通过病毒营销的口碑传播而实现品牌速成。对于成熟品牌,通过创新的病毒营销方案,比如极具创意的网络短片,或者举办各种活动,获得受众的"眼球",也可以通过用户注册资料,与客户建立更密切的品牌关系。再次,病毒营销运用范围广泛,并不局限于提供网络服务或者IT企业,对于传统企业,一样具有极大的运用价值。宝洁、通用、大众等传统企业已经获得了许多成功经验。

尽管病毒营销运用前景广阔,但存在巨大的风险。大众传播时代,媒体是作为信息把关人的姿态进入公共传播领域,通过法律、新闻工作者的职业守则等,建立了大众传播的道德规范,主导着大众传播时代的秩序结构。数字世界不断赋予普通个人信息制作和传播权力的同时,大众传播中把关人的角色在数字传播的互动中逐渐消解,这就造成了数字传播世界的秩序缺失。作为数字环境中一种传播和营销方式,传播的不可控制是病毒营销所蕴含的最大风险,主要体现在如下方面。

(1) 信息传递过程中遭遇的恶意或善意改变。大众Polo车款的网络广告短片被人篡改。经过加工的广告和真版广告几乎一样,只是假广告将开车司机换成了一位自杀炸弹客。

(2) 传播路径的篡改。病毒发布的最初路径可以选择,一旦发布,传播的路径其实是无法控制。比如美国Friendster联谊网站,主要是使从未见面的人通过一起做户外游戏来体会参与乐趣并交朋友。如果这个网站的信息被贴到某个色情网站的BBS上,那么对于网站的形象是一种严重的损害。

(3) 信源真假难辨,可能造成企业的信誉危机。加州的George Masters,未经苹果授权,为iPod Mini设计了一则60秒的动画广告,并挂到了网上。而无名氏制作的福特Sportka广告引来一片非议。片中一只猫跳上Sportka车顶往车内看,此时天窗自动开启,然后突然关上,猫被活活夹死。

(4) 效果的不可控性。病毒性营销的最终效果,企业实际上是无法控制的,因为传播的最终对象、传播的最终范围、人数,企业都只能"听天由命"。

总而言之,在目前的数字传播环境中,病毒营销是一把双刃剑,巨大的利益和潜在风险同在,企业必须谨慎地运用。

第四节　网络媒介时代的品牌传播

自从贝克牌巧克力等现代意义的商品品牌在 19 世纪 50 年代首次出现在美国的商店,品牌传播理论和实践随着媒介环境的变化而不断发生着变革,从 Leo Burnett 首创的"品牌形象",到奥美的"360 度品牌管家"(360 Degree Brand Stewardship),但无论是现代报纸的产生还是广播、电视的诞生,都无法企及互联网及其通信技术发展对品牌传播带来的巨大挑战。有"现代营销学鼻祖"之称的里吉斯·麦肯纳竟然预言"营销将死,品牌将亡"。里吉斯·麦肯纳的话有些极端,但在笔者看来,并不是没有一点道理,随着网络传播技术的不断发展和日益侵入到企业、社会乃至我们的日常生活,一个全新的信息传播和消费环境正在形成,传统的大众传播生态已经发生裂变,以计算机、互联网为标志的现代信息传播技术的发展,正在全方位地改变着大众媒介的形态特征和结构,原有的"营销"和"品牌"概念都将彻底改变。以网络为核心的各种数字媒介的不断生成,极大地降低沟通成本的同时,促使我们交流方式的改变——交互性成为网络媒介时代最根本的特性。正如约瑟夫·斯特劳巴哈在《今日媒介:信息时代的传播媒介》一书中所言:"技术进步正在创造建立消费者和品牌之间联系的新途径。"信息传播的低成本和交互性,必然导致品牌传播模式的变革,以网络传播媒体为核心的低成本的品牌传播和营销模式终将替代以电视媒体为核心的高成本的品牌传播模式和营销模式。

就品牌传播而言,网络媒介的以下特性,将影响其具体的运作方式。

(1) 交互性。网络媒介的交互性体现在两方面,其一消费者控制。网络使信息沟通并不是如大众传播时代是单向的,而是双向的。消费者有了更多对广告信息看或不看的控制权,以及发表意见的权利。其二可以实现规模的个性化传播。"规模化"和"个性化"一直是具有工业化特征的大众传播时代无法调和的矛盾,但是网络的交互技术,可以化解这一矛盾。网络传播并不局限于大众传播的点对面的传播模式,交互技术能使网络传播实现规模的点对点传播。网络的交互性，使企业能够通过网上订购、信息反馈、网络行为跟踪等点对点的技术，低成本地获得大量关于消费者的个人信息，从而使品牌与众多消费者之间建立深入而人性化的关系成为可能。

（2）时间和空间延展性的统一。所谓时空的延展性，就是突破时间和空间的限制，这就使品牌传播消解了地域和时间的限制，为低成本地打造国际性乃至全球性的品牌成为可能。而时间的延展性，可以方便地记录品牌信息接受和反馈过程、消费者的网上行为等，从而使品牌和顾客之间不仅能建立人性化的关系，而且还可以形成长期的信任关系和情感纽带。

（3）低成本。无论是消费者信息的获得成本和品牌传播的成本较之大众传播时代都大大降低，这就决定了网络媒介环境中品牌传播的低成本。

（4）精准性。这是传统的大众媒体无法企及的。广告界一直流传着这样一句话："我知道有一半的广告费浪费掉了，只是不知道是哪一半。"广告效果无法精确地计算，广告目标受众也无法准确地细分，导致传统大众媒介环境中品牌传播的高成本和低效率，网络技术能够非常精准地测定广告及其营销沟通对受众行为的影响，以及受众的反馈，并能方便地修改，从而使网络品牌传播的效率提高。

目前网络媒体环境下的品牌传播途径主要有四个方面。

（1）网络的口碑传播。比如病毒营销，博客中的链接和评论、网络论坛、社交媒体等，这些传播成本极低，有些几乎不需花钱。比如 Google 的品牌，它几乎没有花钱做广告，就是运用了网上的口碑传播。比如 Google 利用企业博客与受众进行沟通，化解危机。Gmail 推出时运用了病毒传播，通过员工向朋友限量发送 Gmail 账户，使大家对 Gmail 产生了特别的期待，得到迅速推广。

（2）网络广告。从表现形式上分析，有人总结网络广告经历了四个时期：第一代是旗帜广告；第二代是赠券及促销手段的广泛应用；随着宽带技术的发展，信息传输量与速度障碍的消除，第三代的网络广告可以大量采用视频、音频等手段；而未来的第四代网络广告形式将是 3D 的互动环境。随着信息技术发展，新的媒介不断涌现，广告形式将更加多样化，除此之外，广告经营、发布模式也将不断创新：有广告联盟，比如"一网天下"的网络广告业务系统支持平台，而 Google 推出的 AdSense 计划，某种意义上就是一种广告联盟；有定向广告。

（3）创建网站、微博、微信公众号等。企业通过建立网站、开设微博、微信公众号等方式打造一个个品牌的"直播"平台,通过互动设计加强与消费者的沟通,创造更多的体验,从而使消费者产生对品牌有更深切的了解和理解。

(4) 网络内容的品牌植入传播。就是品牌元素巧妙地融合到用户的网络应用中,并以用户主动接受和理解的形式,完成广告信息的传递。最近腾讯公司推出该服务,它通过整合旗下的即时聊天、资讯、游戏等诸多互联网形式,将某一品牌所要传达的信息植入其中。比如其为"统一冰红茶"这一品牌所做的植入传播,首先腾讯提供具有"统一冰红茶"品牌元素 QQ 表情的下载,其次在 QQ 宠物频道提供"统一冰红茶"的虚拟食品,为"宠物"增加了名为"统一冰红茶"的新奇技能,还设计了几处以"统一冰红茶"命名的虚拟场景,供用户在其中训练宠物。除了将品牌植入网络应用的各种场景中,还有就是将品牌元素植入游戏之中,使受众在玩游戏的过程中,形成对品牌的感知和认知。由上海闳丹信息科技有限公司创办"我的 e 生活",就是一个特殊的网络付费广告平台。公司把商家需要传播的品牌元素巧妙地设计进游戏中,在"我的 e 生活"网站上供网民免费下载。

如何在网络媒介环境中,选择适合本企业和本品牌的传播方式,是每个企业和营销工作者面临的难题。企业运用网络进行品牌传播的模式从目前来看主要有三类:第一类是很少或几乎不用传统大众媒介广告传播品牌,充分运用网络传播特性,通过创造消费者良好的品牌,使消费者认同品牌。这一类大多是 IT 企业,比如 Google、百度。第二类是以线下营销沟通方式为主,特别是电视广告为主,将网络传播作为补充,弥补大众传播环境下品牌传播体验感的不足。这一类主要是实力雄厚的大企业,自身已经拥有强大的品牌资产,比如宝洁、耐克等公司。第三类是在大众传媒环境下根本无力进行品牌建设的中小型企业,甚至是个人,通过低成本的网络传播方式,比如关键词广告、博客、社交媒体加入品牌传播的行列。通过其出色的服务和网络低成本的传播媒体,形成了信誉,建立了与特定消费群体紧密的关系。

总之,正如《建立品牌身份》一书中所言:"互联网将成为具有最强大的品牌塑造力的工具之一。"但随着网络媒体使用比重的加大,最近美国在线出版商协会(OPA)公布的一份研究报告显示,网络已经成为人们工作时使用的头号媒体,是家庭中的二号媒体。以网络媒介为核心的低成本、精准型的品牌传播模式,将随着网络成为主流媒体而渐渐为大多数的企业所接受。根据国家工商总局发布的数据，2017年全国广告经营额6 896.41亿元，互联网广告经营额合计为2 975.15亿元，占整个广告行业经营额近50%。

第五节　知识产品营销与广告变革

"知识就是力量"，四百多年前，法兰西斯·培根留下的这句名言，在当下无疑有了更多含义。知识不仅具有形而上的意义，而且是一种实际的"利益"或称"权力"，可以进行交易，这在法律上称之为"知识产权"，从经济学的角度，就是"知识产品"。其实知识产品早已存在我们的生活中，如软件、歌曲、小说、电影等。随着知识经济的不断发展，越来越多的知识产品进入日常消费领域，知识产品正以其独特性对现有的营销、广告理论提出挑战，并对整个营销方式和广告运作产生深远的影响。

知识产品又称为"非物质形态的产品"[1]，是相对于物质形态商品而言；也有学者认为是"可交换的知识"[2]；还有更完整的定义，"所谓知识产品，是指人类在改造自然和社会的实践活动中，为满足社会的需要，通过付出脑力劳动，依靠知识、信息、智力等要素进行创造性活动的结果，以及以一定形式表现出来的一种自然科学、社会科学的成就。如企业商誉、商标、专利、版权、计算机软件及商业秘密等"[3]，这一定义是将知识产权的客体视为知识产品。知识产品除了具有一般产品属性，即在市场上进行交易之外，还有自己的特性，这些特性促使其营销和广告产生具体的变化。

一、知识产品的特性

（一）无形性

与普通产品相比，知识产品是无形的，但必须具有物化的表达载体，否则就不称其为产品。比如一部小说，不能只是存在小说家的头脑中，必须用文字写在纸上或电脑里；软件的编程只有通过计算机或光盘呈现出了，它才可以买卖，在编程员的头脑中的程序语言就无法成为知识产品。知识产品的无形性

---

[1] 张帆、刘新梅：《网络产品、信息产品、知识产品和数字产品的特征比较分析》，《科技管理研究》，2007年第8期。
[2] 汪丁丁：《知识产品销售策略》，《IT经理世界》，2002年4月。
[3] 蒋兴红、尤惠、伍菊英：《知识产品的经济学析》，《经济论坛》，2003年2月。

并需要通过载体来体现,这与产品的另一大类服务性质有着类似的特性。两者所不同的是服务产品的核心载体是人,服务产品的复制较为复杂,成本也高。随着计算机网络通信传播技术的发展,知识产品的物化载体成本和产品复制的成本几乎可以忽略不计。比如艾薇儿·拉维尼的一首歌,通过网络下载,几乎不需要什么成本。知识产品的无形性及产品复制和传播的低成本和便利性,一方面为产品的推广打开了便捷之门,另一方面使反盗版、反侵权,成为知识产品营销中一个很重要的战略。

(二) 路径依赖性

路径依赖的现象在生活中到处可见,比如对绝大多数人而言,大学选择的专业将会影响到其一生的职业选择。"路径依赖"的理论最早见于 20 世纪 70 年代,主要运用于技术变迁的研究。美国经济学家道格拉斯·诺思,运用路径依赖理论来阐释经济制度演进规律,并因此获得了 1993 年的诺贝尔经济学奖,从而使得路径依赖理论获得极大关注。诺思认为,路径依赖类似于物理学中的"惯性",一旦进入某一路径就可能对这种路径产生依赖。某一路径的既定方向会在以后发展中得到自我强化。人们过去做出的选择,决定了他们现在及未来可能的选择。而这些选择一旦进入锁定状态,就很难摆脱。

知识产品具有很强的路径依赖性,比如某个企业的软件选定了一个财务软件或客户管理系统,一旦投入,一般不会轻易变换。企业所孜孜以求的品牌"忠诚度",对于知识产品具有内在的"天然性"。当然知识产品的锁定因素各不相同,软件是转换成本高,而视听产品尤其是歌曲的选择,往往只是个人的喜好。我们可以研究各类知识产品形成锁定的原因,从而运用于营销工具和营销方式的创新。

(三) 共生性

知识产品的共生性主要体现在两个方面。

一是产品消费的共生性,比如网上聊天软件。你的朋友使用这一知识产品越多,对你就越有价值,如果你想联系的人,没有一个使用聊天软件,那这个聊天软件对你就是没有价值的。与实物商品不同,知识产品的使用价值,是会随着使用人数的增加和使用群体的不同而发生变化。二是知识产品本身的共生性，即如果将几个具有内在关联性的知识产品一起使用，其产生的效益更大，也就是"1+1>2"，经济学家称之为"超模态"①，甚至有些知识产品必须与其他知识产品共同使用。比如在电脑上使用应用软件，首先要安装系统软件。微软公司是最为成功地运用了知识产品的这种特性，将它的软件捆绑销售的，从而使竞争者出局。共生性又称互补性，并非知识产品独有，比如鞋子一双双出售肯定比一只只出售给消费者带来的效用大，因为一左一右的两只鞋子具有共生性。商家通过创造商品的共生性来促进销售，这是很普遍的现象。笔者在日本时，曾经看到超市在蔬菜柜前摆放食谱，蔬菜的排列竟然按照食谱上的菜肴来搭配，最常见的是低价的搭售商品。与实物商品相比，知识产品的共生性更普遍，更具有内在性，并非必须通过外在因素，比如人的生理特征、低价等，而是可以根据知识产品中知识信息本身具有一种关联性，来进行消费设计，从而实现"超值"。

除了以上特性，知识产品还拥有垄断性、时间性和地域性等特性。因为知识具有共享性，网络使这种共享被无限地扩大，从而会损害知识创造者的利益。为了鼓励知识创新，各国都加强了知识产权保护，在制度上使创造者拥有知识产品垄断权，但这种垄断权具有时间限制，比如小说的版权在我国规定是作者去世后50年，一旦超过这个时间，知识产品就成为公共物品。此外因为法律的权限是有地域性的，中国的法律只能在中国领土上有效，因而知识产品具有地域性。总之，知识产品的这些特性，共同作用深刻地影响到知识产品营销的路径。

二、知识产品营销的新路径

知识产品所具有的独特性，促使知识产品营销不同于实物产品，具有独特的路径，如果探寻Google和微软的营销方式，你会发现，营销在不知不觉中发生着变化，许多新的方式，已然在企业中运用，并卓有成效。

（一）4P的模糊化

营销理论形成于20世纪二三十年代，随着社会经济和文化的发展，营销理论也得到不断的发展，各种营销新名词层出不穷，尽管有4C、4R，时

---

① 汪丁丁：《互补性、概念格、塔尔斯基不动点定理》，《经济研究》，2001年第11期。

至今日 4P① 始终是最为简洁、最具影响力的企业营销要素的概括。这里也选择它来说明知识营销的特性。

只要认真剖析谷歌的经营模式,就会发现 4P 的界限已经变得模糊,产品、价格、分销渠道、沟通或称销售促进,甚至其产品生产与消费也不再是割裂的。比如 Google 资讯图片版本。该产品可让用户通过新闻图片,而不仅仅是文字,来浏览和详察当天的热点新闻。根据 Google 美国官方博客,研发"Google 资讯"是根据长期观察大家如何使用 Google 资讯,以及大量的用户反馈,在研发过程中,Google 通过博客、试用的方式,将消费者纳入其生产过程,整个产品的研发过程,Google 不断地根据谷歌迷的反馈进行修改,Google 的官方博客和研发人员的博客,通过那些 Google 迷的口口相传,又成功地将营销沟通与产品的研发结合在一起。这一过程使产品的研发到推广都与其消费者紧密相连,巧妙地将消费者整合到其知识产品生产的整个流程之中。

营销理论的产生源于工业化的发展,工业化通过分工的细化使整个社会的生产效率不断提高,商品供大于求,企业间竞争加剧,促进产品销售,成为企业经营的一个重要环节,进而形成一个高度专业化的服务性行业——广告业。知识产品生产的整合性,不仅使 4P 界限变得模糊,同时促使广告业也必须重新定位其未来。

(二) 消费锁定

消费锁定,就是让消费者一直购买、使用企业的产品。企业要达到消费锁定的目的,就必须加大消费转移成本。对于实物产品,比如瓶装水,如果某人喝某企业生产的产品改为另一企业生产的产品,其产品转化几乎不需成本,在经济学上称无摩擦转化。但如果你将 MSN 聊天改用 QQ 聊天,或者改变电脑的操作系统,其消费转换就不像改喝一瓶水那么简单。

消费转移成本主要由三部分组成:第一是交易成本,包括更换产品所面临的风险成本以及交易费用;第二是学习成本,例如 从 Dos 系统转换成苹果电脑的 Mac 系统将花时间重新学习系统的运用方式;第三是机会成本,许多企业能实行"顾客忠诚计划",比如航空公司旅程积累奖励等,一旦转换其他航空

---

① 1960 年,麦卡锡和普利沃特合著的《基础市场营销》第一次将企业的营销要素归结四个基本要素的策略组合,即著名的 4P 理论(Product、Price、Place、Promotion),这一理论取代了此前的各种营销组合理论,成为现代市场营销学的基础理论。

公司,你就无法获得旅程奖励的机会。

一般的实物产品,转换成本主要来源于第一种,即交易成本。企业和商家往往通过施行顾客忠诚计划等促销手段,就是通过增加消费转移的机会成本,来锁定顾客,但是实物产品的学习成本几乎为零。而知识产品学习成本极高,继续以电脑系统更改的例子,如果你想把电脑系统从PC机的Dos系统改用苹果电脑的Mac系统,几乎所有的操作指令都要更改。这就形成了所谓的"经验成本"。除此之外,知识产品还有共生性特点,即产品的使用者越多,对产品使用者而言越有价值,即经济学家所称的网络外部性特征,这也成为消费转移的成本,因为一旦消费转移则意味着网络效用的损失或不同网络效用的替代差异。因此,就知识产品而言,其转换成本主要来源于经验成本和网络外部效用。

原有的营销理论一直围绕消费需求进行研究。就知识产品,尤其是大量涉及信息、网络、传播等的知识产品,消费锁定同样值得企业倾注力量,并且利用知识产品自身的特性,扩大网络外部效益,加强锁定力,这是企业,也是营销行业将要面对的挑战。

(三) 整合

市场细分理论是传统营销理论的核心之一。按照该理论,企业把大众市场细分为若干市场,选择其中一些细分市场作为目标市场,提供特定的服务,以期增加产品和服务的效率,这是工业化时代用分工来提升专业化的水平,从而提高生产率的具体体现。在这个过程中不仅市场被分割,人的需求也在不断的社会分工和市场细分中被割裂。社会通过分工使生产效率不断提升的同时,却使社会满足每个个体需求的成本在不断上升——社会分工使产品到达消费者手中的成本增加,而市场细分,使消费者个体必须自身来整合其消费。广告等营销沟通产业的发展就是最好的例证。

随着网络时代的来临,知识成为生产要素,社会的生产模式正在悄然发生着革命性的变化,工业化的分工使机器的力量发挥到极致。网络经济时代,又称知识经济时代,知识的创新成为社会发展的动力,因此作为创造知识的"人",成为社会最为重要的"人力资源"。整个社会生产力发展正在从机器的规模生产转向人的创造。社会发展,无论是媒体还是消费提供都呈现出整合或称融合的趋势。社会开始关注个体的消费需求,并通过各种方式,特别是网络来整合个体的差异性需求。网络通信技术的发展,跟踪消费个体的消费行为及其他行为成为可能,比如百度用户的搜索行为。因此提供个性化的消费组合成为可能,同时知识产品的特性进一步促使了这种消费提供人性化的整合趋势。比如著名的网上书店——亚马逊,如果你选择了一本书购买,在旁边就会显示,选择这本书的人,还选择了哪些书,甚至某两本书一起订购比一本一本买要便宜,通过这些方式帮助你进行消费整合。

工业化使整个社会的消费需求割裂,原有的营销运作则把个体的某种消费需求从其生活需求中剥离。知识产品本身所具有的共生性,促使营销人员除了研究某个消费需求,还必须考虑消费需求之间的关联性。信息技术使商家在对消费者的了解越来越透彻,从而为消费者个体需求提供某一方面的多项需求的满足成为可能。人性化的整合营销与整合营销传播不同,它并不是停留在传播的层面,而是关注某个个体或组织消费需求的多元性,以及多元需求的关联性。产品和服务提供的整合性,从而使原来的"捆绑式"销售具有了新内涵。人性化的整合营销不仅将成为知识产品营销的新路径,而且将成为营销发展的新趋势。

总之,随着越来越多的知识产品进入我们的日常生活,以及产品知识化的发展趋势,整合不仅停留在营销沟通的层面,而是涉及消费需求、产品和服务提供等许多层面的整合,这不仅使营销路径产生变化,还将涉及产业、经济的结构乃至人的工作和生活方式整合化趋势。

三、知识营销时代的广告变革

知识产品营销时代的来临,预示着广告也将面临巨大的变革,这种变革不仅仅是某一方面的变化,其实是一种系统性的变化,是生态性的变化。

(一) 广告产业核心价值链的变化

现代广告的诞生是源于工业化的规模生产,需要规模消费,从而需要规模的商业信息传递。随着社会生产力的发展,生产效率的提高,商品相对于需求出现过剩,企业间的竞争加剧,市场营销登上历史的舞台,广告战略成为市场营销战略的一个组成部分,广告从纯粹的商业信息的传递,成为消费欲望的符号表达。广告通过其文字、视觉表达及各种元素,使所有的产品披上品牌的外衣,赋予产品流动的生命,就如同上帝对着捏成人形的泥土所吹的那口气,广告的信息传递功能开始让位于消费欲望的符号表达——创意成为广告核心价值链。电视时代的来临,使广告创意登峰造极。"飘柔——就是那么自信",普普通通的洗发水成为现代职业女性自信性的象征;"耐克——Just do it",选择一双鞋竟然变成了一种人生信仰的选择。

越来越多的知识产品出现于日常生活之中,与此同时是新媒介的兴起,所谓信息时代的来临。互联网、手机等新媒体,在使企业对消费者行为跟踪成本下降的同时,也使消费者具有前所未有的信息获取和意见表达的能力,企业与消费者之间,信息的不对称在减少,企业与某个特定消费者或者潜在消费者之间直接沟通的成本不断降低,直接沟通的能力在增强。也就是在工业化时代被分工割裂的企业和消费者,新媒介技术却在拉近两者的距离。有些知识产品提供的企业将消费者整合到知识产品的整个研发、推广过程之中,比如微软、谷歌。电视时代的大创意、大制作的广告,在知识产品人性化的整合营销中悄然退场,代之以沟通。但这种沟通与现代广告诞生之初纯粹的商业信息发布不同,它是通过消费者与企业不断沟通共同创造,分享价值的过程——在研发过程中,企业通过与消费者的沟通,设计出让消费者使用更方便、更人性化的知识产品;设计人员、消费者以及消费者之间,通过使用意见的反馈,使用经验的分享,口口相传,使知识产品不断得到推广,不断地增加知识产品的外部效应。在知识产品营销过程中,更多具有人际传播特征的广告传播方式将替代符号化的概念表达,即广告创意将不再是广告的核心价值链,各种类型的沟通设计,将成为广告运作的核心,当然我们原来所谓的"广告创意"依然会存在,但仅仅是沟通价值创造过程中一个部分。"广告创意"在广告产业和广告运作中的价值性开始消解,而凸显一种工具性。

(二) 广告"聚众时代"来临

尽管江南春的"分众"兼并了"聚众",但若要断言,接下来的时代是一个"聚众时代"。

以统一的标准化方式进行规模化生产一直是工业经济形态的特征,也是其提高生产力的"法宝"。与之相伴是大众消费。随着社会生产力的发展,商品供大于求,企业为了获得竞争优势,开始关注细分市场,关注群体需求的差异性。但无论是大众市场还是细分市场,都要求同质化市场具有一定规模,只要这样才有盈利的可能,漠视生命个体的需求特性是工业经济时代社会生产力飞速发展所付出的代价。

在信息时代,就知识产品生产而言,生产规模化不再是企业所关注的,许多知识产品的复制,比如一首歌通过网络可以随意下载无数次,一个软件通过网络可以发送给无数人,成本几乎可以忽略不计。因此就知识产品而言,成功的关键不是规模的生产而是要拥有规模的消费个体,知识产品的提供者要有能力聚集起具有不同需求的消费个体,并用你的产品满足他们的个性需求。《长尾理论》阐述了在大工业时代所忽视的对个体消费独特性的关注和满足其个性化需求的可能性。那个在工业经济时代被丢弃的个性消费需求的"长尾",将是知识产品提供者所关注的。广告在这个过程将起到什么作用呢?"聚众"是广告的使命。比如被微软收购的Hotmail,在创建之初就运用了病毒营销的方式,在每一封邮件最后都写上Hotmail的网址,并承诺提供免费的电子邮件服务。通过邮件服务使用者,这个信息迅速得到传播,在短短18个月,Hotmail的注册用户就拥有了1 200万。当然广告"聚众"的方式也是极其多样化的,比如亚马逊网上书店,它主要通过电子邮件定期发送你所感兴趣的新书信息;通过谷歌的搜索链接,把网站的链接或相关书的广告放在相关的博客或网页,一旦有人搜索,就会出现,如果有人通过这些链接最终购买了亚马逊的书,那么该博客或网页的所有者以及谷歌都可以获得亚马逊给的广告费。除此之外,书店还通过让读者写书评的方式,来传达更多有关书的信息,以吸引更多的消费者。

总之,知识产品营销时代的来临,意味着"真正个人化"时代的开启,广告面对的不再是人口统计学中的一个单位,而是再度回归到自然而独立的个人。广告将从概念的符号化表达中突围,但不会回归到简单的规模信息发布和传递,而是进入个性化、人性化的沟通和价值创造的境地。

第六节　品牌授权及其营销传播意义阐释

品牌授权又称品牌许可,指商标或版权拥有者授权将其名称、肖像、徽标、图形、表示、签名、字符或其中几个元素的组合使用在某一产品、服务上或促销之中①。品牌授权已经有百年的历史,最初来自卡通人物的商品化,随着知识经济的发展,品牌授权正在成为21世纪最有发展前景的产业之一,根据国际

---

① 译自国际授权业协会所做的定义,https://www.licensing.org/education/intro-to-licensing/。

授权经营者商协会(LIMA)①发布的统计数据,2017年全球的授权销售额已超过2 716亿美元,大陆授权市场的规模已达89亿美元。② 品牌授权在国内起步较欧美晚,但发展迅速。品牌授权既是具有广阔前景的产业,也是品牌扩张行之有效的工具,本节试图从营销沟通的角度,阐述品牌授权所蕴含的意义和作用。

一、品牌授权产业链构成

品牌核心产业链主要由品牌授权者(Licensor)、品牌授权经营者(Licensee)和品牌授权代理(Agent)构成(图2-1)。

图2-1 品牌授权核心产业链

品牌授权者是指授权资产的最初拥有者或出让方。如拥有米奇、唐老鸭、小熊维尼等著名卡通形象的迪士尼公司,推出喜羊羊、灰太郎等卡通形象的广东原创动力文化传播有限公司,以及制作"哆啦A梦"的日本株式会社小学馆等都是著名的品牌授权商。

品牌授权经营者,是授权资产被许可使用方,通常为拥有一定生产、销售规模和具有一定资历的生产厂家。它的责任在于产品的设计、生产制造以及分销。比如上海文喜实业有限公司是姆明(Moomin)品牌授权经营商,生产姆明系列的纸制品;美特斯邦威是《变形金刚2》的授权经营商,允许在其生产的服装上印上变形金刚的形象。

品牌授权代理是指由品牌授权者指定的,全权代理某一地区授权业务的

---

① 国际授权业协会英文全称为 International Licensing Industry Merchandiser's Association,是世界品牌授权业内最大的国际贸易组织,也是唯一的权威性机构。国际授权业协会成立于1985年,总部位于美国纽约,在英国、法国、日本、中国设有办事机构,除了为协会成员提供商机,还提供教育培训以及各种资讯。

② 参见国际授权业协会发布的《2018全球授权行业调查报告》,https://www.licensing.org/research/licensing-survey/。

公司,如华纳兄弟在中国内地、中国香港及中国澳门地区的特许授权独家总代理,授权代理哈利波特、超人、蝙蝠侠、汤姆猫和杰瑞鼠、乐一通等国际品牌在整个消费品领域,如影像、书刊、服饰、家居、食品、饮料、日化、玩具、文具、礼品、电子等方面的出版和使用。

品牌授权业除了以上所列的核心产业链之外,还包括品牌授权咨询公司;相关的服务业,比如：提供品牌授权法律服务的律师,提供传播策划服务的广告公司、公关公司等;还有授权产品的消费者。

二、品牌授权的分类

品牌授权的分类有很多,不同的分类标准其分类构架是不同的。国际品牌授权业协会将品牌授权划分为：卡通形象和影片娱乐、企业品牌、时装、运动(球队、球员)、大专院校、艺术、音乐等七类。营销百科也总结七类品牌授权[1],主要有：企业品牌授权、卡通造型授权、影片娱乐授权、运动品牌授权、休闲品牌授权、艺术授权和网络游戏授权。以下主要从品牌授权者和品牌授权经营者两个角度对于品牌授权进行了分类。

(一) 从品牌授权者角度,即按照授权资产种类,将之分为两大类,即：名称及其标识授权、内容授权。

名称及其标识授权也就是其名称和标识的许可使用,涉及企业品牌,比如索尼 SONY、可口可乐 CocaCola、百事可乐 Pepsi;非营利组织品牌,比如联合国、国际红十字会、牛津大学等;产品品牌,比如迷你 Mini、赫迪雅曼 Hardy Amies 等;运动项目品牌：比如 NBA、奥运会、世界杯;报纸杂志、电视台等媒体品牌,比如《花花公子》、中国中央电视台等;地标、建筑品牌,比如浙江的"金华"、上海的"大剧院"等。凡是具有标识作用的名称,都可以作为品牌授权,只要有人愿意接受授权。名称及其标识授权相对商标要宽泛。

内容授权涉及电影、电视、艺术绘画、卡通漫画、小说、网络游戏、网络视频,甚至广告中出现的人物形象、角色造型、服饰、图案、道具和音乐等。比如电影《阿凡达》,随之在全球火爆上映的还有 125 种《阿凡达》授权产品的上市。《阿凡达》中的潘多拉星球上的人类及其生物的各种造型、男女主角所戴的饰

---

[1] 营销百科"品牌授权",https://wiki.chinalabs.com/index.php? doc-view-5729。

物，片中奇妙的场景等都成为授权资产，获其授权的产品种类涉及玩具、图书、游戏、服装等。

（二）从品牌授权经营者角度，即获得授权后的运用①，主要分为商品授权(Merchandising Licensing)、促销授权(Promotion Licensing)、主题授权(Subject Licensing)和通路授权(Place Licensing)等四种类型。

商品授权是指品牌授权经营商可把授权品牌的商标、人物及造型图案应用于商品的设计开发上，并取得销售权。比如东莞乘风实业有限公司获得了迪士尼公司的授权，在其生产销售学生书包上印上迪士尼的标志。

促销授权包括促销赠品授权和图案形象授权。促销赠品授权是指品牌授权经营商可运用授权品牌的商标（Logo）、人物（Character）及造型图案（Design），与促销活动结合，规划赠品，促进公司产品或服务的销售。例如：购买肯德基套餐赠送哆啦A梦玩具，吃麦当劳儿童套餐赠送柯南玩具；图案形象授权是指被授权商可运用授权品牌所属之商标、人物及造型图案，与促销活动结合，规划主体广告、创意主题活动，达到促销目的。例如：太平洋百货店内宣传海报中的中国台湾画家几米的作品，招商银行推出的Hello Kitty信用卡。

主题授权是指品牌授权经营商可运用所授权品牌的商标、人物及造型图案为主题，策划并经营主题项目。最为常见的是主题公园，此外还有游戏厅、主题餐厅、特色酒吧、咖啡厅等。

通路授权是指品牌授权经营商可加入做授权品牌的连锁专卖店和连锁专卖专柜，统一销售授权品牌的商品。比如可口可乐的专卖店就是授权不同的公司来经营，并有时间和地域的限制。

三、品牌授权的运作模式

品牌授权的运作模式，与品牌授权分类一样，主要从品牌授权者和品牌授权经营者的角度来探讨。

（一）品牌授权者的运作模式

就整个品牌授权产业而言，主导其发展的是品牌授权者，因而从品牌授权

---

① 百度百科"品牌授权"，https://baike.baidu.com/view/303220.htm。

者角度探讨其运作模式,往往能揭示整个产业发展的格局。学者们总结了品牌授权运作模式,当然都有所不同,主要是两种视角,一是将品牌授权视为其经营业务的一部分,将此作为企业获得利润的一种方式、一种渠道;另外是将品牌授权作为品牌传播、品牌扩张的一种方式,作为企业营销的长期战略目标。不管哪种视角,其运作主要涉及以下几个步骤:

1. 明确品牌授权目标。品牌授权的目的主要有以下五项。

(1)占领市场、扩大市场份额。比如星巴克、午后红茶等品牌通过授权台湾的统一企业,开拓在中国大陆市场,从而降低进入新市场的风险。麦当劳、肯德基等国际快餐大牌通过品牌的加盟授权,扩大市场的份额。

(2)扩大产品线。许多著名品牌,都采用品牌授权方式,来达到扩大产品线的目的。比如 CHANEL、DIOR、GUCCI 等,除了其主业,所涉及的眼镜、箱包、饰品、服装、鞋帽等产品,都采取品牌授权,由别的公司来生产,甚至销售。

(3)通过授权获得新的现金流。品牌授权有许多方式,有品牌授权渠道加盟,比如专卖店、连锁店,也有品牌名称、LOGO、图案、卡通、人物形象在商品中运用的特许授权等,不管是哪种授权,品牌授权经营者都会给品牌授权者品牌授权费,从而可以增加授权企业的现金流。比如迪士尼,每年的授权收入就达十多亿美元。

(4)有助于品牌资产增值。品牌授权也是品牌传播的方式,如果产品线选择恰当,会增加与目标消费者的接触点,提高品牌的忠诚度,从而增加品牌资产,当然,如果运作不当,也会导致品牌资产的负增长。

(5)建立和增进与销售商的关系。通过对销售渠道的品牌授权,可以在销售终端强化品牌的展示,给予销售商更多的广告等沟通支持,有助于跟销售渠道建立更密切的关系。

品牌授权者可根据自身的资源和发展战略,根据以上所列,确定一项或多项的授权目标。只有确定了品牌授权目的,才能开展以下的授权步骤。

2. 选择合适的品牌授权经营者。品牌授权对象的选择与品牌授权战略密切相关,除此之外,主要涉及以下三个方面。

(1)产品品类。品牌授权经营者的产品品类与品牌授权主业及其他授权产品的契合性。品牌授权是品牌扩展的一种特殊形式,如果首次进行品牌授权,那么主要考量品牌授权经营企业所生产的产品品类与授权品牌定位、形象和内涵之间的契合性。比如,如果香奈儿品牌授权给一家肉类产品制造商,那就不合适。国际品牌一般不会犯这样的错误,但据所知,腾讯确实做过类似的授权。如果品牌授权涉及多个产品和品类,那么还要考量授权品类之间的契合性,不能引起冲突。

(2)市场表现及产业地位。要考察被授权者产品的市场占有率和企业在产业中的影响力。品牌授权者要根据自身的品牌力和企业资源,选择与企业相匹配的品牌授权经营者。比如普拉达品牌选择全球排名第一位的意大利眼镜制造公司 Luxottica,作为其眼镜类产品授权经营者。

(3)管理能力和企业文化。品牌授权是一个系统工程,它关系到品牌的成长与发展,是一项中、长期的战略,因此与之合作的企业自身管理能力和企业文化也是必须考察的项目,这影响到品牌定位及理念的准确演绎,同时又将决定授权方和被授权方在日常沟通中的顺畅程度和合作的默契度,更重要的是,品牌授权经营者的管理能力和企业文化力,最终决定着品牌在被授权产品中的延伸成败。

3. 清晰的品牌授权体系和控制机制。

品牌授权体系涉及品牌授权经营者的资质标准、品牌授权时间、费用、利益分配的原则和框架,以及日常管理中组织架构、控制机制和管控项目的建立和确定,比如,在产品设计、生产、销售及宣传中,品牌授权方要进行审查、派驻和督察。尽管星巴克授权中国台湾的统一企业在大陆经营,但对于每家新开设的门店,其装潢设计,无论是店面和店内,星巴克总部有专门的团队来把关。

品牌授权的风险评估。不管选择怎样的品牌授权经营者,都要对该项授权进行风险评估。风险评估的内容涉及品牌授权经营者的信誉、财务、管理等竞争力、合作力,品牌授权产品消费市场的波动,授权产品品类及行业发展趋势,政府的产业政策,相关的法律法规以及所处的经济、社会、政治环境等。在此特别要指出,品牌授权从法律角度涉及知识产权法,其特点是受地区限制,每个国家、地区知识产权法律是不同的。品牌名称及其标识授权更多涉及商标法,而卡通形象、人物造型、图案等内容授权则更多对应于著作权法。商标可以续展,不受时间限制,但著作权则有时间限制,在运作过程中要注意授权资产的保护期间。

(二)品牌授权经营者角度的运作模式

麦考·布莱尔从品牌授权经营者的角度,总结了从授权品牌的选择,到获得授权后的运作,就如何取得品牌授权利益的最大化等整个运作过程8个重要环节[1]。

(1) 分析品牌。在决定获取品牌授权之前,企业对品牌的本质,以及其市场定位、涉及的产品、品牌形象、用户形象、企业形象、品牌个性、品类驱动力和品牌整体影响力进行分析和评估。要明确想要获得授权的品牌,其哪些资产要素可以转移到企业生产的品类及产品。

(2) 洞悉品牌的消费者。企业要分析想要获得授权品牌所涉及目标消费群与企业自身生产产品的消费群之间的差异,判断品牌是否可以作出这种扩展。

(3) 保持品牌原有的定位。品牌授权经营者想要获得成功,获得授权运用品牌的产品在品质、价格和通路等方面必须与品牌的定位保持一致。

(4) 生产与品牌保持一致的产品。企业不能只关注品牌,品牌最终要通过产品或服务来体现。因此从一开始就要关注产品的有形和无形利益,生产符合甚至超过消费者预期的产品,并且要与品牌保持一致。

(5) 确保品牌质量的一致性。建立与品牌相适应的质量标准,并严格实施产品测试,质量保证,工厂检查和报告等项目。

(6) 投资营销新品牌。获得品牌授权,在销售授权品牌产品时,比如意大利著名眼镜生产商Safilo获得了迪奥、阿玛尼等的授权,通过生产销售这些品牌的眼镜,企业大获成功,名声大振,随之企业建立自己的零售连锁店,打造自身的品牌。

(7) 保持与品牌授权商的强沟通。品牌授权经营者必须确保与品牌授权商的沟通,并要真正地理解授权品牌及其价值对企业意味着什么,同时要及时与品牌授权者分享有关产品销售状况、消费者的信息。

(8) 了解品牌授权是不同于一般的业务。跟一般速战速决的业务不同,品牌授权对于授权者和授权经营者而言,是一种长期的合作。双方要着眼长远,信守诺言。良好的合作可以促进品牌资产增长,使双方获益。

总之,无论是从品牌授权方还是品牌授权经营者的角度,其运作模式都体现了品牌授权是一项长期,至少是中期的业务合作,双方必须从企业发展的战

---

[1] 麦考·布莱尔(Blair McCaw)Brand Management for Licensees: Leveraging the Power of Your Licensed Brands,The Licensing Journal FEBRUARY 2009,pp.22-24。

略层面来考量彼此之间的合作。同时品牌授权并不只是单纯的业务合作,是对品牌的投资,这种投入不单纯是获得收益及促进品牌资产的增长。

四、品牌授权的营销传播意义

技术的进步正在全方位影响着我们的社会存在和发展。网络、数字化、移动通信等,改变的不仅仅是传播环境,媒介融合只是表象,其内里是人的需求完整性的"重现"。这促使广告、营销的理念和运作发生变革,企业使用品牌授权,作为营销沟通的手段,其效果不仅仅只是增加品牌知名度,给予品牌创造差异性的机会,使产品更快捷地直达消费者认知,更意味着对特定消费者需求的全方位关注。如乔易·罗宾逊所言:"把人作为营销思考的中心。"[1]

现代广告和营销的诞生是源于工业经济的发展,技术进步促使社会生产率提高的同时也使社会分工加剧,生产、消费割裂,专业化的沟通才成为社会的必需,继而形成产业。工业经济的主要特征是专业分工和规模化,卓别林的影片形象地揭示了工业化带来的对人性的瓦解,但很少有人注意工业化同样彻底粉碎了个体需求的完整性这一事实。

在自给自足的农业社会,个人需求的满足具有系统性、完整性。比如一个人生活需求的满足,从食物、生产工具、群体交往、娱乐、教育等都可以在其居住的村子来获得。尽管也有分工,但沟通的个性化和个体流动性相对缺乏,使得这种分工不会影响个体需求满足的完整性。工业社会,一方面,社会满足个体需求的能力大大提高;但另一方面,整个社会不断地被分割为各种"市场细分",人的需求隐没在大众或分众的需求之中,被彻底的碎片化了。从某种意义上,现代人一直处在"被消费"的状态,广告、营销的理论尽管一再强调以消费者为中心,但就其实质,是"见物不见人",是"物"的营销而非"人"的营销。比如统一企业,在进行方便面营销时,会对消费者进行调查研究,但其研究关注的是所谓"目标市场"的需求心理和行为模式,而不是消费者的需求架构。营销人员的目的是要将方便面推销给特定的消费群体,而不会研究目标消费群体的消费结构,即除了方便面,这一群体还会消费什么?更不会关注目标市

---

[1] 乔易·罗宾逊(JOEL RUBINSON)The New Marketing Research Imperative: It's about Learning JOURAL Of ADVERTISING RESEHRCH, March 2009, pp.7 - 9。

场的群体特征与其消费架构的关联性，比如作为中产阶层，其日常生活由哪些商品构成，这种商品消费类别的架构如何与其中产阶层的群体特征相呼应？因为传统企业，是无法也无力对于消费者需求的整体性作出回应的。

网络正在改变一切，个体消费的完整性正在"重现"，这主要从两个方面来体现。

一是社会对个体消费满足的提供模式的变化，越来越多的商务模式具有整合特性。比如亚马逊、当当网，尽管最初只是一个网上书店，但现在衣服、鞋子、帽子、化妆品等，日常生活中所需的都能买到。Google的商业模式，其实就是一种信息提供的整合模式。苹果的成功不是创造了流行，而是关注年轻人现代生活的整合性需求。腾讯的成功也是如此，上网、聊天、社区、游戏、文字输入、电子邮箱等，它正在试图提供网络生活方方面面的需求满足，并且不断把新的技术和服务整合进其自身的服务系统中。

另一方面是信息技术引发的社会沟通模式的变化。Facebook、微博、SNS等的出现，以及移动通信的发展和手机的普及，使得大量即时性媒体出现，并呈现持续性传播的特点。在大众传播时代，因规模化而丧失的互动性、个性化已悄然发生着某种回归，更具人性化的传播沟通正在成为社会发展的潮流所向。

对于网络、通信等新技术带来的变化，广告、营销界的回应便是整合营销传播的理论产生和这一理论在广告、营销产业的被广泛接受和运用。但具体整合什么，往往会有不同的理解。享有"整合营销传播之父"声誉的唐·舒尔茨教授则指出，整合不仅仅是营销沟通方式的整合，还必须关注消费者消费需求的整合。整合营销传播不仅是营销沟通工具的整合运用，更是对消费者需求的整合提供，使消费者能够生活在其喜爱的品牌世界之中。因此从营销沟通的层面，品牌授权的意义不仅仅是品牌传播，还蕴含着广告、营销理念的一种变革——从"物"的营销到"人"的沟通与营销。品牌不仅提供一套价值观念和生活理念，还实实在在地提供人们现实生活所需的某一方面的商品及服务的集合。比如哈雷品牌，除了摩托及其配件，还有杂志、头盔、衣服、打火机，甚至有哈雷俱乐部等，拥有能标榜其特质的生活用品与服务的集合。品牌授权不再使品牌仅仅是某种符号，而具有生活导向性，是一种生活，这种生活并非存在于广告的虚构中，而是由各种具有某一品牌特质的商品所构成，它凸显的是企业对某一群体需求的系统性和整体性的关注。

当然，如果企业把品牌授权基于以上的认知，这就意味着品牌授权并不仅是授权使用品牌名称和图案那么单纯，企业动用的资源涉及其声誉、形象、关系等无形资产，以及人力、资本、管理等有形资产等的投入。品牌授权涉及企业的战略规划和具体执行，是企业内部和外部资源整合能力的体现。

第七节 品牌授权：文化品牌发展的战略选择

网络上对喜羊羊形象版权授予美国迪士尼公司议论颇多，为此有媒体采访了上海迪士尼公司相关负责人，确认早在2011年1月，喜羊羊出品方——广东原创动力文化传播有限公司（以下简称"原创动力"）便与美国迪士尼公司（以下简称"迪士尼"）签署了喜羊羊卡通形象衍生品的全球授权协议，消费品部下属所有产品品类均可生产有喜羊羊形象的产品。据此有人惊呼喜羊羊被"卖"了，其实品牌授权与版权出售是两回事。品牌授权只是允许被授权的公司在某一段时间以及某一区域内拥有该品牌或卡通形象的使用权利，喜羊羊的版权还是属于出品方。

2009年，动画片《喜羊羊与灰太狼之牛气冲天》获得巨大成功，当年票房高达1.1亿，随之喜羊羊与灰太狼的形象几乎家喻户晓，赢得了大家的喜爱。第二年的《喜羊羊与灰太狼之虎虎生威》票房还是一路飘红，达1.3亿元，创下了动画电影票房的纪录。随之，"喜羊羊与灰太狼"系列漫画书相继出版。与动画片、电影和书籍火爆相对应的是各大商场、路边小摊上充斥着大量采用喜羊羊、灰太狼形象制成的商品，其中80%以上并未获得使用许可，也就是盗用了喜羊羊、灰太狼的形象版权。《喜羊羊与灰太狼》大红大紫，但原创动力作为其形象的创造者和形象版权的拥有者，获利并不丰厚，而在目前的状况下，维权成本又太高，因此原创动力选择把《喜羊羊与灰太狼》的版权授权给迪士尼是可以理解的。

查看网络，对于迪士尼获得《喜羊羊与灰太狼》的品牌授权主要有两种不同意见。

一种意见认为，迪士尼拥有无可比拟的资源和渠道优势，喜羊羊可以借助其力量获得稳定的收入，还能进一步开拓国际市场。网上已见到据说是经过迪士尼"改造"的喜羊羊、灰太狼等的新形象,这些形象很可爱,并已取了英文名字。

另一种意见则认为喜羊羊授权给迪士尼,前景很难预测。迪士尼麾下拥有众多卡通形象,它是否会着力将喜羊羊的形象进行系统的推广,很难断定。前车之鉴,一些大牌的国际企业,一旦获得中国的品牌,并不是发展该品牌,而是将之雪藏,尽力地发展其自身的品牌,扩大其在中国大陆市场的占有率。喜羊羊会否遭遇同样的命运?

那么,喜羊羊品牌授权给迪士尼公司到底是利还是弊,或利弊参半呢?具体分析,抽离了品牌授权运作过程、公司特质和市场环境,很难判断原创动力采用品牌授权来发展喜羊羊品牌究竟对其有利还是有弊,但是原创动力采用品牌授权来发展喜羊羊品牌,对于中国众多动漫品牌乃至文化品牌的发展具有极大的启示。

一、中国的动漫及文化创意企业要重视品牌的建设和发展

中国从事动漫等文化创意的企业,往往规模较小,能够在较短时间内创造像喜羊羊这样的奇迹,但对于品牌的建设与发展往往缺乏应有的经验和充足的资本,品牌授权就是一个很好的品牌建设和发展的战略选择。当然作为品牌授权企业在具体的运作中,首先要确定品牌授权的目的,品牌授权的目的一般可分为:占领市场,扩大市场份额;获得现金流;扩大产品线;增加品牌资产;建立和增进与销售商的关系等。品牌授权者可根据自己的状况确定其授权目的。其次是品牌授权对象的选择,品牌授权的对象其所经营的产品要与授权产品具有一定的契合性。该企业本身的市场表现好,产业地位高,最好是龙头企业。企业还要具有良好管理能力和企业文化,因而笔者认为喜羊羊选择迪士尼作为授权对象还是很明智的,因为迪士尼本身的服务产品就涉及卡通形象,并且迪士尼有这个能力和实力对喜羊羊品牌进行衍生产品的开发和推广。当然如果授权品牌怕被授权对象雪藏,原创动力在与迪士尼所签订喜羊羊卡通形象衍生品的全球授权合约中,双方对于衍生产品的开发、推广的时间和资金投入等要有明确的条款约定,如果一旦不能达到约定的要求,可以收回授权。最后,一旦签订合约,授权企业并不能就此高枕无忧,不过问品牌的事项,而是要根据签订的条约,阶段性地进行沟通和评估,建立良好的合作关系,有利于增进品牌资产,使得品牌授予和被授予双方取得共赢。

二、文化创意企业不能只关注内容的创作和制作，还要重视并懂得内容的运作和推广

通过品牌授权，衍生产品的开发，从生产的角度就是扩大了产品线，同时也使得品牌的传播力和影响力得以延伸至其他的品类。从产业发展的角度，整个文化创意产业要有一种意识，要重视整个产业链的架构。其实文化创意产业，比如动漫，其核心产业链当然是动漫的创作和制作，但是动漫消费的调查研究，动漫衍生产品的策划、制作，以及动漫作品的营销的策划与运作，同样是产业链中不可缺少的环节，并且与动漫的创作与制作应同步进行。在当今市场环境下，内容消费的调查研究、内容的品牌授权、内容的营销推广已经成为产业链中极其重要的环节，甚至会决定一个产业的生存和发展。迪士尼的成功，并不仅仅是创造了米老鼠、唐老鸭等众多的卡通形象，更重要的是找到了一个形象消费市场、形象创造、形象运作和形象营销推广完整的价值链和有效的业务运营模式。中国的文化创意企业内容运作、营销推广的经验和资金都很欠缺，在这种状况下，原创动力与迪士尼的合作，不失为一个很好的战略选择，值得借鉴。

三、喜羊羊授权予迪士尼，其背后折射出当今中国市场面临的一个重大问题，即盗版

文化创意企业，其产品都是知识产品，跟实物产品不同，其复制成本几乎为零，且非常方便。知识产品复制的低成本和便利性，再加上我国对盗版打击力度不够，违法成本低，使得盗版极其猖獗。喜羊羊形象版权授予迪士尼，既是战略选择，也是迫于无奈。原创动力曾经声称，市场上以喜羊羊和灰太狼形象生产的各种商品，80％是盗版，未经其公司授权。但是偌大的中国市场，文化创意企业防盗版已成为其沉重的负担，授权迪士尼，希望借助其力量，减少盗版。打击盗版，维护公平的市场秩序不仅是企业的责任，更是政府的职责。中国到目前为止，已经参加了13个世界知识产权组织（WIPO）框架下的知识产权公约和世界贸易组织（WTO）框架协议下的《与贸易有关的知识产权协议》。中国的知识产权立法体系较为完备并与国际接轨，但执法不到位，而中国一部分人盗版侵权意识淡薄也是不争的事实。究其实质，迪士尼的成功不仅是其商业模式的成功，还与其所处的美国市场环境密切相关。为此无论是

政府还是行业协会,都要着力于防范、打击盗版,为文化创意市场创造一个公平竞争的环境。

第八节　OTT TV 对传统电视媒体的颠覆性发展

继报纸、杂志面临互联网及数字技术的生存挑战,电视媒体迎来了 OTT TV 的颠覆威胁。OTT TV 是"Over the Top TV"的缩写,是指基于开放互联网的视频服务,终端可以是电视机、电脑、机顶盒、PAD、智能手机等。采用此种技术,电视机可以上网,同时电视节目的传输则通过互联网。也意味着互联网从人们的手掌、书房进入了客厅。OTT TV 不仅是对电视媒体的颠覆,更是对电视产业的颠覆。这背后是电信、电视、互联网三网融合进程不断加快的体现,广电、电信和 IT,在这个三网融合的世界里,对当下的 OTT TV 而言,就是在消费者的客厅中。

原有的电视产业涉及内容制作业、电视台、电视传播服务提供者(包括无线、有线、卫星、IPTV),电视节目的输出终端是电视机。电视台是整个产业链的核心,控制着内容的制作、审核和播出,其赢利模式主要是通过广告和赞助。也有付费电视频道,但所占的市场份额极小。这就意味着在消费者的客厅中,电视台占据绝对的支配权,决定了观众收看的方式、收看的内容、收看的时间。

与传统电视业不同,OTT TV 的产业链主要涉及:内容制作、内容集成、服务提供、平台供应商,接受终端除了电视,还有手机、电脑、iPad 等。电视一旦接入网络,在 OTT TV 的产业中,电视台对于客厅控制权将面临挑战,消费者可以选择内容,这些内容来自传统电视台所控制的节目、新闻,也可以 IT 产业链中的公司所制作的内容,比如视频网站自制的内容,还有大量的互联网用户制作内容;消费者可以选择收看的时间,消费者还可以选择接受的方式,客厅里未必只有电视机,手机、iPad、笔记本电脑都可以在客厅使用。因此电视媒体,应对 OTT TV 的颠覆需考虑的是占领客厅这个空间,并不仅仅是占领电视屏幕。

占领客厅就需要了解这个空间在数字媒体环境中对于消费者的意义,对于一个家庭生活的意义。在大众媒体时代,客厅对于家庭的意义应该主要是三个方面:第一是休闲娱乐,客厅是家庭的休闲场所,在此空间家庭成员通过各种方式放松自己,看电视、玩游戏、喝茶等;第二是沟通交流场所,增强家庭亲情和培养人际关系;第三是获取资讯,拓展认知,无论是家庭成员、亲朋好友之间的交谈,还是观看电视,客厅提供了信息交流,拓展认知的可能。随着生活节奏的加快,网络通信技术的发展,互联网各种应用的创新,客厅的功能除了以上所列的三个方面,更可能成为日常生活数字化中心,消费者需要获得更多有关家庭生活的信息和服务,比如水电煤费用的缴纳、养生指导等,基于这些需求,客厅这一家庭的最为重要的活动空间,它将为互联网电视的发展提供更多想象的可能。

同时,随着家庭成员使用媒体习惯的变化,在大众传媒鼎盛时代,一家老小围坐客厅看同一电视节目的场景已很难见到。客厅中的媒体使用趋于多元,AC 尼尔森发布的报告显示,越来越多的用户倾向于在观看电视的同时,使用其他终端。86% 的平板电脑用户和 88% 的智能手机用户表示,一个月至少一天在观看电视节目的同时使用移动设备,41% 的手机用户表示他们每天都会这样。网络已经成为收看热播电视剧的主要渠道。在普通百姓家中客厅的场景,更多是电视机在播放新闻或电视剧,奶奶在看电视,爸爸在用手机看新闻,妈妈在用 ipad 看韩剧或美剧,而儿子或女儿则在用手机聊天。OTT TV 的多屏分发、多屏互动的特性非常契合客厅空间中家庭成员媒介使用的多屏化。

在国外,对于 OTT TV 没有设立特别的限制,这就使得从内容制作、内容集成、服务提供、平台供应商和解释终端等产业链中各种企业都开始参与其中,比如 Apple TV。目前 OTT TV 服务开发运营比较成功的是在线影视观看,比如北美的 Netflix、Hulu,欧洲的 Love Film,这些 OTT TV 运营商通过向用户收费来赢利,并且在线影视观看并不局限于电视,比如 Netflix,有 200 种设备搭载。

在我国,政府对于 OTT TV 产业的限制是非常严格的。2011 年 10 月,国家广电总局下发了《持有互联网电视牌照机构运营管理要求》(181 号)文件,明确了 OTT TV 是指通过公共互联网面向电视机传输的由国有广播电视机构提供视频内容的可控可管服务。并确定了 OTT TV 播控平台只能由获得牌照之集成服务商央视、文广、华数提供,一般家电厂家不得涉足。OTT TV 内容由获得互联网内容服务牌照的广电播出机构提供,非广电机构不得获得;电视设备中对播出平台及内容来源的集成,要求一台电视机只能植入一家集成商的客户端,但同一品牌不同型号可以植入不同客户端。

国家广电局的这些行政措施,强化了原有的广播电视机构在 OTT TV 产业链中的地位,使得电视媒体在 OTT TV 产业链占据较为有利发展优势,但要应对互联网电视的挑战,并在互联网电视产业真正站住脚,还必须依靠自身的创新与探索。

目前获得互联网牌照的有七家传媒机构,分别是中国网络电视台(CNTV)、百事通(BesTV)、华数在线(Wasu Online)、南方传媒(SMC)、湖南卫视、中国国际广播电台(CRI)、中央人民广播电台(CNR)。如何形成其运营模式和赢利方式,各自都在摸索之中。

中国网络电视台通过合作,迅速地实现了在互联网电视主要产业链的布局。比如内容传播与济南广电和邯郸广电合作,采用了 DVB 和 OTT 结合的模式;与 PPTV 和乐视合作,将更多的内容纳入其平台,由于这两家视频网站也相继开卖互联网电视机顶盒,CNTV 以这种方式实现了对智能终端的渗透。

百视通公司(BesTV)由上海文广新闻传媒集团(SMG)和清华同方股份公司合资组建,是一家全媒体公司,在 IPTV、网络视频、手机电视、互联网电视方面均拥有牌照。百视通致力于智能终端和各种应用技术的研发。2012 年 6 月发布的"小红"机顶盒,内置"百视商店",是为电视屏幕定制的应用商店,已内置了百余款的应用。与联合开发的 A30 机顶盒,集成了视频点播、云游戏、卡拉 OK 等互动功能,能用手机遥控智能终端,实现各种功能之间的无缝切换。百视通还致力于开拓海外市场,目前已进入北美和亚洲市场。

CIBN 是中国国际广播电视网络台(China International Broadcasting Network)的简称,由中国国际广播电台开办。CIBN 拥有 61 个语种的节目、全媒体形态,是中国与世界沟通的平台,跟获得互联网电视牌照中的 CNTV、百视通、云视听(南方传媒)和湖南电视台的芒果 TV 已建立了战略合作关系。

从以上三方获得牌照后的运作来看,CNTV 更致力于产业布局,百视通更关注应用与市场,CIBN 借力其他的牌照方,更好地使自身的信息服务进入各受众群。

在三网融合背景下,广电在政策的支持下已在 OTT TV 占有优势,但真正占据客厅,赢得这场战役,获得牌照的各方要真正成为互联网电视产业中的佼佼者,可能要更关注市场的需求及其变化,关注地域性市场的机会,关注技术进步带来的服务创新的机会,关注客厅作为家庭数字生活中心的发展趋势。

第三章　全球化语境下的广告新视野

第一节　经济全球化时代的植入式广告

好莱坞的全球化策略，促使其大片进入中国市场的同时，一种近来在美国等西方国家日益火爆的营销方式悄然进入大众的视野，那就是植入式广告。《变形金刚》中凯迪拉克的各款车型，《我，机器人》中的奥迪概念跑车 RSQ。你只要是影片的观众，你就是植入式广告的受众。植入式广告，这一肇始于 20 世纪 40 年代末的营销手段，正如《黑客帝国》令凯迪拉克重新成为时尚话题，经济全球化和 IT 技术的发展，令其成为 21 世纪当下最为热门的营销话题之一。

一、植入式广告的异军突起

植入式广告（Product Placement）又称植入式营销（Product Placement Marketing），是指将产品或品牌及其代表性的视觉符号甚至服务内容策略性融入电影、电视剧或电视节目内容中，通过场景的再现，让观众留下对产品及品牌印象，继而达到营销的目的。在中国往往将 Product Placement 翻译为隐性广告或称其为软广告。植入式广告不仅运用于电影、电视，而且被"植入"各种媒介，报纸、杂志、网络游戏、手机短信，甚至小说之中。福特公司与小说家 Carole Matthews 签约，请她以福特的 Fiesta 车为主角，创作小说。

植入式广告并不是新的营销方式，早在 20 世纪 40 年代，二次大战后即已出现。广告商出资赞助偶像电视剧，将商品或品牌植入剧中情节；或买下电视综艺节目时段，将品牌名植入节目中。20 世纪 50 年代好莱坞将这一营销方式引入电影，成为其电影商业模式的一个组成部分。例如电影《少数派报告》，这部好莱坞大片的产品植入广告共为其带来了2 500万美金的收入,是其经费总预算的1/4。

进入21世纪,植入式广告这一陈旧的营销术,不断走红,2004年呈火爆之势。各大广告传播集团,纷纷建立专业公司,提供这项服务。比如IPG集团旗下的Deutsch广告成立了Media Bridge Entertainment,并宣称其将与价值估算顾问公司iTVX合作开发植入式营销的计费系统。此外其他广告集团也纷纷涉入此业务,成立专门的公司,如:WPP的Mindshare Entertainmen和Publicis集团Zenith Optimedia、WPP's MindShare以及奥姆尼康广告集团(Omnicom Group)的Full Circle Entertainment。2002年,澳大利亚人安东·尼迪佛(Anthony Dever)创办了植入式广告奖(Product Placement Awards),每年举办一次。

在新的社会和经济环境下,随着大众消费的符号化趋势,"产品的植入"演变为"品牌的植入"。这种用语的变动,凸显了在新时代,赋予这一传统营销方式新的内涵。2003年全球品牌内容营销协会(Branded Content Marketing Association)在伦敦成立,目前已在澳大利亚、德国、荷兰、美国等国成立分会,有100多个会员。会员包括奥姆尼康、WPP和Interpublic等全球性的广告集团,以及IBM、Mastercard、Bcardi等制造商,另外还有其他广告代理商、客户、游戏发展商、电影工作者、电视节目制作与出版商等。这一协会的诞生,正如品牌内容营销协会美国分会主席Cindy Callop所言,预示着"我们正从一个营销沟通的'打扰时代'(Age of Interruption),进入一个'植入时代'(Age of Engagement)"。

二、植入式广告的运作模式

从目前所见各种媒体内容的植入方式,我们将植入式广告分为四种运作模式:场景植入、对白植入、情节植入和形象植入。

场景植入,主要是指品牌视觉符号或商品本身作为媒体内容中故事发生的场景或场景组成的一部分出现。比如《天下无贼》影片开头,一对盗贼夫妇为了勒索一位富翁,男盗贼用佳能摄像机摄下富翁对女盗贼的不轨举动。在西藏的寺庙里,男盗贼窃得一大袋手机,镜头扫过,都是诺基亚。盗贼夫妇互发短信时,特写镜头手机屏幕上滚过中国移动"全球通"的大logo。张贴在火车车厢内的《北京晨报》,随着剧情的展开,不时地闯入镜头……一部电影,几乎成了品牌的展示舞台,宝马汽车、惠普电脑、淘宝网、长城润滑油等,不下数十个品牌,在电影的场景中出现。品牌或商品的场景植入,是一种极为消极的信息传播方式,镜头一闪而过,只有成熟的品牌,才能通过这种方式将品牌印迹一次次地"植入"观众的头脑。

对白植入,就是在电影、电视剧、小说等,通过人物的对话巧妙地将品牌植入其中。《阿甘正传》里有一句经典台词:"见美国总统最美的几件事之一是可以畅饮'彭泉'汽水。"《我,机器人》里的威尔·史密斯大声地说:"我只穿2004年产的匡威鞋。"在《一声叹息》里,徐帆时刻不忘提醒亲朋好友:"我家特好找,就在欧陆经典。"在《我的希腊婚礼》中,女主角说:"我老爸只相信两件事,第一件事是要教育美国人,第二件事是任何身体上的问题,不管是红疹或是鸡眼,只要喷'稳洁'就会好了……"

情节植入,是指某一品牌的商品成为推动整个故事情节的有机组成部分,品牌或商品不再仅仅是在生活场景或人物对白中出现,而是几乎贯穿于整个故事。比如电影《一线声机》,帅哥瑞恩有一天突然接到一个名为杰茜卡的陌生女人的电话,声称她被绑架了,绑匪下一个目标是她的儿子,请求他不要挂断手机,去警察局报案。影片自始至终无法离开手机,最后手机内置的摄像功能,保存了罪犯的犯罪证据,得以将之绳之以法。一部电影,几乎是手机品牌诺基亚的"广告片"。而冯小刚的贺岁片《手机》,电影几乎是摩托罗拉手机的品牌秀场,只是这种纯粹的情节植入,忽略电影情节与品牌形象之间个性内在的契合性,虽增加了摩托罗拉品牌的曝光度,但无助于其品牌形象的提升。

形象植入,是指根据品牌所具有的符号意义,将某一品牌商品或服务,植入电影、电视或其他媒体之中,成为故事主人公个性和内涵的外在表现形式,同时通过故事情节,或生活细节,不断演绎品牌原有的意义,丰富品牌内涵,增强品牌的个性,进一步提升品牌形象。比如《电子情书》,这部由华纳兄弟电影公司制作发行的电影,其中浪漫的女主角每天清晨自信地走在纽约上西区的街头,总会先至星巴克咖啡店外带一杯咖啡,而每天晚上,则会深情地打开她的苹果电脑,进入AOL.com开始收发E-mail。星巴克咖啡、苹果电脑和AOL.com网站,这些品牌的形象、个性,以及其所具有的社会象征意义,已经成为女主人公角色演绎的道具,同时影片中剧情、女主角的形象气质,又在不断地强化着这些品牌所具有的符号意义。电影《007》中,詹姆斯·邦德智慧勇敢的英雄形象,其实离不开邦德所驾驶的又酷又帅的各种汽车,虽然影片中未刻意突出品牌,但汽车厂商的线下宣传,其实已巧妙地将电影故事演化成为品牌故事,主人公邦德已然成为汽车品牌的形象代言人。

三、植入式广告的发展前景

植入式广告在进入 21 世纪后的最初几年非常快速,这跟互联网及其相关技术发展密切相关。根据全球品牌内容营销协会(Branded Content Marketing Association)公布的数据 2003 年品牌内容营销市场产值,美国为 17 亿美元,英国为 5.5 亿美元,澳大利亚还处在初级阶段为 1 亿美元。CBS 主席预言,在 2005 年随后的季节,美国主要电视网的电视剧将有 75% 资金来源于植入式广告,随后的发展证实了其预言。

植入式广告的异军突起,有其必然的原因:首先是媒体环境的变化,有线、无线和数字电视的发展,互联网、手机等新媒体的大量涌现,促使媒介的细分化,传播渠道变得多而繁杂;其次是新技术的发展,因特网、VCD、DVD,尤其是个人视频刻录机的流行,促使受众的信息选择能力不断加强,PVR 能够将电视广告和节目内容分离;再次是社会对广告宣传的种种限制,比如对烟草、酒类广告的限制,以及对某些人群的限制,比如少年儿童等。越来越多的广告公司加大品牌植入式广告的投入,比如 2005 年 1 月,福特公司在好莱坞成立了专门的代理公司,其职责就是为公司品牌植入寻找机会。

从目前植入式广告的发展看主要有以下四大趋势。

1. 发展的全球化趋势

随着经济全球化的发展,尤其电影、娱乐、传媒产业的全球化发展,植入式广告从欧美正迅速向全球蔓延。作为一种营销方式,植入式广告是随着好莱坞大片而进入中国,比较有影响的电影植入式广告运用是张艺谋的《英雄》《十面埋伏》和冯小刚的系列贺岁片。

2. 涉及领域的广泛化趋势

尽管欧美的电视产业最早开始运用植入式广告,然而是好莱坞的电影产业使其成为一种令人瞩目的成功的商务运作模式。这种商务运作模式正从传统的电影、电视、出版等领域,扩展至游戏、体育、事件、音乐、数据库乃至人们的生活形态和日常活动项目,比如夏令营。

3. 媒体运用的多样化趋势

随着新媒体、新技术的发展,植入式广告运用所涉及的媒体几乎无所不包,从传统的媒体电视(有线电视、无线电视和卫星电视)、广播、报纸、杂志,到因特网、手机乃至直邮和户外媒体,只要是能传递信息的介质,就可以成为植入式广告的载体。

4. 运作模式的复杂化趋势

植入式广告在具体的运作中,许多公司已突破单纯的在某一媒体或领域的内容植入,而是进行更复杂的交叉性植入,或者将隐性的植入式广告与显性的广告活动相结合,使广告效果最大化。

比如金山公司在影片《功夫》DVD 上作贴片广告。随后在其推出的游戏《封神榜》中植入《功夫》影片中"猪笼城"全景和部分影片人物,逼真地再现了电影中那个发生精彩故事的地方,并在全国十万家大小网吧张贴印有周星驰形象的《封神榜》海报。而《功夫》则在全国 120 家一线影院打出"有《功夫》就上《封神榜》"的宣传牌。

美国好莱坞大片《偷天换日》中令人印象深刻的是三辆宝马的 Mini Cooper 车。而影片中的植入式广告是宝马公司在 2002 年冬为 Mini Cooper 推出而进行的全球性营销活动 Mission Mini 的活动延续。宝马公司事先请了侦探小说家为 Mini Cooper 创作了一部没有结尾的小说《Mission Mini》。小说描述一位纽约当代著名艺术家存放于巴塞罗那的六幅拼贴式艺术作品突然失踪,当地警方对案件束手无策,名侦探 Sam Cooper 与其最佳拍档 Mini Cooper 穿行于巴塞罗那的大街小巷,查实案件寻找窃贼。来自全球的 80 位参赛者,在这个名为"Mission Mini"的比赛中,与 Sam Cooper 联手合作当侦探,驾驶 Mini Cooper 破案,为这本小说写下真正的结局。2003 年影片上映后,宝马公司组织全球车主和车迷观看这部同样以寻宝为主题的植入式广告影片。宝马公司为其 Mini Cooper 推广所进行的植入式广告运作真可谓出神入化。

第二节 植入式广告的国际运营与
国内发展趋势

广告植入到电影、电视剧、小说已有百余年的历史,但随着数字通信技术的发展,近年来,植入式广告成为一个迅速崛起的广告市场。据 PQ Media 的报告,中国是植入式广告增长最快的市场之一。本节通过介绍植入式广告国际发展和运营状况的基础上,对中国国内植入式广告的发展态势作一个整体的分析。

一、植入式广告的发展阶段

植入式广告是指将产品或品牌信息在各种娱乐项目及非商业沟通领域中的策略性展示。植入式广告英文表述一般有三个词汇：Product Placement，Branded Entertainment，Branded Content。Product Placement 最早使用，直译是产品植入，即将产品作为背景、道具或情景融入电影、电视等娱乐项目或节目之中，又翻译为隐性广告。Branded Entertainment 和 Branded Content 是近年使用频繁的词汇，直译分别是"品牌娱乐化"和"品牌内容化"。Branded Entertainment 和 Branded Content 语汇首先体现了企业品牌化运作的现实，在植入的内容上更多的是品牌信息的植入而不再停留在产品层面；其次揭示了植入介质的突破，不再局限于电影、电视，各种新兴的娱乐项目和娱乐方式，比如视频游戏、娱乐活动，以及一切信息内容呈现形式都可以成为品牌信息植入的对象，比如博客。广告不仅与娱乐的界限变得模糊，自身的界限也正在变得难以分辨。

植入式广告并不是当代的新生事物，在各种戏剧、小说中已存在百年之久。但作为一种产业运作是在二战之后，其发展主要分三个阶段。

第一阶段为20世纪20年代至70年代末，是随意植入时代。无论是电影中的植入和电视剧或节目中的植入，都缺乏营销考量的策略性；同时对于植入定价也很随意，并没有一个植入式广告价值的评判标准，广告主对于植入效果也没有明确的要求。

第二阶段20世纪80年代初直至20世纪末，为植入式广告产业生成期。随着美国好莱坞电影业的发展，产品和品牌信息植入电影之中作为好莱坞商业运作一个重要的部分而得到发展。随之，专门从事电影植入的广告代理公司应运而生。经济全球化，使好莱坞的电影及其产业运作模式在全球扩散，从而使广告的电影植入全球盛行，并影响欧洲、拉美、亚洲。

第三阶段新世纪至今，为植入式广告发展爆发期。从2000年开始植入式广告，尤其在电视植入方面呈井喷式增长，2006年达到一个高潮，增长率为37.2%，总收入为33.6亿美元，较之1999年的总收入，7年增长了1倍多。植入式广告近年来的迅猛发展，最直接的原因是数字刻录机（DVR）的盛行，以及媒体碎片化和网络及视频游戏的发展，使得人们越来越远离作为花费广告金额最多的电视媒体。而对于某些产品,比如香烟、酒精度高的酒在电视等大众媒体中的广告禁令,致使厂商另辟蹊径,将产品或品牌植入其中。根据PQ Media的报告,1999年全球植入式广告的总值为16.27亿美元,其中电影为7.3亿美元,电视为7.09亿美元,其他包括杂志、报纸、视频游戏、因特网、录制的音乐、图书和广播共为1.87亿美元。2004年全球植入式广告收入总值为34.58亿美元,其中电视植入的比例上升到54.3%,2006年电视植入的比例71.4%,达24亿美元。随着智能手机的普及,网络电影、网络剧、网络综艺的内容植入成为新的爆发点。

根据PQ Media全球品牌娱乐化营销报告,2017年,全球植入式广告已达到1 062亿美元,增长率为8%。① 除了电视和电影植入,网络在线植入、视频游戏等已成为新一波的增长动力,这就意味着,网络综艺、网络电视和视频游戏等植入式广告的发展,带动了新一轮植入式广告发展的高潮。

总之,随着植入式广告市场的不断扩展,植入式广告市场已成为全球广告市场的新增长点,同时其产业链构架和运作模式也日趋完善,以下内容将对其国际运营状况进行介绍。

二、植入式广告的国际运营状况

所谓运营,按照《现代汉语词典》的解释是指(车、船等)运行和营业,比喻机构有组织地进行工作。本节运用这一概念来阐述植入式广告行业是如何来有效地运行的,以及作为一种营销沟通工具具体的运作。就国际运营而言,主要还是介绍美国为主,因为无论从产业规模还是商业化运作的成熟和完备,其他国家和地区都鲜有出其右者。笔者将从市场运作和植入操作两个层面来探讨植入式广告的运营。

作为市场运作或称产业运行,跟所有产业一样,植入式广告产业涉及产业链、交易机制和支持平台。植入式广告基本产业链主要由影视、视频游戏等各种内容制作公司、植入式广告代理公司、客户和调查公司组成。

就内容制作产业而言,比如电影、电视和视频游戏,随着其制作成本的不断提高和产业运营环境变化,比如随选电视(VOD)与数字录像机(DVR)等的

---

① Global Branded Entertainment Marketing Forecast 2018. https://www.pqmedia.com/product/global-branded-entertainment-marketing-forecast-2018/.

普及化，手机电视的出现，观众的电视消费形态在发生根本性的变化，电视广告的收入正在大幅度减少，就电视而言，植入式广告在降低其制作成本的同时，付费植入将成为其重要的收入来源。

作为产业链的运作核心，植入式广告代理商是连接广告主和内容制造商的纽带。其主要作用首先是为所代理的产品或品牌，寻找合适的植入介质和植入项目。代理商要跟电影制片商、电视节目制作人、游戏开发商，甚至各大媒体集团和媒体内容的策划团队保持联系，能在第一时间获得剧本、节目策划、游戏构思和栏目变动等信息，甚至要参与某些场景和情节的设计。其次植入式广告代理商的职能是降低品牌植入风险。这种风险主要来自两个方面，一是内容本身的传播力和影响力判断，比如电影票房、节目的收视率、游戏的发行量；其次是植入产品与品牌效果预测，尤其要防止由于植入不当可能引起的负面影响，比如影片格调、故事情节、人物性格与产品定位、品牌形象的冲突。原先的植入式广告的代理商往往因为与电影制作公司、导演、制片人有良好的个人关系而发现其中的商机而成立。随着产业规模的扩大，许多专业广告代理商，比如WPP、宏盟等广告集团等都进入这个服务领域，使植入式广告作为营销沟通工具的作用强化，植入的策略性加强。

广告主通过设立娱乐主管等职位来处理有关植入事项，有的还会在公司内部建立独立机构负责此事，如福特汽车公司建立自己的品牌娱乐公司，专门负责其品牌在电影中的植入。"由企业自身进行植入运作，往往能比较好地将植入式广告与其他营销沟通项目整合起来，传播效果更好。"福特公司的品牌娱乐营销经理这样认为，今后他们的工作还将扩展到电视植入的领域，目前这部分聘请广告代理公司来处理。但是更多企业将植入事务交给代理公司。

调查公司主要提供对植入式广告的价值评判和效果测定。随着广告主对植入式广告投入的加大，其对植入式广告价值和效果的评估要求越来越高。而大型调查公司和广告公司纷纷进入这一领域，各种植入式广告的定价和效果测定系统应运而生，比如 AC Nielsen 与 Publicis 集团下属的 ZenithOptimedia 合作，以观众收视率制定了植入式广告的定价系统。大型调查公司进入植入式广告产业链，使产业链更趋完善的同时，也将提升整个产业的专业化水准。

（一）交易机制

植入式产业的产生与发展与好莱坞电影产业发展密切相关。最初的植入式广告代理公司与电影制片、导演、编剧有着非常好的个人关系，是一种纯粹的关系交易。代理商往往首先从制片、导演获得剧本，或者制片、导演为剧情所需，让代理商寻找赞助商，提供道具。其交易驱动是建立在代理商与内容制作方紧密的人际关系基础之上。而广告主或称赞助商，起初对植入式广告并不重视，对植入效果也没有明确的要求，因为与一般广告投入比较，植入式广告的费用相对少得多，有的仅仅是提供产品作为道具或背景。但是，随着媒介生态的变化，尤其是电视广告效果的不断下降，植入式广告越来越得到广告主的重视，产业规模迅猛增长。世界著名广告集团和调查公司的加入，促使整个产业链日趋完整的同时，交易驱动转向广告主，交易机制从关系交易转向合约交易，通过各种合同的规范以及植入式价值、效果的评估以及测定标准的确立，减少交易的随意性和效果的不确定性。代理商更多是从产品或品牌角度强调信息植入的策略性和营销沟通的整合效果。

（二）支持平台

一个市场要有效运行，除了产业链、交易机制的确立，还必须具有各种支持平台和系统，主要包括三个方面：信息交流平台、行业知识学习系统和法律环境。

信息交流平台就是行业内、相关产业链之间的信息交流的"积聚地"，提高信息流通的效率，减少交易中的信息不对称，降低交易成本。因为"信息分布的不均匀可以使一个市场的运作缺乏效率"[1]。在设计市场信息的交流平台时，行业协会往往起着很大的作用。植入式广告行业相关的协会有品牌内容营销协会（Branded Content Marketing Association），2003 年成立于英国伦敦。目前已在澳洲、德国、荷兰和美国成立分会，并拥有 Omnicom 集团、WPP 集团、Interpublic 集团等前三大广告集团，与 IBM、Mastercard 等制造商，以及其他广告代理商、客户、游戏发展者、电影工作者、电视节目制片与出版商等会员。

娱乐资源营销协会 ERMA（Entertainment Resources & Marketing Association），1991 年成立，总部在美国的好莱坞。会员跟品牌内容营销协会相仿，主要有内容制造商，如电影、电视和网络视频及游戏开发商等，以及广告代理商和需要进行品牌和产品植入的企业。该组织为会员提供大量财富 500

---

[1] 约翰·麦克米兰：《市场演进的故事》，余江译，中信出版社，2006 年。

强企业、广告代理商和电影制作和制片公司等信息。

除此之外,也有一些公司加入行业信息平台的架构中,比如 The L. A. Office 主要提供产品植入的咨询决策,网站上有各种有关行业的知识和信息,内容丰富、有很强的实用性。

行业协会和相关参与行业信息交流平台建设的公司,以网站、会议、行业展览,甚至创办行业杂志等形式,促进产业信息的流动。

产业知识的学习系统决定产业的发展潜力。美国植入式广告产业,及相关的娱乐产业和广告产业的发展,与其产业知识学习系统合理的构架,从而能确保产业保持强劲的创新能力和行业的系统学习能力。在产业学习系统架构往往涉及企业、行业协会、大学等研究机构。行业协会往往起到纽带作用,通过提供研究基金,让大学等研究机构参与对行业创新的研究和总结,再通过职业培训、会议研讨乃至行业杂志,使行业的创新知识得以在行业中传播。这样的产业知识学习系统架构,使大学学术研究和产业发展、产业知识创新与产业知识传播、学历教育与职业培训获得很好的平衡。

另一个支持性平台是有效的法律、法规等交易保障系统。美国对于植入式广告到目前为止没有制定特别的法规,尽管 2005 年消费者团体"广告警示"提出电视台应该在节目播出前后或之间提示植入式广告行为的诉请,但被美国联邦贸易委员会驳回。尽管美国没有针对植入式广告的特殊法律法规,但植入式广告所涉产业链,其本身比如广告与营销、媒体传播、电影制作、网络传播等方面的法律法规是极其完备的。

欧洲,跟美国不同,人们普遍对于电影、电视等文化产业的过度商业化、娱乐化持反对态度。欧盟国家一直禁止在电视中进行植入式广告,2006 年才刚刚解禁,但不允许在新闻、动态事件和儿童节目中进行广告植入。

植入式广告的运营的另一个层面是具体的植入操作,主要包括从植入流程、植入模式、植入定价、植入效果四个方面。尽管是具体的操作层面,但同样涉及植入式产业链中的各环节。

(一) 植入流程

植入式广告在实际的操作流程中一般有五个步骤。

第一步剧本分析。主要从以下四个方面来着手:① 分析该剧本的目标受众,比如《007:大战皇家赌场》和《玩具总动员》的目标受众完全不同;② 对于导演、制片人及起用的主要演员进行了解,估计该剧本是否可以顺利完成、发行日期、范围及受众规模;③ 明确该剧本所涉及的内容是否合法;④ 明确制片方是否具有广告植入的资格,是否有契约。

第二步阐述植入的创意关注点。通过剧本的分析和解读,理出剧本中关键植入点并进行初步的植入创意。

第三步开发客户。首先是确定客户方向,比如《穿普拉达的女魔头》客户方向就是时装、珠宝、皮鞋等行业,而《黑客帝国》则主要是电子科技和汽车产业。根据影片的内容和目标受众,客户也要分首席赞助、主要赞助、一般赞助等三个层次,最后确定潜在客户的名单,并与之联系。客户开发要坚持在同一行业中独家植入原则和客户控制原则,即产品或品牌植入不宜过度。

第四步宣传推广的考量。主要从两个方面考虑,一方面是制片方,即影片、电视节目或游戏等的推广宣传;另一方面是植入方,即企业,如何运用植入影片及其人物来更好地宣传推广其产品和品牌。策划一些宣传项目将影片宣传与企业的产品或品牌宣传推广结合在一起,由企业来承担费用,制片方则让演员参加。

第五步植入执行中的协调。植入式广告运作是一个繁复的过程,代理公司要做好制片、导演等内容制作方与产品、品牌植入方的协调工作。在保证影片质量的前提下,充分满足企业方的要求。

除了以上五个步骤,植入式广告跟其他的项目运作一样,必须签订合同,尤其对于内容版权和商标的使用要进行约定。比如欧米茄作为"007"系列电影的赞助商,除了对于欧米茄在电影中暴露的时间、情景要在合同中有所规定外,对于电影中的邦德形象等影片的片段运用于商业宣传中,以及制片在宣传影片时或品牌植入电影过程中,双方对于电影版权的使用和商标权的使用都要有所约定。

(二)植入模式

植入式广告的运作模式主要有:场景植入、对白植入、情节植入和形象植入①。场景植入就是在电影、电视节目的背景中出现产品或品牌,《穿普拉达的女魔头》中,助理小姐在大街上走,镜头中就出现各种品牌的 LOGO,比如星巴

---

① 薛敏芝:《经济全球化时代的植入式广告》,《中国广告》,2005 年 12 月。

克咖啡店的标志。对白植入就是在人物对白中出现产品或品牌信息,《阿甘正传》中,扮演阿甘的汤姆·汉克斯有句台词是:"见美国总统最美的几件事之一是可以喝'彭泉'牌饮料。"情节植入,就是产品或品牌出现在电影、电视剧或游戏的故事情节中,《一线声机》中的诺基亚手机,对于整个故事的推进,起到很大的作用。形象植入,就是产品或品牌信息的出现要与主人公的形象、气质一致,通过主人公,使品牌的内涵得到阐释,形象得以传达。《穿普拉达的女魔头》中,梅里尔·斯特里普扮演的时尚杂志女主编,穿着 Donna Karan 充满质感的羊毛连衣裙,戴着 Leighton 典雅、高贵的首饰,充分展示出其位重权高的女王风范和逼人的气势。同时这两个品牌通过这一形象,也非常好地给观众演绎其独具的意蕴。

(三) 定价系统

定价就是对植入式广告的价值判断。植入式广告分为免费、提供道具和付费。定价是就付费植入而言。一般从三个方面来判断植入式广告的价值:首先是从植入特性,包括在画面上暴露的时间、暴露的方式等;其次是内容特性,即电影、电视节目、视频游戏等内容是否具有竞争性,是否吸引人;最后是观众特性,即观众的规模、观众的组成。

在具体操作中一般以电视广告,30 秒或 60 秒为基准,按照以上某个特性,设计成若干变量,将植入式广告通过这些变量折算成电视广告的播出秒数,然后确定植入价格。比如 Media Bridge Entertainment 与 iTVX 的共同开发的一套置入性营销定价系统,就是选定 30 秒电视广告为基准,分别依产品是以口头提及、出现画面、出现或提及的显著性、演员是否手持或实际使用产品等,运用一套 52 步的公式,计算出植入式广告与电视广告的比率值。再以此比率值推算出植入式的价值。

还有是按照观众观看后的反应来设计定价系统,这就与广告效果测定紧密相连。AC Nielsen 与 Publicis 集团的 Zenith Optimedia 合作,开发了一个以观众收视数据制定植入式广告定价系统。WPP 的 Mindshare 使用 Intermedia Advertising Group 的观众响应与植入式广告记忆信息制定植入。

(四) 植入效果

追求广告效果的可测定性是全球广告业的发展现实和趋势。"我知道我的广告费有一半是浪费的,问题是我不知道浪费掉的是哪一半。"现代广告主可不会像约翰·华纳梅克那样只是发感慨,他们要求精确的广告投资回报率,植入式广告也不例外。随着广告主对植入式广告的投入加大,植入式广告的效果测定成为各大调查公司和广告公司必须面对的问题。为此各大广告公司与调查公司联手开发植入式广告的效果测定系统。目前 AC Nielsen 等公司正在研究植入式广告评估系统,以期建立一个行业性的标准。

从目前研究来看,影响植入式广告效果的主要有五个因素:电影、电视节目等内容因素、产品或品牌、观众、其所处环境因素以及产品或品牌的植入过程。

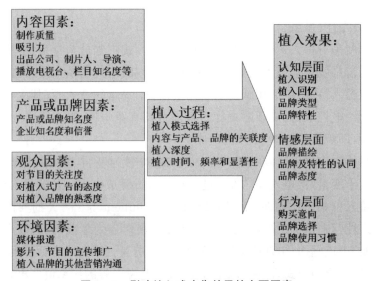

图 3-1　影响植入式广告效果的主要因素

内容因素包括其制作质量、吸引力、制片公司、电视台、栏目的知名度等。产品或品牌植入过程涉及植入模式的选择、植入的深度与广度,即产品或品牌与节目内容的关联度,对其情节发展的重要性,以及产品或品牌出镜的时间、频率和显著度等。产品或品牌是指其原有的知名度、企业的信誉等。观众因素包括其对节目的关注程度、对广告植入的态度及对品牌的熟悉度等。除此之外,媒体的报道和影片、电视节目的宣传和植入企业有关促销活动等,都将对植入效果产生影响。按照广告的效果层次理论,植入式广告的效果具体变量可以从认知—情感—行为这三个层面①来设定。认知包括品牌植入的识别、回忆和对植入品牌的类型、特性的认知。情感层面包括品牌植入与故事特性、情景关联性的意义识别,受众能够进行品牌描绘,产生品牌认同和形成品牌态度。行为层面包括购买意向、品牌选择和品牌使用习惯。

植入式广告的评估系统就是要将以上影响因素和效果因素量化,成为一个可操作的系统。

总之,植入式广告的运营透视出超强大的商业逻辑和美国式的烙印,它承袭着电视媒体为中心的现代广告的某些运作模式,但同时正在形成自身的运行轨迹,随着经济全球化的浪潮,袭向世界的各个角落。

三、植入式广告的国内发展趋势

中国国内植入式广告近年来发展迅猛,一方面全球化是个不容置疑的因素,但中国本身也存在着现实的动力,其发展主要呈现以下三个趋势。

(一) 植入式广告产业链正在逐步形成,但支持平台缺乏

经济全球化,使好莱坞大片进入中国的同时,植入式广告的运作方式开始为国内制片商所关注,开先河的是民营制片公司,比如华谊兄弟影业投资有限公司投资,由冯小刚导演的《没完没了》《大腕》《手机》《天下无贼》等影片中,植入式广告得到大量运用。尤其是2004年的贺岁片《天下无贼》,其中提供行业独家赞助的企业有十家之多,根据《广告大观》公布的数字,该片植入式广告总价达2 000多万元。该片的植入运作有些地方过于生硬,引起人们的诟病,但中国电影的植入式广告市场就此有所规模,并引起广告主的关注,国际专业广告代理开始涉足中国植入式广告市场。2005年世界广告集团WPP奥美广告与海润影视集团合资成立了中国首家以"娱乐行销"为主要业务的海润奥美娱乐行销广告公司。与此同时,本土广告公司纷纷涉足此行业,比如华谊兄弟广告公司、同路天阔传播2006年成立的华亿联盟影视广告。在电影、电视植入引起影视制作、传播集团、广告主、广告代理公司广泛关注的同时,国外及本土的调

---

① Siva K. Balasubramanian, James A. Karrh, Hemant Patwardhan Audience Response to Product Placements Journal of Advertising, vol. 35, no. 3(Fall 2006), pp.115 - 141.

查公司开始涉足植入式广告价值评估和效果测量的公司，比如美国尼尔森、央视-索福瑞媒介研究公司、CTR市场研究媒介智讯，从而促使植入式广告产业链的初步形成。但是相应的支持平台却较为缺乏。首先是行业信息交流平台，因为没有相应的行业的协会，行业信息交流平台架构缺乏，目前只有林顿国际旗下的网站——中国娱乐营销网，主要是传播国内外娱乐营销经典理念、方法、案例和最新动态。与美国相关行业协会和咨询公司架构的信息交流平台相比，缺乏实质性的信息内容来推动行业的具体运作。对于行业运作和发展至关重要的行业知识学习系统和法律、法规等交易保障系统几乎属于空白。

（二）电视植入成为产业发展的核心动力

植入式广告的另一个植入领域——电视植入，在2005年得到爆发性的发展，与美国以及欧洲、澳大利亚不同，其直接诱因并不是数字刻录机的普及，而是国家广播电影电视总局17号令。其具体名称是《广播电视广告播放管理暂行办法》，由2003年8月18日国家广播电影电视总局局务会议通过，自2004年1月1日起在全国施行。17号令对于广播电视播出广告从内容到时间都有明确的限制，尤其是第十七条，规定："广播电台、电视台每套节目每天播放广播电视广告的比例，不得超过该套节目每天播出总量的20％。其中，广播电台在11:00至13:00之间，电视台在19:00至21:00之间，其每套节目中每小时的广告播出总量不得超过节目播出总量的15％，即9分钟。"[1]

17号令限制了电视台一味增加广告播出时间来增加收益，从而促使其开始重视植入式广告的运作。随着湖南卫视的《超级女声》《闪亮新主播》和东方卫视的《我行我秀》《加油好男儿》等真人秀节目的走红，电视节目植入式广告效果为人关注。从2005年开始，春节晚会中开始出现大量植入式广告，从春晚的播报背景、主持人的言谈到节目内容，无处不在，被人们戏称为"中央广告台"。根据央视-索福瑞媒介研究公司《中国电视综艺娱乐节目市场报告2006—2007》报告，仅2005年一年间，中国的综艺娱乐节目中植入式广告产值已近10亿元。[2]

---

[1] 国家广播电影电视总局：《广播电视广告播放管理暂行办法》，https://www.sarft.gov.cn/manage/publishfile/20/1006.html。

[2] 央视-索福瑞媒介研究公司：《中国电视综艺娱乐节目市场报告（2006—2007）》，https://www.csm.com.cn/business/025.html。

中国电视市场巨大,随着电视形态的变化,付费电视,手机电视、数字电视的发展,比如上海文广新闻传媒集团(现为"上海东方传媒集团有限公司",以下简称"SMG")推出的 IPTV 服务,它能在任何时候回放曾经放过的电视节目,如果有机顶盒技术的配套,可以自动过滤所有的广告,那么通过插播广告的赢利模式将受到冲击,尽管目前从营业额看,植入式广告占整个电视广告收入的 2%[①],处在非主流地位,但是随着行业整体营运水平的提高,植入式广告将成为电视收益的重要来源。

电视广告的植入除了巨大的市场潜力,相对电影植入运作要复杂,其涉及节目植入、动态报道的植入和电视剧植入,无论是从经营层面还是运作层面,都将是推动整个植入式广告产业的核心动力。2006 年以来召开的相关论坛和研讨会印证了这一点。2006 年举办的第十二届上海电视节"白玉兰"国际电视论坛的"电视节目整合营销"研讨专场,其主题就是广告的电视植入。上海文广新闻传媒集团、美国尼尔森、新加坡新传媒集团等均派重量级人物参加了此次论坛并从自身角度,就电视广告植入陈述了目前运作的状况。2006 年 6 月,传立第一届媒介论坛在广州举行,从"植入式传播的回报量化分析""体育节目植入式传播的发展进程及将来发展趋势""综艺节目的植入式传播的发展、形式,全球及中国发展趋势,以及为客户带来的机会"三个方面展开研讨。2007年 4 月初,中国传媒大学广告学院在沪召开了"电视植入广告制作经验交流会",就植入式广告的国际运营、电视节目的广告植入及运营、植入式广告效果测定等方面进行了交流和探讨。

(三) 广告植入运作的整合化趋势

一个产业的运作水平往往取决于核心产业链的各方。植入式广告的运作主要涉及作为产品或品牌植入的介质提供方——影视制作公司、电视台、游戏开发商等;植入式广告代理商和产品或品牌植入企业。中国植入式广告产业虽处在起步阶段,但是随着国际相关著名企业的进入,广告的植入运作已呈现整合化趋势,主要体现在以下两个方面。

首先是植入资源的整合化。以影视娱乐产业为核心的中国各大影视及文

[①] 上海电视节论坛电视节目整合营销专题发言实录,2006 - 06 - 19,https://cn.ent.yahoo.com/060619/322/2814a.html。

化传播公司,通过成立专门从事植入式广告和娱乐营销的代理公司,使自身的影视娱乐资源得到整合运用。比如2006年8月成立的新影响国际传播机构旗下的林顿国际。而新影响国际传播机构的大股东五洲传播中心是中国最大的国际影视文化传播机构之一,是中国国务院新闻办公室直属的对外影视制作基地和交流枢纽。也有影视制作公司与知名广告公司合资成立广告植入和娱乐营销公司,比如海润奥美娱乐行销广告公司,就是海润影视集团与国际著名广告公司奥美广告合资成立的。而以电视、报刊等为核心业务的传媒集团开始自身内部的资源整合,以便提供跨媒体的广告植入,以及广告植入与其他广告形式的整合运用,从而实现植入资源价值的最大化。比如SMG是一家集广播、电视、报刊、网络等于一体的多媒体集团,主营广播电视媒体及相关传媒娱乐业务(包括演艺、体育、技术服务与研发、传媒娱乐投资等)。集团广告经营中心对于集团的广告资源进行统一规划,打造一个跨媒体的传播平台。2006年成立整合营销部,负责电视广告业务中除时段广告以外的一切创新投放方式。其中,在植入式广告项目中,SMG在国内首次将植入式广告的价格标准化,不同的广告植入形式与回报标准直接对应,并提供整合的广告方案。

其次是植入运作的整合。中国植入式广告整体运作水平并不高,随意性较大,策略性不够,但是随着专业代理广告公司的涉入,植入运作开始注重策略性,为了追求植入效益的最大化,往往将广告植入与其他营销活动整合运用。比如东方卫视的选秀节目《加油,好男儿》,美特斯邦威进行了冠名赞助,美特斯邦威与《加油,好男儿》签约仪式更是一场公关SHOW。选修现场的美特斯邦威LOGO植入,节目主持人播报节目时的对白植入,公司专门制作了相关的户外广告,以及摆放在销售点的广告。同时专门开通了一个网站,报道赛事的进程,进行网上投票,当然在网站中可以看到美特斯邦威品牌标识及其广告。这种整合节目、公关活动、网络等多渠道的植入整合,以及与广告、POP等营销沟通的整合,迅速提升了美特斯邦威品牌知名度。

总之,中国植入式广告产业无论是其规模还是运作水平都发展迅速,这种娱乐与广告相结合的方式将是广告发展的一个方向,不仅将深刻地影响广告产业本身的发展,也将促使相关的媒介、电影、游戏等产业的经营理念和运营模式产生变化。

第三节 经济全球化与中国广告业发展思考

经济全球化[①]，其表现为商品、服务和资本在全球范围流动的规模、形式及速度的增加，全球市场呈现一体化的趋势，从而促使各国的经济相互依存度不断攀升。经济全球化，从宏观而言，必然对各国原有的经济制度乃至政治、法律和文化产生极大的影响；从微观来看，将促使行业和企业的结构和运行方式发生变化。中国自2005年底已全面开放广告市场，政策壁垒的消解，广告业经历着经济全球化的洗礼。

一、中国广告业的发展现实

中国广告业复苏至今，已经40余年。在这期间，得益于经济的稳步发展，广告行业一直保持着旺盛的增长势头。2005年11月11日始，中国兑现加入WTO承诺，全面开放广告市场，允许外资控股或独资经营广告公司。国外广告集团进一步加大对华的投资。根据国家工商总局广告监督管理司发布的数据，2018年中国广告经营额为7 991.48亿元增长率为15.88%[②]，是世界第二大广告市场。中国广告市场前景诱人，目前状况概括如下。

（一）广告市场增长速度快，市场潜力大，但发展不平衡

中国广告市场增长速度迅猛，2007年以前都是两位数的增长，如表3-1所示，但随着基数的加大，增长有所下降。2011、2012年又有爆发式的增长外，从2015年开始保持个位数的增长。2018全年广告业营业额占国内生产总值（GDP）的0.88%，低于国际平均水平1.5%和发达国家水平2%。中国广告与发达国家广告相比还是有一定的差距，但也孕育着巨大的发展潜力。

---

① "经济全球化"的概念学术界没有统一的定论，本节参照了世界货币基金组织1997年发布《世界经济发展报告》中的界定，即"全球化是通过贸易、资金流动、技术创新、信息网络和文化交流，使各国经济在世界范围高度融合，各经济通过不断增长的各类商品和劳务的广泛输送，通过国际资金的流动，通过技术更快更广泛的传播，形成相互依赖关系"。

② 本节引用的统计数字如无特别注明，均来自国家市场监督管理总局广告监督管理司，https://www.samr.gov.cn/ggjgs/sjdt/gzdt/201904/t20190425_293125.html。

表 3-1　1981—2018 年中国广告营业额及其增长率

年　份	广告业营业额(亿元人民币)	增长速度(%)
1981	1.180 00	—
1982	1.500 00	27.12
1983	2.340 74	65.93
1984	3.652 78	56.05
1985	6.052 25	65.69
1986	8.447 77	39.58
1987	11.120 03	31.63
1988	14.929 39	34.26
1989	19.989 98	33.90
1990	25.017 26	25.15
1991	35.089 26	40.26
1992	67.867 54	93.41
1993	134.087 4	97.57
1994	200.262 3	49.35
1995	273.269 0	36.50
1996	366.637 1	34.0
1997	461.963 8	26.02
1998	537.80	16.4
1999	622.05	15.66
2000	712.66	14.57
2001	794.89	11.54
2002	903.15	13.62
2003	1 078.68	19.44
2004	1 264.56	17.20
2005	1 416.35	12.00

(续表)

年　份	广告业营业额(亿元人民币)	增长速度(%)
2006	1 573.00	11.10
2007	1 740.96	10.68
2008	1 899.56	9.11
2009	2 041.03	7.45
2010	2 340.51	14.67
2011	3 125.55	33.54
2012	4 698.00	50.32
2013	5 019.75	6.84
2014	5 605.60	11.67
2015	5 973.41	6.65
2016	6 489.13	8.63
2017	6 896.41	6.28
2018	7 991.48	15.88

资料来源：1981—2015 年资料来自 1996—2015 年《中国广告年鉴》，2016、2017 和 2018 年资料来自中国国家工商总局。

中国发展迅速，市场巨大、潜力无限，但也存在着发展的不平衡，主要体现在以下三大方面。

（1）地区发展的不平衡。广告是经济的"晴雨表"，中国经济区域之间的发展差异也体现在广告市场上。据中国国家工商总局发布的统计数据，2018 年北京、广东、江苏、上海、浙江的广告份额占据全国前五位。广告业的重心绝对在东部，西部广告市场虽有增长，但与东部差距甚远。

（2）行业投放的不平衡。一方面是经济发展，促使某些行业快速发展，竞争加剧。企业需要加大广告投入，促进产品销售和品牌建设。另一方面行业广告投入的不平衡也体现了中国市场的消费热点。2018 年，广告投放额排名前 5 名的是食品、房地产、化妆品及卫生用品、汽车、家用电器及电子产品。食品广告占整个广告额的 11.87%，房地产广告占比为 10.58%、化妆品及卫生用户广告为 8.74%、汽车广告为 8.57%、家用电器及电子产品广告为 4.75%。

(3) 广告增长与广告经营效率的不平衡

广告业总体增长迅速的同时,人均创利能力却很低。据中国国家工商总局统计,2018年广告经营额为 7 991.48 亿元,广告经营单位有 137.589 2 万户,从业人员为 558.225 3 万,缺乏本土的大型广告集团,缺乏规模效应,但是互联网广告呈头部聚集发展态势,排名前十的互联网广告公司占整个互联网广告经营额的 93%,阿里、腾讯和百度三家就占 69%。

(二) 行业服务专业水平相差大,广告经营呈现集团化发展趋势

根据资本结构,目前广告行业主要由国营、集体、外商投资企业、私营以及联营单位等构成。截至 2018 年底,广告经营单位万户。

世界排名前 10 名的广告公司和世界六大广告集团在中国改革开放之后,均通过合资方式相继进入中国市场。根据 WTO 的协议,2005 年底,允许外资控股和成立独资企业后,外资在中国进一步加大投资。通过多年的经营,这些公司积累了大量在中国市场运作的经验。它们在中国一步一步地实现着跨国广告集团品牌扩张战略,给本土的广告经营单位带来巨大的竞争压力。本土广告公司中也开始集团化的尝试,并通过上市获得更多的资金。比如:白马广告公司,该公司创建之初主营是影视广告的拍摄,积累一定资金后,看准户外广告的增长空间而投身其中,在香港上市,融资成功后,开始拓展业务,向综合性的广告集团发展。

总而言之,广告行业原有的版块正在发生裂变,随着竞争的加剧和政策的放宽,集团化是广告行业发展的趋势所在,只是各自的路径有所不同。

(三) 行业运行的环境不断优化,行业协会的作用有待加强

广告自 1979 年恢复之后,政策法规、行业管理不断完善,使广告行业发展的运行环境不断得到优化,主要体现在以下三个方面。

(1) 政策法规的制定

1982 年国家颁布了《广告管理暂行条例》,这是恢复广告后国家颁布的第一个广告管理法规。近年来,根据广告业发展的实际情况,国家和地方政府颁布了大量的法律法规,从广告的经营、广告内容,以及一些特殊商品如医药、香烟等,都作了较为严密的规定,同时从立法的角度确立了广告审查制度,对于

广告的违法行为界定、处罚及法律责任作了明确的规定。1995年《广告法》以及与其配套的一系列相关法律法规的颁布，是中国广告发展史上的一个里程碑，使我国的广告管理迈入了一个法制化的轨道。中国加入WTO后，为了应对即将到来的广告市场的全面开放，政府相继出台了一系列政策法规，比如2004年3月2日国家工商行政管理总局颁布的《外商投资广告企业管理规定》，对外商投资中国广告业作了具体、明确的规定，并确定2005年12月10日以后可以设立外商独自的广告企业。2015年4月24日修订通过《中华人民共和国广告法》，2015年9月1日正式施行。

（2）政府管理体系建立

中国的广告行政管理体系分中央和地方两个层次，由国务院直属国家工商行政局、省工商行政局、市工商行政局、县工商行政局，四级组成。其职责是起草法规和解释法规；广告经营活动的日常管理，包括广告经营的登记、广告发布的监管、广告内容的审查；对于广告的违规、违法行为进行行政处罚等。

（3）行业自律组织的建立

为适应中国对外贸易发展的需要，1981年8月21日，成立了对外经济贸易广告协会。1983年12月27日，中国广告协会成立，并在各省、自治区、直辖市，地区（市），县等设立地区性的广告协会，形成全国性的自律体系。作为政府管理的辅助，广告协会通过对广告业者的指导、协调、咨询和服务，促进了整个广告业的发展。由于历史的原因，各地的广告协会并不是完全独立的机构，而是受当地工商管理机构的领导，有的甚至与当地的工商管理部门所设广告管理部门是两块牌子一套班子，这不利于行业的长远发展。政府管理和行业自我管理的合二为一，使政府不堪重负，管理效率低下，同时使行业管理缺乏自主意识，从而失去在行业内的引领作用。2015年7月8日，中国政府网公布《行业协会商会与行政机关脱钩总体方案》。中国广告协会及全国各地的广告协会也都相继脱离了行政机关，开始较为独立地开展工作，履行其行业管理的职能。

总之，中国广告业的运行环境不断完善的同时，随着广告业的发展，在法律法规和管理上确实不断面临新的挑战，尤其是广告行业的自律问题，这涉及广告行业的管理模式的转变，政府应从绝对管理走向有限管理，提高工作效率，给予广告行业自我管理的空间。

二、经济全球化对中国广告业的影响

经济全球化意味着一个无疆界、全球一体化市场的不断形成,意味着全球范围内跨边界贸易、资本流的快速增长以及新技术在全球范围的迅速推广,也意味着一个"超竞争时代"的来临。经济全球化对中国广告业的影响主要体现在以下几个方面。

(一)促使中国广告业竞争加剧

政策壁垒取消之后,竞争加剧,这是中国广告业面对经济全球化浪潮所遭受的最直接的影响。中国市场巨大的发展潜力,使跨国广告集团和各大世界广告公司越来越重视这一市场,并将之纳入其全球战略的重要一环,加紧部署。

世界排名前十的广告公司和世界著名的广告集团:宏盟、WPP、IPG、阳狮、哈瓦斯(Havas),以及日本的电通、博报堂和旭通等早在十几年前均以合资方式进入中国市场,已在中国沿海的一线城市,如上海、北京和广州等地拥有一定数量的子公司。这些世界一流的广告公司完成了中国市场初步布局之后,一方面仍然运用老办法通过成立合资的子公司,加紧在中国的布点,比如2003年3月,WPP下属广告公司之一,即拥有"亚洲最佳创意公司"美誉的新加坡百帝广告(Batey Ads,1997年加入WPP)中国办事处在上海开业;同期,WPP旗下奥美集团在华的又一子公司上海同盟广告公司开业。同时,跨国广告公司和集团开始采取并购和参股的方式,扩大其在华的网络,比如2002年11月由WPP集团总部直接投资,收购上海广告有限公司(曾是中国最大的广告公司)25%股权(同时参与收购的还有日本的旭通也获得了25%股权)。在此之前WPP在华的投资都通过下属的子公司进行。2004年WPP旗下的智威汤逊收购广州本土公司旭日因赛30%的股份。在加紧一线城市布局的基础上,国际广告集团开始进军中国的二、三线城市。为了减少经营风险,往往选择优质的本土公司进行并购,以便扩大其在中国的服务网络,比如奥美斥资收购福建省最大的广告公司福建奥华,并共同投资成立福建奥华奥美广告公司。北京电通为了抢占东北、中西部市场,分别在成都、武汉筹建事务所,在成都、沈阳成立合作公司。与此同时,国际广告公司开始介入中国新的营销服务领域,比如广东邮政与宏盟广告集团(Omnicom)签署了合作协议,共同开拓广东广告市场。

在经济全球化的时代,对于一个公司而言,将会只有一个标准:国际市场份额。成功的公司将在全世界寻找市场这一方面胜出。布点和织网只是手段,最终竞争的焦点将是客户的争夺,市场份额的争夺。跨国公司不仅将其之间对全球或跨国客户的争夺之战延伸到中国市场,从而加剧中国广告业的竞争,而且还将利用其成熟技术和全球的资源,与本土公司争夺本土客户,给本土广告公司带来巨大的生存压力。

(二)改变中国广告业竞争模式

中国广告业在计划经济时期,几乎荡然无存,1979年恢复,加上媒介的强势和广告代理制推行得不够全面,以及业外资金的有限投入,使中国本土广告代理业呈现小而散的特点,行业集中度低,没有形成全国性的广告巨头。行业竞争整体而言从竞争的范围看,只是地域性的竞争,还没有上升为跨地域、全国性的竞争。从竞争的内容看,只是局限于策划、创意和客户服务等业务领域的竞争,还没有真正进入品牌竞争、资本运作以及企业管理的经营力竞争阶段。

经济全球化意味着全球市场的一体化发展趋势,也意味着生产要素的全球配置,以寻求利益最大化。2019年1月17日,国家统计局宣布2019年我国GDP人均为10 276美元,突破1万美元。中国经济的持续增长,巨大的消费潜力,促使跨国公司不能仅仅把中国视为其制造车间,而是重要的市场。"来中国不是选择,来中国是必须的"——USP中国区总经理吴信涵在环球企业家高峰论坛上的一席话,道出了中国市场在全球市场中的重要性。到目前为止,世界排名前500的企业中五分之四已经进入中国的市场。跨国公司从探索性投资进入到战略投资阶段,中国市场战略成为各大跨国公司全球战略的重要组成部分,投资量大大增加。营销,处在企业价值链末端的产业,吸引越来越多跨国企业的投资。比如中国第一家国外独资广告公司就是由星空传媒投资成立,其仅用了4年时间收购了国内十几家户外广告公司,成为中国大陆经营最广泛的户外媒体网络,在56个主要城市中、超过四千个优越的位置上,拥有一万多个广告牌,媒体资产面积超过26万平方米。

以全球视角看,广告业是一个成熟行业,集中度极高,随着经济全球化的发展,全球广告行业跟其他行业一样,正经历着声势浩大的兼并运动,形成了宏盟、WPP、Interpublic Group、阳狮、电通、哈瓦斯等巨型的广告集团。这些广告集团通过资本运作发展迅速，拥有遍布世界的服务网络，世界著名的老牌广告公司几乎都成为这些 20 世纪 80 年代末才成立的广告集团的囊中之物。例如 WPP(Wire & Plastic Products)，即英国购物车制造公司的缩写，1986 年马丁·索罗购买该公司，获得控股权后，开始转向广告业进行一系列的收购。目前 WPP 拥有三个全球运作的全资代理商（扬·罗比凯、奥美、智威汤逊）、两个全球运作的媒体公司（MindShare 与 Mediaedge：cia），包括 Kantar 研究集团的调查公司、公关公司以及一些区域性、专业性公司，服务网络遍布全球 100 多个国家和地区。与此同时，IT 技术和互联网络的发展，世界广告市场的竞争已突破单纯的业务竞争，而进入到经营力的竞争，集团或公司的品牌经营和资本运作能力以及全球服务和业务网络的系统整合能力，将决定一个广告公司或集团的成败。

资本、技术、管理、资源等，广告行业不再仅仅是服务、技术的竞争，而将进入到企业价值链的全面竞争阶段。广告业"创意为王"的时代将一去不返。经济全球化意味着中国广告业进入国际化的竞争格局。中国广告业不仅面临着世界广告集团的竞争，也同时遭遇跨国企业和国际资本的洗礼。

（三）促使中国广告产业链的裂变

中国广告市场的全面开放，就意味着不可避免地成为全球广告市场的组成部分，中国广告产业也已成为全球广告产业链中的一环。中国广告业尽管增长迅速，总量很大，但并没有形成自己完整、清晰、成熟的产业链体系。作为广告产业的核心——广告代理，始终没有成为行业发展的核心推动力。在中国，媒介的专营，在市场经济格局中实际上形成了相对垄断的利益，也导致了"媒介主导"的现实。但是随着互联网的发展，国家工商行政管理总局公布的数据显示：2018 年广播电台、报社和期刊社广告分别出现了－0.02%、－10.34% 和－9.49% 的负增长，继续呈现下滑态势。电视广告逆市而行，同比增长 26.73%，远超行业预期，这跟电视业积极改革，一方面深度的互联网化，一方面适时满足了老龄人群需要。2018 年，中国互联网广告经营额为 3 694.23 亿元，增长率为 24.2%，占广告总额的近 50%。

经济全球化，对于全面开放的中国广告市场，意义是双重的：其一广告跨国集团和公司通过对华资本投入、管理和技术的转移，实现其在全球范围生产要素的有效配置；其二中国本土广告公司也可以通过全球的资本市场，更方便、更快捷、更经济地获得投资，促使本土公司的规模化发展和运营水平提高，从而改变目前中国广告业的产业结构和价值链体系。江南春的"分众传媒"就是一个典型的例子，通过在美国纳斯达克的上市，迅速做大，但它不是综合性广告代理公司，而是新媒体公司。

得益于跨国广告公司或集团先进的管理理念和业务运作以及全球资源的系统化整合技术向中国广告业的转移，广告公司或集团将成为重新锻造中国广告媒体价值链的核心动力，将对中国媒体资源进行区域性、全国性甚至跨国性、全球性的整合、策划和包装，从而提升媒介的广告价值。比如中国台湾的电信股份有限公司，瞄准内地广播广告"空档"，一年多，远传已与内地10多家省市电台签下合约，其中包括陕西、湖北、广东、大连、重庆、厦门等省市级电台，独揽其公司品牌的广告代理权，引发一场广播广告业态整合风暴。这种整合和改造的程度视媒介性质的不同而不同，但结果都将提升广告代理业对媒体的话语权。同时，中国广告代理业的服务能力、经营水平、专业化程度将得到全面的提升，从而提高广告代理业客户服务能力和水平，使广告代理业真正成为广告产业发展的核心推动力，确立广告业较为清晰的产业价值链。

由于经济全球化的影响，以及通信技术和网络技术的发展，媒体环境日益复杂，新媒体不断涌现，传统的大众媒体正在走向中众化、窄众化，远距离信息传播费用的迅速衰退，大众对信息的选择力和控制力越来越强，从而使世界广告产业价值链系统发生剧烈的变动。各大广告集团营业额统计显示，广告在经营额中所占比重却在连年下降，而其他营销沟通的费用则在迅速上升。世界各大广告集团传统广告所占其收入都在四成左右。广告公司的传统定位和价值观念正遭遇现实无情的挑战，媒介购买、户外广告、网络广告的迅速崛起，以顾客为导向的整合营销传播理念被广泛接受和现实运用，不仅改变了广告代理公司的运作方式，同时正在改变广告产业的结构和价值链体系。一方面，促使广告产业价值链的上移，品牌已经成为企业的核心竞争力，品牌战略、营销战略的制定成为广告客户的迫切需求，这就意味着广告代理业不仅要具备各种商业传播战术和技能，而且还要具备战略的制定能力；另一方面，促使广告产业价值链的横向扩展，也就是广告代理业不仅能够提供有关广告服务，而且还能提供促销、公关、直销、网络营销等服务，并且根据不同的情况，进行组合运用。广告不再仅仅是"创意的生意"，广告代理业正在转型为提供全面沟通服务的商务传播业。这种全方位、立体化、全球性的商业传播的运作模式早已开始渗透至中国。但随着中国广告市场的全面开放,这种渗透步伐会随着资本的进入迅速加快,从而促使中国广告产业价值链也发生相应的裂变,可能导致产业链纵向的延伸和横向的扩张,以及产业内部产业链价值的调整,比如广告创意价值链价值的回落的和媒介购买、网络媒体和户外媒体产业价值链价值的上涨,从而对中国广告产业的结构和产业未来发展产生深远的影响。

三、中国广告业发展的路径选择

中国加入WTO至今,全球化已经渗透到中国经济的各个方面,至2018年,中国已经成为全球第一大贸易国,成为吸引境外公司直接投资最多的国家。从整个国民经济发展的产业链看,广告行业是一个下游产业,它依托于整个经济的发展和其他产业的发展。中国经济的发展将促使广告高端客户群的形成,同时也将促进消费市场的发展,从而使中国广告市场充满着诱人的机会,而越来越趋于国际化的市场格局,又使整个市场竞争趋于激烈。为迎接中国广告市场的彻底开放,加强竞争力,世界各大广告公司和集团已经开始强化各在华子公司之间的资源整合,比如日本电通集团所属北京电通广告、东派广告和东方日海,其媒介购买多数已由电通传媒集中购买,显现出集团化发展的优势。中国本土广告业将如何应对,以笔者之见,主要应从企业经营的战略角度和行业竞争的生态环境建构和人才储备的角度来应对经济全球化带来的挑战,具体为以下七个方面。

(一)直面市场的变化,建立战略联盟

"战略联盟"的概念最早由美国管理学者罗杰·内格尔和DEC公司总裁简·霍普兰德提出,是指两个或多个公司之间为了实现一定的经营战略目的,在一定时期内进行的一种合作安排。联盟的企业通过共享资源,大大增强企业的竞争力。战略联盟的建立,对于中国本土广告公司而言,不失为一种对抗来自跨国广告集团竞争威胁的方式。从选择合作对象的角度,可以有以下三种方式。

1. 在本土广告公司之间建立战略联盟

武汉成立了一个广告联盟,共14家广告公司参加。这种集户外、电波媒体、整合服务为一体的多媒体的广告服务平台,其实质就是一个战略联盟,其

目的是通过扩大规模,共同抵御来自跨国广告公司的竞争压力。武汉广告联盟这样的战略联盟还可以进一步发展为跨省、跨地区的,甚至全国性的。这种模式的优势是服务灵活、成本低廉,服务对象是成长中的中、小本土客户,因此对跨国广告公司不产生正面的对抗,只要利益分割得当,不失为本土公司发展之路。但这一模式最令人担忧的是管理问题,如何协调各方利益,保证服务水平和减少成本支出,即便是国际上各种战略联盟的实施经验也不足为鉴。

2. 与跨国广告集团建立战略联盟

国内广告公司要想逃脱被国际广告集团并购的命运,那么与其建立战略联盟不失为一条出路。战略联盟必须建立在互惠互利基础之上。优质的本土客户、优秀的本土人才和特殊的媒体资源和媒体关系,只有具备这些优势的本土广告公司才有可能与跨国广告集团结成平等的战略伙伴关系。因此,中国的广告公司应该在这三方面努力培养自身的优势,通过恰当的联盟策略,与跨国广告集团或公司实现资源共享,学习借鉴其先进的管理技术、广告运作技术,求生存,求发展,求壮大。

3. 与中小的外资专业广告公司建立战略联盟

中国广告市场的开放,外资进入中国广告业的门槛降低,中小的外资专业广告公司或者各种专业的营销服务公司进入中国市场,比如平面设计公司、品牌咨询公司、公关公司、直销公司等。这些公司专业技术强,通过战略联盟可以扩大本土广告公司的服务线,提高自身整合营销的服务能力。

(二) 找准自身定位,寻求细分化发展

根据中国台湾和中国香港的发展历程,外资广告巨头往往随其跨国客户而进入本土市场。随着本土经济的发展,本土客户价值的显现,子公司从跨国集团的全球客户服务执行终端,转向本土化发展,并购和入股本土广告公司是跨国广告集团本土化扩张的手段。20世纪80年代中期的中国台湾,几乎所有的优质本土广告公司为跨国广告公司所并购,至今除了联广以外,跨国公司及其分支机构占据着中国台湾广告市场的主要份额。中国广告市场的开放,国际广告巨头将凭借其实力,正在通过并购和入股,整合中国的广告市场,获取更大的市场份额。中国本土广告公司如何应对挑战?找准自身定位,寻求细分市场上的发展,是一个可选择的发展策略,因为在市场的整合能力和规模的经营能力以及高端客户的综合服务能力方面,中国本土公司目前无法与国外的广告集团抗衡,中国本土广告公司只有集中有限资源,在广告产业链的一个环节,甚至一个细小的环节,可以做得最好,比如网络广告、楼寓广告、手机广告等户外广告和新兴媒体。经济全球化发展促使中国广告产业发生裂变的同时,也使中国广告业产生更多的发展机会。本土广告公司要抓住这些机会,发展自己,确立在中国产业链上某些环节的优势。

(三)提高经营能力,加快集团化发展

本土广告公司,最高领导层往往来自创意、策划人员,公司的管理者很少是 MBA,并且广告公司几乎没有聘请职业经理人进行企业管理的传统。企业规模一旦扩大,在经营管理方面就会遭遇很大问题——相对于跨国广告集团,中国广告公司在资本运作、规模经营、系统整合、风险管理等企业经营管理领域的经验严重不足。中国广告企业要加强抵御经济全球化带来的竞争威胁,要提高经营意识,可以聘请一些职业经理人,运用业外资金和境外资本,通过合作或并购等方式,迅速扩大自己,形成一定的规模;通过资本运作,促进集团化发展,加大抗风险的能力。目前世界最大的广告集团如 WPP、宏盟、阳狮等均在 20 世纪 80 年代中后期成立,其中都能见到国际金融投资集团的身影。日本电通公司庆祝完自己百年诞辰之后,也于 2001 年在日本上市。

(四)重视消费者研究,提高市场的洞察力

经济全球化的滚滚洪流必然遭遇本土的文化不适和障碍问题。中国文化永远是外资广告公司发展很难跨越的屏障。本土公司应该发挥本土文化的优势,重视对消费者的研究,提高自身对市场的洞察力。比如耐克"恐惧斗士"广告,因其所用创意元素引起中国受众不满而最终被国家广播电影电视总局所禁。无独有偶,李奥贝纳广告公司创作的立邦漆广告,为了突出立邦漆的光滑,画面上一根涂有立邦漆立柱上的盘龙跌落在地,在《国际广告》杂志上作为作品刊登后,引起轩然大波。尽管跨国广告公司可以通过雇佣本土人士,来降低文化的隔阂,但短期内是很难消除的,因为这是由跨国企业所具有的运作方式、管理模式和企业文化所决定的。

(五)加强行业管理,建立公平有效的广告交易体系

广告交易在广告产业中主要涉及广告公司与广告主的广告策划、制作和

发布等服务交易,和广告公司为广告主或广告主直接向媒体购买广告的发布时段、版面和空间而产生的与媒体间的交易。一个广告活动,对于广告主而言,媒体发布费用往往是最大的支出,因此与媒体的交易,就整个广告交易而言,至关重要。但是目前状况,媒介的广告交易不透明,"黑箱"操作盛行。广告主渴望诚信、规范的媒体环境,普遍认为目前媒体提供的视听率、发行量资料不可信。

在谈及广告市场彻底开放后,跨国公司是否构成对本土广告企业的巨大威胁时,国内广告研究领域的一位著名教授称在近期不会,因为中国媒体交易很复杂,外资广告公司8折拿不下来的媒体时段,本土广告公司想点办法6折就可以拿下。

在英国、美国和日本等广告发达国家,行业协会在广告行业发展中是举足轻重的。因为如果没有行业内在的自律机制,国家、政府制定的法律法规和管理措施和方法,往往会演化成"上有政策,下有对策"。因此要形成有效、合理的,符合市场经济发展规律的广告交易运作机制、运作规则和实施方法,就必须加强行业协会的作为。比如2004年10月由中国广告协会电视委员会、辽宁省广播电视局主办的"首届中国电视广告交易会"。参加交易的一方是全国100余家各级电视台广告经营单位,包括央视、全国各省级台、全国各省会台及城市台;一方是全国广告主、广告公司和媒介研究机构。交易会的方式是一个有意义的尝试,这种行业内的交易平台有助于促使广告交易的透明化,但这样还不够,应通过摸索,形成一套交易规则,使行业内成员能遵守。是否有这样的可能,将一年一度的交易会延伸成为一个交易联盟,这类似于美国电视行业的 unwired network,这种交易联盟,可以通过行业协会组织对会员的交易行为进行约束,从而使广告交易更加透明、有效和公平,当然政府监管、法制建设也是必不可少的。

目前广告交易的服务性平台,已经有公司在尝试,比如成立于2000年的新世纪广告交易中心,主要是以平面媒体广告交易为主,以及由国际国内多家著名财团共同投资成立的奥美地亚传媒,覆盖电视、平面、户外等媒体。这些广告交易平台,是一种服务提供,将促使广告交易链的完整化,但就推动整个广告交易的透明化、公平化而言作用有限。因为这些交易平台首先也需要规范,其次其影响只是局限于参加这一交易平台的某些媒体或公司,没有行业协会的参与,就难以成为整个行业的规范。

(六) 构建开放的培养体系, 加紧广告人才的储备

经济全球化的发展, 意味着广告业对人才需求更趋于多层次、专业化和国际化。目前中国广告人才的培养主要有三个途径: 高等院校、职业培训和企业培训。企业培训最弱, 大多数的本土广告企业急功近利, 对员工培训投入很少。合资广告公司, 特别是一些 4A 公司, 比较注重员工培训, 然而员工频繁的跳槽, 则挫伤了企业培训的积极性, 但在客观上则承担了部分应由行业承担的行业培训职责。职业培训或称行业培训。由于中国广告行业是一个新兴的行业, 中国广告协会举办广告专业技术岗位资格培训只是广告知识扫盲。2003 年国家工商管理局取消申办广告公司必须要有"广告专业技术岗位资格培训证书", 意味着广告行业知识扫盲时代的结束。随着行业协会脱钩政府机关方案的推进, 中国广告协会开始针对行业发展的现实需求, 推进广告职业化的培训。

目前大多数企业缺乏培训, 行业提供的职业培训又缺乏系统性, 广告专业人才的培养压力几乎完全倾向高校。高校积极响应, 几十年的时间, 从无到有, 至今已有 200 余所高等院校设立广告专业, 20 多所学校培养广告学方向的硕士, 并有几所学校开始招收博士生。每年有几十万广告专业的本科毕业生。但由于师资缺乏和中国高校原有研究性人才培养模式的影响, 广告学专业毕业生对市场的适应性令人担忧。为此有人建议要开放办学, 把院校、广告经营单位、社会三者有机地融合在一起, 营造一个"大广告教育圈"。2004 年日本电通与中国北大、清华等六所大学及中国广告协会共同建立的广告传播大学, 利用企业内部系统的培训资源, 通过职业培训、研究生培养和本科教育, 培养多层次的广告人才; 清华大学与德国汉堡国际传媒艺术与新媒体学院合作, 开设具有欧洲职业标准的中国首期"国际艺术总监(IAD)"课程等。这一系列有益的尝试, 都表明, 我们的企业培训、职业培训和高等教育不能各自为政, 必须通过各种合作, 形成一个开放的培养体系, 以适应全球化背景下中国广告发展对广告人才的需求变化。

(七) 完善法制建设, 建立公平竞争的市场环境

经济全球化对中国广告业的影响是极其深远的。广告业的彻底放开, 意味着产业资源的全球化配置, 也预示着中国广告产业外部资源环境的变化, 以及影响产业发展的因素已经超过了国界。有观点认为, "各种资源国际间流

动,削弱了主权国家对本国资源直接配置的能力,导致产业政策的失效"[1]。加入 WTO,开放广告市场,意味着政府无法完全通过产业政策制定,保护本土广告企业,而只有通过建立一个公平、合理的竞争环境,来促使整个广告产业的发展。因此政府原有的管理模式甚至国家有关的法律法规都将面临前所未有的挑战,主要体现涉及:广告信息及广告运作中涉及的知识产权保护;境外、业外资本进入广告行业的风险防范;反不正当竞争和反垄断。

在全球化背景下,中国广告业的管理、法律等层面的构建要充分考虑以上多方面的挑战,在全球规则与民族利益之间确立新的平衡点,在市场机制与政府调控之间寻找新的平衡。政府要为市场设立各种竞争规则,反对不正当竞争但不能通过行政干预竞争,通过法律法规及各种制度建设,建立一个公平、有序的市场竞争运行环境。

---

[1] 林民书、张树全:《资源的全球配置对产业政策的影响》,《财经研究》,2003 年第 10 期。

第四章 广告研究的学术图景

第一节 广告学术研究的层次、领域与热点

一、广告研究的三个层次

广告研究与史学、哲学研究有所不同,因为它直接对应着一个规模巨大、影响广泛的产业——广告业。尽管媒介环境的变化使广告业的轮廓变得越来越模糊,但就广告研究而言,却有着十分清晰的研究层次。

首先是业界的动态反映、最新案例介绍和产业发展的年度报告和细分市场的研究报告,在这个层面具有代表性的是《广告时代》(*Advertising Age*)和《广告周刊》(*Advertising Week*),互联网的发展,使其动态性得到了更好的发挥。两份杂志都建有网站,网站上不仅有业界的新闻,甚至有博客和播客,并可通过 RRS 订阅,能及时了解广告行业发展的动态。

其次是有关广告及其运作的规律性探寻,在这个层面具有代表性的研究刊物是由英国广告协会主办的《广告国际学刊》(*International Journal of Advertising*)和由广告研究基金会(JAR)①所属的《广告研究》(*Journal of Advertising Research*)。

再次是研究往往从社会、文化、历史的角度,探讨广告与社会、文化之间深层次的互动关系,或对广告运作规律作更深层次的理论分析与总结,在这方面具有代表性的杂志是 CTC 出版社(CTC Press)出版的《广告当前问题与研究》

---

① 广告研究基金会由美国广告人协会和美国广告代理公司协会(4A)于 1936 年共同建立。

(Journal of Current Issues & Research in Advertising）。

除了以上三个层次的研究，近年发展迅速的博客，对于广告研究，尤其是有关新媒体、新营销及广告的研究，是一个不能忽略最新研究动向的获取来源，比如美国广告主协会的主席兼 CEO 鲍勃·雷奥地斯（Bob Liodice）的博客，网络国际数据集团副总裁科林·克劳福德（Colin Crawford）的博客，你可以看到关于营销及其沟通、新媒体及广告的各种独到见解，不限于其本人，还有业界的。

二、本次研究的刊物选择

这次研究综述只是选取了第二、第三层次的广告学术研究期刊共五种，对于跟广告相关的比如品牌、市场营销沟通、市场营销、直销、媒介等研究刊物，没有选取，旨在通过纯粹的广告研究期刊，更清晰地探寻在 2006 至 2007 年之间，广告研究发展机理和脉络。同时由于《广告时代》《广告周刊》动态性太强，信息量太大，限于研究时间和资源获取的限制，也没有列入其中。所选五本广告期刊主要是英美具有代表性、权威性的广告学术刊物，它们分别是：

《广告学刊》（Journal of Advertising），是美国广告高等教育研究会（The American Academy of Advertising）下属的刊物，为季刊，由 CTC 出版公司出版；

《广告研究》（Journal of Advertising Research），是广告研究基金会（ARF）的刊物，为季刊，由世界广告研究中心（World Advertising Research Center Limited）出版；

《广告国际学刊》（International Journal of Advertising），是英国广告协会（The Advertising Association）的刊物，为季刊，由世界广告研究中心出版；

《广告当前问题与研究》（Journal of Current Issues & Research in Advertising），为半年刊，由 CTC 出版社出版；

《互动广告》（Journal of Interactive Advertising），为半年刊，由密歇根州立大学广告、公共关系、零售系和德州奥斯汀大学广告系共同出版的电子杂志。

由于订阅西方期刊的延后性，从《广告学刊》《广告研究》杂志所选取的论文为 2006 年第 4 期到 2007 年的第 3 期，《广告国际学刊》所选论文是 2007 年第 1—4 期，来源均为纸质期刊。《广告当前问题与研究》中选取的论文是 2006 年和 2007 年第 1 期，《互动广告》选取的论文为 2006 年、2007 年共 4 期，来源为 EBSCO 的 Business Source Premier 数据库。

三、十大研究领域的论文统计及分析

不算刊物中的"编辑语"和"评论",本次所选杂志的论文共计 170 篇,论文内容主要涉及消费者和受众研究、传播效果研究、广告策划与创意研究、新媒体与广告研究、广告与社会文化及法律道德等互动关系研究、广告产业研究、品牌研究、广告研究理论与方法探讨、营销沟通研究、广告研究现状与发展研究等十大研究领域。"营销沟通研究"是指除了广告以外的其他沟通方式,比如:公关、赞助、事件营销(包括体育赛事)、口碑营销、病毒营销、顾客关系管理等。传统媒体主要指报纸、杂志、电视和广播四大媒体,从广告和营销沟通角度很少就媒体特性等进行研究,主要从媒介受众、传播效果和媒介策划等方面进行研究。前两者都列出了专门研究领域,媒介策划主要归入"广告策划与创意研究"之中,所以传统媒介研究就不单独列出。"新媒体与广告研究"不仅涉及层出不穷的由于通信、计算机等的技术创新而产生的新的媒体形态,比如手机、博客、网络社区、网络游戏、电子邮件、富媒体广告、搜索广告等。此外还包括创造了广告新的传播空间,这里也称为新媒体,比如楼宇广告等各种户外广告、植入式广告等。

有些论文的研究领域有所重叠,在计算时重复计数,因而相加篇数和比例超过 170 篇和 100%(表 4-1)。

表 4-1 十大广告研究领域表格统计

排名	研 究 领 域	论文数(篇)	比例(%)
1	传播效果研究	69	40.59
2	新媒体与广告研究	48	28.24
3	消费者、受众研究	22	12.94
4	广告与社会、文化、法律、道德等互动关系研究	17	10.00
5	广告研究理论与方法探讨	15	8.82
6	营销沟通研究	13	7.65
7	品牌研究	11	6.47
8	广告策划与创意研究	5	2.94
9	广告产业研究	4	2.35
10	广告研究现状与发展研究	2	1.18

表 4-1 显示，在广告研究中"传播效果研究"占的比例最高，这也反映出作为一个应用性学科所具有的特点即跟产业关注点的一致性，因为传播效果始终是产业最为关注的问题。其中涉及新媒体效果研究达 27 篇，占 39.13%。

从统计结果上看，"新媒体与广告研究"是继传播效果研究之后第二大研究者关注的领域。IT 和通信技术的发展，新的媒介不断出现，在新的媒介环境中，广告运作产生了深刻的变革，因此对于新媒介与广告，受到广告研究者的关注，表明广告学术研究的又一特点，即与广告产业发展的同步性。关于新媒体的研究，所选刊物中没有一篇论文是关于"新媒体"概念的泛泛之谈，均为各种具体的新型或新兴媒体介质的研究，主要涉及手机、博客、网络社交媒体、搜索引擎广告、户外广告、植入式广告等。

根据表中所示，排在第三位的是"消费者、受众研究"。在这一领域涉及的研究首先是受众对新媒体信息接受的研究，比如手机及其短信、3D 影像、网络等，在 22 篇文章中有 8 篇；其次是特殊群体，由以年龄、性别对应的特殊市场来进行细分的，比如青少年、妇女的信息接受方式和生活形态等研究。

"营销沟通研究"尽管排名第六位，但 13 篇文章研究涉及的沟通方式几乎没有重复，从学术研究的角度反映了广告运作泛化现象，即中国杂志主编张惠辛所谓的"超广告时代"①的来临，广告行业以其所积聚的深厚的客户、人力、关系等各种资源，正在努力成为营销沟通整合运作的平台，广告业的服务提供早就超越了广告本身。根据世界各大广告集团的年度报告，无论是奥姆尼康、WPP 还是阳狮和电通，广告经营额占其总额的一半都不到。

尽管作为应用学科，其研究会受产业发展的影响，但作为学术研究也应有其所关注的领域，"广告与社会、文化、法律、道德等互动关系研究"，以及"广告研究理论与方法探讨"排名第四、五也充分说明了这一点。

"广告与社会、文化、法律、道德等互动关系研究"领域研究涉及一些特殊市场，比如青少年市场；特殊产品，比如非处方药；新的传播方式，比如手机短信等所面临的道德、法律问题。同时涉及在国际、全球广告运作中不同的文化、价值观念和信仰导致广告解码偏差而引发沟通障碍等的研究。

广告研究的理论和方法极其庞杂，除了传播学、营销学之外，还有心理学、

---

① 张惠辛于 2007 年 11 月 18 日在"新媒介新营销时代下的广告与广告教育研讨会"上的发言，该研讨会由上海大学承办，为中国广告教育研究会第六届年会。

社会学、消费学、行为学、统计学等。神经科学理论在广告研究中的运用,无疑是开启了广告研究的新视点,在下面的"广告新试点分析"部分将详细介绍。

"品牌研究"排名第七位,在 11 篇论文中,有 5 篇主要侧重于品牌自身的运作及其规律研究,涉及网络环境中品牌的建立、发展[1],网络及电子游戏中品牌效果的测定[2],体育赛事赞助与品牌体验之间的关系[3],品牌定位与品牌广告的一致性研究[4],以及潜意识广告在建立品牌信任度中的作用[5]等。有 6 篇仅仅涉及品牌,比如非处方药品牌的网站、全球性品牌在地方网站上的视觉表现、影响品牌广告效果的主要因素,其研究并不是侧重于品牌自身的运作和发展规律探讨。品牌研究一方面因为动态性的研究在第一层次的广告行业杂志中已有所体现,另一方面也预示着品牌研究在学术界有所降温。

根据统计显示,纯粹的广告策划和创意,以及广告发展的研究在广告学术层面比较少,因为在行业刊物中大量的文章是这一类的研究和介绍。所选有关广告策划论文提出了"全方位策划"的概念,这一概念日本电通早就提出过,并不鲜见。创意研究采用实证的方法,对创意流程、创意与媒介选择、创意与管理之间的关系进行探讨。广告发展研究主要探讨了全球化对广告发展的影响。在广告创意与策划以及广告发展这三个研究领域,与广告运作与产业发展的现实情况恰恰相反,学术研究方面没有太大的新意和突破。

最后是广告研究现状与发展研究,共两篇文章涉及这个内容。其中一篇文章主要论述在顶尖的广告学术刊物中国际广告研究的论文不是很多,并对这一现象进行了分析研究。首先作者认为在经济全球化的背景下,国际广告,乃至全球广告运作越来越频繁,它理应成为广告学术研究的一大"热点",但现实是一直以来难以引起学术界的重视,其次国际广告的研究理论和方法没有大的突破,一直停留在文化传播的接受差异层面来进行阐释,因此作者提议要

---

[1] Dou W, Krishnamurthy S. Using brand websites to build brands online: A product versus service brand comparison. Journal of Advertising Research, 2007, 47(2): 193-206.

[2] Nelson R M, Yaros A R, Keum H, et al. EXAMINING THE INFLUENCE OF TELEPRESENCE ON SPECTATOR AND PLAYER PROCESSING OF REAL AND FICTITIOUS BRANDS IN A COMPUTER GAME. Journal of Advertising, 2006, 35(4): 87-99.

[3] Akaoui J. Brand Experience on the Pitch: How the Sponsors Fared in the World Cup. Journal of Advertising Research, 2007, 47(2): 147-157.

[4] Blankson C, Kalafatis S P. Congruence between positioning and brand advertising. Journal of Advertising Research, 2007, 47(1): 79-94.

[5] Li F, Miniard W P. On the Potential for Advertising to Facilitate Trust in the Advertised Brand. Journal of Advertising, 2006, 35(4): 101-112.

成立相应的研究组织和基金,加强国际间的研究合作,同时在这一领域的研究需要引入更多的研究视角、理论和方法。[①] 另一篇文章则探讨了广告从业人员与学术研究者之间存在的"鸿沟"。作者认为是"失效的学术知识传播系统、学术知识内容及其表达形式存在问题、学术机构僵化、学术理念滞后,这就导致广告从业人员即无力也无心获取学术知识"[②]。这两篇文章都是从一个很小的视角,触及广告学术研究存在的一些深层问题。

四、五大研究热点分析

广告学术研究的热点其实很难确定,除了与产业发展有很大关联性之外,杂志的自身定位也决定其研究关注点的选择。我们按照论文的主题,对五本杂志所选的170篇论文进行了统计,列出了论文数排名前五位的研究主题(表4-2)。

表4-2 广告学术五大研究热点及其在专业期刊的分布概况 单位:篇

排名	研究热点	《广告学刊》	《广告研究》	《广告国际学刊》	《广告当前问题与研究》	《互动广告》	论文总数
1	手机广告及其相关研究	1	4	5	0	6	16
2	网络广告研究	1	6	2	0	5	14
3	全球及其跨国广告研究	0	4	3	6	0	13
4	植入式广告研究	2	5	0	3	1	11
5	有关涉入(Engagement)的研究	0	8	2	0	0	10

从表4-2统计可见,五大研究热点是手机广告及其相关研究、网络广告研究、全球及其跨国广告研究、植入式广告研究和有关涉入的研究。下面是对

[①] Taylor, Charles R. Overcoming barriers to publishing international advertising research in top journals. International Journal of Advertising, 2007, Vol. 26 Issue 4, pp.557-560.
[②] Nyilasy G, Reid L N. The academician-practitioner gap in advertising. International Journal of Advertising, 2007, 26(4): 425-445.

各热点进行的分析。

（一）手机广告及相关研究

从这次统计的广告学术研究五大热点中，手机广告及其相关研究是最突出的。从五本杂志刊登的情况看，这一热点的文章主要刊登在第二层次的研究刊物上：《广告研究》4篇、《广告国际学刊》5篇。《互动广告》因为手机广告与其杂志定位的一致性，所刊文章最多，为6篇。作为第三层面的广告学术研究期刊《广告当前问题与研究》，则没有刊登一篇相关文章。这就反映西方广告学术研究既跟行业发展热点保持着一致，又在更高的学术层面保持了一定的距离。从以下各热点在五大刊物上的相关文章刊登情况都能说明这一点。

手机广告及相关研究主要涉及。

1. 手机广告的运用领域，研究者认为手机广告主要运用于客户关系管理，因为它一对一的传播特性，便于开发极具个性化的沟通信息，从而能有效地赢得顾客的青睐①。此外还可运用于地方性广告市场，有研究者将手机称为"手机频道"②，认为它是一个多媒体的移动网络，营销人员可以在消费者工作、生活和活动的场所随时提供其需要的商品、服务信息。据此一种新的沟通方式定位广告（Location-based Advertising，简称 LBA）在西方兴起。有一篇文章专门介绍了这种基于手机特性而开发的广告形式③。运用手机网络，向目标消费者发送广告的形式继而扩大到营销，形成所谓的定位营销（Location-based Marketing，LBM），在此基础上形成一种商业模式，即定位服务（Location-based Services，LBS），通过手机网络除了发送广告，还提供娱乐、应急、安全、城市导游等服务等。

2. 手机广告的效果研究。效果研究一直是广告学术界最为关注的一个方面，手机广告也不例外。由于短信（SMS）是手机沟通方式最主要的方式之一，因此对于手机广告的效果研究，从目前所刊登的文章来看，主要是短信传播效果的研究。研究人员对于该领域的研究主要致力影响受众短信广告效果的因

---

① Okazaki S. From the Guest Editor: Special Issue on Mobile Advertising Issues and Challenges. Journal of Interactive Advertising, 2007, 7(2): 1–2.

② Bruner G C, Kumar A. Attitude toward Location-based Advertising. Journal of Interactive Advertising, 2007, 7(2): 3–15.

③ Unni R, Harmon R R. Perceived Effectiveness of Push vs. Pull Mobile Location Based Advertising. Journal of Interactive Advertising, 2007, 7(2): 28–40.

素分析①以及测量效果的模型建立②。

3. 手机受众研究。这部分的研究有一个特点,几乎都是实证研究,通过调查或实例分析,来说明问题,主要涉及对手机消费行为的研究,其中一篇关于青少年手机消费行为的研究指出,与成年使用手机主要是为了通信不同,青少年将手机作为人际交往和娱乐的手段,文中称之为"掌之友"③。作者提醒营销人员,对于青少年,不仅要通过营销沟通与他们建立良好关系,还要提供信息,帮助他们与其他人建立朋友关系,这样才能得到他们的真正信任,从而形成长期的品牌忠诚。除此之外还涉及受众信息接受的研究。在这部分主要运用效果分析模式、认知过度和行为倾向预测理论,对受众如何接受手机广告信息,并形成态度和记忆进行了分析。④

(二)网络广告研究

网络广告研究首先涉及网络效果研究,主要有条幅广告、E-mail、博客和引擎广告等的效果研究。作者认为,网络效果不能仅仅看点击率(CYR),还涉及其他一系列的因素,比如网络使用动机、目标受众、广告展露频率、文案内容和广告设计⑤。现实是越来越多的广告的运作是跨媒体的,一个广告活动除了网络媒体往往会涉及电波媒体、印刷媒体,研究跨媒体的传播效果测定系统成为现实的需要,也是学术关注的一个热点。在本次收入的论文中,有涉及广告露出频率的测定系统研究⑥。

其次是网络广告的受众研究。因为网络本身具有全球性,因此在受众研究中除了按照行为进行分类,还有按照国家及文化背景分类的受众的网络消

---

① Drossos D, Giaglis G M, Lekakos G, et al. Determinants of Effective SMS Advertising: An Experimental Study. Journal of Interactive Advertising, 2007, 7(2): 16 - 27.

② Balabanis G, Mitchell V, Heinonenmavrovouniotis S, et al. SMS-based surveys: strategies to improve participation. International Journal of Advertising, 2007, 26(3): 369 - 385.

③ Grant, Ian; O'Donohoe, Stephanie. Why young consumers are not open to mobile marketing communication. International Journal of Advertising, 2007, 26(2): pp.223 - 246.

④ Nasco, Suzanne Altobello; Bruner II, Gordon C. Perceptions and Recall of Advertising Content Presented on Mobile Handheld Devices. Journal of Interactive Advertising, Spring2007, 7(2): p1, 22p.

⑤ Robinson H, Wysocka A, Hand C, et al. Internet advertising effectiveness. International Journal of Advertising, 2007, 26(4): 527 - 541.

⑥ Havlena W, Cardarelli R, De Montigny M, et al. Quantifying the Isolated and Synergistic Effects of Exposure Frequency for TV, Print, and Internet Advertising. Journal of Advertising Research, 2007, 47(3): 215 - 221.

费行为进行比较研究①。

最后是品牌在网络环境下传播、发展研究。以前品牌在网络环境传播一般都是在各大门户网站做条幅广告,随着网络 3.0 的来临,公司纷纷利用病毒营销,进行品牌的传播,在"病毒"制作时,作者认为要注意东西文化及各国家习俗的差异,在视觉表达及文字说明上要注意文化禁止,否则在传播中会引发障碍和冲突,因为网络就是一个国际化的传播平台②。

(三) 全球及其跨国广告研究

经济全球化、企业经营的全球化和品牌的全球化,促使该主题研究的重要性不言而喻。在所选的五大杂志中有该主题的论文,体现出极其分明的研究层次。

刊于《广告研究》《广告国际学刊》的论文主要侧重广告效果、信息接受研究,比如全球食品广告的效果研究③、全球品牌在地方网站上视觉表达的效果研究,并对同一品牌在六个国家地方网址发布的广告进行了比较研究④。

刊于《广告当前问题与研究》的文章从社会、文化的视角,对国际及全球广告进行分析。比如美国广告与阿拉伯国家广告所体现的文化价值观念的比较研究⑤,广告视觉表现的跨文化阐释等,作者对广告的内容和表达形式进行了深入分析,认为广告内容阐释离不开文化因素,而广告的视觉表达其实质是一种文化符号的艺术运用。

尽管全球或国际广告研究并非如上文中论文所批评的,没有引起学术界的足够重视,但其研究的话题和研究的方法一直没有突破是事实。

---

① Ph D H, Roberts S M, Cho C, et al. Cross-Cultural Differences in Motivations and Perceived Interactivity: A Comparative Study of American and Korean Internet Users. Journal of current issues and research in advertising, 2006, 28(2): 93 - 104.

② Porter, Lance; Golan, Guy J. From Subservient Chickens to Brawny Men: A Comparison of Viral Advertising to Television Advertising. Journal of Interactive Advertising, Spring, 2006.

③ Mueller, Barbara. Just where does corporate responsibility end and consumer responsibility begin? The case of marketing food to kids around the globe. International Journal of Advertising. 2007, 26(4), pp.561 - 564.

④ An D. Advertising visuals in global brands' local websites: a six-country comparison. International Journal of Advertising, 2007, 26(3): 303 - 332.

⑤ Kalliny M, Gentry L. Cultural Values Reflected in Arab and American Television Advertising. Journal of current issues and research in advertising, 2007, 29(1): 15 - 32.

(四) 植入式广告的研究

植入式广告并不是当代的新生事物,在各种戏剧、小说中已存在百年之久。好莱坞的电影植入已经是一个极其成熟的商业运作。近年来植入式广告,尤其是电视植入式广告发展迅猛,最直接的原因是数字刻录机(DVR)的盛行,以及媒体碎片化和网络及视频游戏的发展,使人们越来越远离作为花费广告金额最多的电视媒体。而对于某些产品,比如香烟、酒精度高的酒在电视等大众媒体中的广告禁令,致使厂商另辟蹊径,将产品或品牌植入其中。

植入式广告五大研究热点中排名第四位,相关研究文章共 11 篇,主要涉及植入式广告的现代运作,并且着重于电视植入及新载体的植入研究。在电视植入研究方面研究者首先将电视广告植入进行了分类,分为有故事情节的节目植入(包括戏剧、情景喜剧等)和无故事情节的(包括新闻节目、游戏节目和体育节目等)[1],同时通过具体的调查,对节目内容、节目时段与植入产品、服务及品牌的关联性进行了深入的分析。随着品牌营销发展,纯粹的产品植入已让位于品牌植入,两种植入有一定的相似之处,但差异性也很大。除此之外,依然是效果研究是一大重点,主要涉及各种新媒体的广告植入效果研究,比如网络游戏、视频游戏、商业网站等,并且运用心理学甚至神经学的原理,探讨一系列植入效果的测量基准和项目。

(五) 有关涉入(Engagement)的研究

涉入(Emgagememt)又可称顾客涉入的研究兴起,其背景是传播技术变革与体验经济、体验营销的发展,消费者在营销过程越来越处于主动地位,成为营销的出发点和参与者。消费者已不是再是被动的受众,而是深深地涉入整个广告、营销活动之中,甚至承担起广告、营销信息制作者、传播者的角色。广告产业中已产生了大量精彩的运作案例,比如多力多滋(Doritos)"为口味而站"[2]"动感黄球(Verb Yellowball)"[3]等,正如《广告学刊》编辑鲍勃·伍达德

---

[1] La Ferle, Carrie; Edwards, Steven M. PRODUCT PLACEMENT. Journal of Advertising, Winter2006, 35(4), pp.65-86.
[2] 艾瑞网的席莹专栏"美国 50 个最尖锐营销创意之二:多力多滋为口味二战",http://column.iresearch.cn/u/xiying/index.shtml.
[3] 由美国联邦疾病控制及预防中心面对儿童肥胖而发起的广告宣传活动。

所说,是时候开始对此进行理论阐述了。本次共有 10 篇论文涉及该研究,从以上表格统计显示 8 篇刊于《广告研究》,2 篇刊于《广告国际学刊》。

首先是对涉入进行了概念界定。研究者们认为涉入是指"一种环境关联度的衡量基准。在此,架构好的品牌信息可以通过周围背景来呈现"[1]。2006 年 3 月 21 日,这个概念部分借鉴广告研究基金(ARF)在其官方网址公布了它的定义,认为"涉入打开了一个前景,就是通过周围的背景来提升品牌理念"[2],广告研究基金会与美国广告主协会和美国广告代理协会在 2006 年 RE-THINK 年会上共同发布的一份研究报告中,将在广告沟通和品牌构建中消费者的涉入界定为三个层次:消费者的媒体涉入、消费者广告创意的涉入、消费者的品牌涉入。[3] 这次统计的论文中也有涉及媒介涉入和创意涉入的研究。

其次是关于涉入的效果研究。文章通过一系列的实证研究,得出结论,无论是事件营销、活动赞助还是品牌植入,顾客涉入的程度高低将直接影响接受者信息反馈程度的强弱,并将神经学的测量方式引入到涉入效果的测量之中,本节将在下面的"三大研究新视点"中介绍。

五、三大研究新视点

(一) 神经学在广告传播中的研究视点

将神经学的研究方式,即通过特定仪器绘制出人脑在接受广告、品牌等信息时的脑部神经的变化图,以此来探寻消费者信息接受与反映的机理,从而推导出消费者购买决策的心理动因。这一研究最早在 20 世纪 90 年代即已产生。进而形成了所谓神经营销学(Neuromarketing)。近年来神经营销学的理念正在影响着营销实践的前沿。奥姆尼康广告集团旗下媒体采购集团 PHD,根据某个品牌希望实现的目标以及各种媒体影响大脑的方式,设计了名为"神经计划"(Neuroplanning)的媒介策略制定方法。《广告国际学刊》在 2007 年从第 1 期开始连续 3 期都刊登有关研究文章,并刊登就此研究的评论。所刊文章涉及主要

---

[1] Wang A. Advertising Engagement: A Driver of Message Involvement on Message Effects. Journal of Advertising Research, 2006, 46(4): 355-368.
[2] 广告研究基金(ARF), https://www.thearf.org/engagement/index.html.
[3] Engagement: Definitions and Anatomy, https://www.thearf.org/research/whitepapers.html.

是神经学研究方法①,及如何将之运用于广告调查、消费者研究中②,研究还比较粗浅。在评论中,有些学者对于神经学研究方法运用于广告和营销决策表示质疑,但大多数学者还是表示支持,但同时指出踏踏实实地就神经学与广告及营销研究作出理论探索,而不要仅仅是贴一个"神经营销"的标签③。

(二)网络口碑传播研究视点

网络进入 2.0 意味着其主体功能从信息传播进入到人际交往的转变,这也意味着无论是广告还是营销,从产品和品牌信息的传播向人的沟通和人的营销的转变。随着 Facebook、第二人生、MSN 等发展,网上积聚了大量的社群网络,网络口碑传播也成为一种客观存在,并得到广告及营销人员的青睐而成为其创意实现的新空间。《互动广告》杂志以"网络口碑传播与广告、营销、沟通的关系"为主题出了一个专辑。所刊论文从"个人在网上寻找意见的行为"④"如何让消费者相信口碑传播的信息?"⑤"社群中人们是如何使用讨论板来进行沟通的?"⑥"在竞选中,候选人的博客如何通过网络口碑传播的互动性促使选民对其政见加深理解,从而影响选民的投票决策"⑦"传统电视广告与网络病毒广告之间的效果比较"⑧"网络口碑传播中消费者之间实现信息共享的网络结构分析"⑨等方

---

① Plassmann H, Ambler T, Braeutigam S, et al. What can advertisers learn from neuroscience. International Journal of Advertising, 2007, 26(2): 151-175.
② Du Plessis, Erik. A view on the prospects for neurological research and advertising engagement and effectiveness. By: International Journal of Advertising, 2007, 26(1), pp.129-132.
③ Sutherland, Max. Comment on "Comments: neuroscience and advertising research" International Journal of Advertising, 2007, 26(3), pp.399-402.
④ Goldsmith R E, Horowitz D. Measuring Motivations for Online Opinion Seeking. Journal of Interactive Advertising, 2006, 6(2): 2-14.
⑤ Benedicktus R L, Andrews M L. Building Trust with Consensus Information. Journal of Interactive Advertising, 2006, 6(2): 3-25.
⑥ Steyer, Alexandre; Garcia-Bardidia, Renaud; Quester, Pascale. Online Discussion Groups as Social Networks: An Empirical Investigation of Word-of-Mouth on the Internet. Journal of Interactive Advertising, Spring, 2006, 6(2), pp.51-59.
⑦ Thorson, Kjerstin S.; Rodgers, Shelly. Relationships between Blogs as eWOM and Interactivity, Perceived Interactivity, and Parasocial Interaction. Journal of Interactive Advertising, Spring, 2006, 6(2), pp.39-50.
⑧ Porter, Lance; Golan, Guy J. From Subservient Chickens to Brawny Men: A Comparison of Viral Advertising to Television Advertising. Journal of Interactive Advertising, Spring, 2006, 6(2), pp.30-38.
⑨ Vilpponen, Antti; Winter, Susanna; Sundqvist, Sanna. Electronic Word-of-Mouth in Online Environments: Exploring Referral Network Structure and Adoption Behavior. Journal of Interactive Advertising, Spring, 2006, 6(2), pp.71-86.

面进行了研究。这些研究涉及网络口碑传播各大要素：传播者、传播内容、传播方式、传播路径和传播环境。这些基础性的研究，有助于营销人员加深对网络口碑传播的全方位理解，从而能将这一传播形式更好地运用于营销实践之中。

（三）药品 DTC 广告研究视点

药品营销如同房地产营销一直是营销中最为关注的市场之一。1997年8月，美国FDA颁布《工业指南：直接面对消费者的广播电视广告》草案，宣布放松对药品广告传播的限制，规定生产企业只要提供包括关于有效性、不良反应、禁忌证等的简要说明，或者提供可以获得这些信息的途径，就可以在电视、广播和杂志等大众媒体上做DTC广告。而在此之前，处方药不允许直接面对消费者进行宣传，大众媒体禁止刊播非处方药OTC广告。

严格地讲，非处方药广告研究并不能算是新视点，因为它一直得到西方广告界和广告研究者的关注。之所以选择它作为研究新视点，是因为中国药品广告和影响相对落后的现实。西方DTC广告的研究具有借鉴意义。这次所选论文中共有7篇涉及该内容，5篇刊登在《广告学刊》，2篇刊登在《广告研究》。论文主要涉及"信源与处方药DTC广告效果研究"[1]、"DTC广告对患者产生的身体影响"[2]、"DTC广告效果测定模式研究"[3]、"药品品牌DTC网站的构建"[4]等，反映了西方研究的最新成果。

第二节　多语境下的广告学术研究

"新媒体""金融危机"和"全球化"，构成了2009年广告学术研究所处语境中三个最为重要的情景要素。检视这一年来广告学术研究的成果，其涉及的

---

[1] Lee B, Salmon T C, Paek H, et al. The Effects Of Information Sources On Consumer Reactions To Direct-to-Consumer (DTC) Prescription Drug Advertising: A Consumer Socialization Approach. Journal of Advertising, 2007, 36(1): 107–119.

[2] Huh J, Langteau M A. Presumed Influence of Direct-to-Consumer (DTC) Prescription Drug Advertising on Patients: The Physician's Perspective. Journal of Advertising, 2007, 36(3): 151–172.

[3] Wilson R T, Till B D. Direct-to-Consumer Pharmaceutical Advertising: Building and Testing a Model for Advertising Effectiveness. Journal of Advertising Research, 2007, 47(3): 270–282.

[4] Sheehan, Kim Bartel. DIRECT‐TO‐CONSUMER (DTC) BRANDED DRUG WEB SITES. By: Journal of Advertising, Fall, 2007, 36(3), pp.123–135.

话题和话语，无不体现出这三个情景要素所具有的渗透力。本节选择植入式广告、网络口碑营销传播、数字媒体与数字广告、新媒体广告规制、跨媒体的广告效果、个体化的消费者、国际视野中的广告 7 个视点，主要以 6 份具有主导性的广告学术研究刊物：《广告学刊》（Journal of Advertising）、《广告研究》（Journal of Advertisig Research）、《广告当前问题研究》（Journal of current issues and research in advertising）、《国际广告学刊》（International Journal of Advertising）、《互动广告学刊》（Journal of Interactive Advertising）以及《营销沟通学刊》（Journal of Marketing Communication），在 2008—2009 年[①]间所刊登的 196 篇学术论文为主体，将 2009 年作为时间切入点，希望通过话题与话语的梳理，勾画出西方广告学术研究发展的最新脉络。

一、植入式广告的不断泛化

在 6 份期刊所登载的 196 篇学术论文中，尽管只有一篇《经济衰退中的广告研究》直接阐述了金融危机对广告产业的影响，但多达有 15 篇涉及植入式广告的文章，从一个侧面可以看出金融危机的影响力，因为金融危机给金融、制造等行业造成重创的同时，往往给广告业带来更多的机会。WPP 最新发布报告，2009 年世界广告额出现 5.5％负增长，但是根据 PQ 媒体报告，植入式广告则增长迅速，2009 年可达 70 亿美元。当然植入式广告发展迅猛有其更深层的原因——新媒体及其技术发展使传统广告运作方式日渐式微，因而广告的内容化、情景化、娱乐化，或称"渗透性广告"，昭示着广告未来发展的一个方向，也是广告研究须关注之领域。

植入式广告的研究由来已久，但极其边缘化。用"Product Placemen"作为关键词在 EBSCO 数据库搜索，1999 年之前，学术刊物上共登载 28 篇，最早的一篇是 1964 年发表于《营销研究》中（Journal of Marketing Research）。作为一种广告样式，植入式广告最早出现在欧洲。在 1896 年上映的电影《洗衣日的瑞士一家》中不断出境的"阳光"牌肥皂，就实现了广告与娱乐的结合。传入美国，美国人则将其商业模式化。20 世纪 50 年代好莱坞将其引入电影，成为其电影商业模式的一个组成部分，使植入式广告盛极一时。植入式广告开始

---

① 所选刊物文章均来源于 EBSCO 的 Academic Source Premier、Business Source Premier 数据库，由于数据库所收文章的延后性，因此，本节所涉及学术论文为 2008—2009 年之间 6 份杂志所刊，但文章选取的量以一年为限。

再度兴起是在 1999 年,至 2005 年前后几乎可以用"飙升"来形容其发展之迅猛。根据 PQ 媒体发布的报告,当年植入式广告增长额为 42.2%,关于植入式广告的研究论文数量随即大增。搜索 EBSCO 数据库,2000 年至 2004 年学术刊物发表论文为 40 篇,2005 年至 2009 年为 76 篇。短短十年,发表的学术论文数几乎是先前 35 年的 5 倍。

植入式广告研究的话题涉及三个方面:运作规律、效果研究以及道德规制。在下文将对广告规制研究作专门的介绍,因此在这部分着重从前两个话题来揭示 2009 年植入式广告研究的特征。

(一)视频游戏等新介质的植入规律,以及产品、品牌植入的整合运作成为 2009 年运作规律研究新视点

植入式广告运作规律即在各种媒体及其娱乐内容中如何进行产品或品牌植入的研究,比如:电视剧、电影、电视节目等。随着各种新媒体和新娱乐样式的出现,手机、网络、E-mail、电脑和网络游戏,比如航海明、苏珊主编的《视频游戏、流程运作和选择:新媒体植入式广告探索》、杨亨利、王呈疏主编的《赛博空间的电脑游戏植入式广告》,2009 年学者们延续着不同介质中广告与品牌植入运作规律的话题研究。比如查苏珊等学者在《娱乐媒体中的植入式广告》一文中,运用社会交换理论探讨了在电视和电影中的植入式广告运行作的过程。通过对主流电影娱乐公司、跨国制作公司和整合营销公司的深入调研,文中总结了三种植入式广告的运作模式:侥幸型植入、机遇型植入和计划型植入。伊迪斯·斯密特等在《当代品牌植入运作及其背后的产业》对荷兰电视台的电视节目进行了分析,揭示了一个现象,就是广告已经被作为内在的部分整合进电视节目之中,即节目的编辑内容与商业内容通过品牌植入的方式已融合在一起,因此对于这些电视节目而言,与其说是品牌植入,还不如说是品牌整合节目。

(二)文化因素被引入植入式广告效果的研究

跟其他广告形式一样,效果研究始终占据着广告研究的最大部分,植入式广告也是如此。2008—2009 年 6 份西方主流广告刊物所刊登的 15 论文中有 8 篇涉及此话题的。广告效果研究其实就是对受众接受广告信息的反应检测,架构有效的检测标准是研究的重点,当然影响受众信息反应的因素也是这一

话题的研究范畴。帕梅拉·迈尔斯·荷马在《植入式广告：植入类型和重复率对受众态度的影响》中，通过一系列的实证研究，探寻植入类型和重复率这两个因素对受众接受电影、电视媒体中产品与品牌信息后的态度影响。麦凯·托马斯在《电脑植入式广告对品牌态度和回忆的影响》中研究表明，特定品牌在电脑游戏中的出现，有助于提高消费者对该品牌的认知，因此电脑游戏植入式广告是提高消费者品牌回想率的有效途径，即使对品牌的非目标消费群体也有效。2009年在这一话题研究的突破是学者们开始把文化因素引入植入效果的研究，马丁·艾森特在《跨文化研究：电影植入式广告的接受效果》中指出不同的文化对于电影中的产品或品牌植入的信息会产生不同接受效果，因为没有一个产品或品牌是中立的，都蕴含着文化因素。受众个人的道德、文化观念与产品、品牌的文化一致时，品牌信息较容易接受，反之则接受效果不佳。

二、网络口碑营销传播

通过EBSCO数据库搜索，口碑广告研究的文章最早在1957年，罗伯特、布鲁克斯两位学者发表于美国《营销学刊》中。以"口碑广告"（Word of Mouth Advertising）作为关键词在EBSCO数据库搜索，发表在学术期刊的文章，1999年以前为73篇，2000—2004年为37篇，2005—2009年为110篇。2005—2009年是2000—2004年的近3倍。传统的口碑广告因网络及通信技术的发展而在当下显现出无限生机，对其研究也就成为热点。2009年口碑广告研究承袭口碑广告发展步伐的同时，主要涉及以下话题。

（一）从口碑广告到网络口碑、网络口碑营销传播的话语切换

口碑传播是最古老的传播方式，随着网络的发展，在西方广告学术研究中渐渐出现了网络口碑（Online Word of Mouth）、电子口碑（Electric Word of Mouth）、鼠碑（Word of Mouse）等新名词。但是在中国语境中经常出现的网络口碑营销（Internet Word of Mouth Marketing），在西方广告研究中很少见这个术语。本文采用网络口碑营销传播主要突显口碑广告在新媒体环境中功能的变化和作用的扩展。

（二）关注网络环境下的口碑传播特征和营销价值

网络口碑研究关注消费者在网络环境下，如何通过网络的各种传播技术

和平台，比如论坛、邮件列表、邮件、博客、视频、聊天等进行产品信息交流，以及企业如何运用网络口碑来传递产品信息、塑造品牌形象等。在《网络口碑传播平台如何影响消费者对产品评判》一文中，作者探讨了口碑传播的平台与消费者对所介绍商品的评判之间的关系，他指出，在其他条件相同的情况下，出现在个人博客的商品介绍信息比非个人评价网络平台或品牌网站上出现的商品评价信息更能促使消费者把该信息传给朋友。获得正面评价的商品，往往会有更多的消费者愿意将之推荐给朋友，但也有些消费者会不顾网络的负面评价，将商品推荐给朋友。

（三）广告与网络口碑传播的关系探讨

广告与口碑传播的关系探讨一直是口碑广告研究的一个重点，以往的口碑广告研究往往从延续广告传播效果视角加以关注。凯勒费伊集团（Keller Fay Group）发表在《广告研究》上的《广告在网络口碑中的作用》这份报告中，探讨了网络环境下，广告对网络口碑传播效果的关系。报告指出消费者网络口碑传播的内容有20%是谈论广告上的商品。当有广告支持时，网络口碑传播的效果就提升，消费者会更乐意推荐该商品给朋友。产品品类不同，广告对于网络口碑传播效果的支持性是不同的，根据凯勒费伊集团的这份报告，娱乐产品和服务广告对于网络口碑的支持性最强，达27%，其次是技术类的为26%，保健类产品或服务最小为15%。

（四）网络口碑传播的动因研究

传统的口碑广告研究主要运用传播学中意见领袖及人际网络的理论，来探讨消费者所处的人际网络，如何对起其购买决策和品牌忠诚产生影响。比如EBSCO数据库中搜索到的较早关于口碑广告的论文《口碑广告在销售新产品的运用》，作者罗伯特、布鲁克斯提出通过分析消费者所处的人际网络，寻找具有影响力的意见领袖来促进新产品的销售。随着网络发展进入Web2.0时代，网络的功能从单纯的信息分享转向人际交往，近年来Facebook等实名制社交网站的发展，可信度的增加使网络口碑更具营销价值，更多的学者运用人际网络和两级传播理论来探讨网络口碑传播的动因。在《社会影响模式与网络口碑》一文中，冈崎太郎假设人们进行网络口碑传播是满足自身的欲望（人体驱动因素）还是社会交往（群体驱动因素）将受到社会身份、动机（价值追求、社会发展和自我享受)、与生俱来对新奇的追求和意见领袖这四个因素的影响。通过调查发现相对于电脑上网者,手机上网者进行网络口碑传播的目的更倾向于社会交往、自身享受和社会身份的认知。

三、数字媒体与数字广告

数字媒体又被称作新媒体,佛罗里达州数字媒体产业协会"佛罗里达数字媒体联盟"将其定义为:"创造性地融合数字艺术、科学、技术用于人类的表达、沟通、社会交流和教育。"[①]数字媒体的出现,不仅增加了新媒体样式,还触及了电视、广播和报纸、杂志等传统媒介,消解了传统大众媒介各形态之间原有的界限,促使媒介"融合"也导致媒介"碎片化",与此同时也催生了数字广告的诞生。数字广告是指通过运用数字技术制作通过各种数字媒体渠道传输的广告,它的发展始终与数字媒体如影随形,相伴相随,因此西方广告学术界关于数字广告的研究,也始终与数据媒体紧密相连,并随着数字媒体的发展而发展,其所涉及的研究话题主要有:

(一)数字媒体环境下的广告运行新规律

史蒂芬·金在《数码时代广告发展框架》一文中指出,数字媒体赋予消费者是否、何时、何地、以何种方式接收信息的选择权,几乎无成本的信息发布权、传播权。从广告传播的角度,数字媒体的发展使企业与消费者之间信息博弈的天平由原来向企业一边倒,开始转向消费者,在这样的情境下,作者认为要重新确定广告发展的框架,即从以信息传播为目的转向以传递价值为要旨,传播方式转从打扰型转向植入型或涉入型。

2009年学者们延续了这个话题,但是研究不再停留在一个模糊的框架,就数字媒体环境下广告运行规律从广告战略、执行、管理等的各个层面进行更为深入和细化的探讨。最具代表性的是《广告研究》2009年夏季刊,以"经验性规律"为专题,刊登了23篇文章涉及了四个方面的话题:新媒体环境下广告战略制定的出发点、广告管理遵循的基本规则、洞察经济和营销计划发展变化的认识基准以及就未来广告研究的"议题指南"。

除此之外,《国际广告学刊》《广告研究》所刊文章多有涉及该话题,比如查

---

① Digital Media Alliance Florida, https://www.dmaflorida.org/dmaf/digital_media_is.html.

尔斯·阿·泰勒在《数字广告运行的六大规则》一文中指出,在进行数字广告运作时营销人员应注意:① 对消费者所关注的个人隐私和垃圾邮件保持高度敏感。② 消费者更愿意从他们信任的营销人员那里接受数字广告。③ 消费者对于那些与其有关产品的数字广告会更愿意接受并作出反馈。④ 整合互动的数字广告可能更为有效。⑤ 从内容角度,数字广告如果具有娱乐性,其成功概率会更高。⑥ 从长远来看,数字媒体广告对于建立品牌更有效。

(二)数字媒体广告与消费者接受态度

西方广告学术研究,尤其是美国具有很强的实证传统,对于这个话题研究,主要采取实证研究的路径居多。比如卡尔森·艾瑞克等的《消费者对互联网广告可信度测试》、琼·沃尔等的《移动媒体的使用及其对消费者态度的影响》、乔德利·胡马云·卡比尔等人的《一个实证研究:在新兴市场消费者对移动广告的态度》。

2009年西方学者们对该话题进行了细化,比如,程明荪(音译)等人撰写的《消费者态度与数字广告》一文中,首先将数字广告分为四个类别,为基于网络的E广告和邮件广告,以及基于手机的短信和彩信广告。调查设定了接受数字广告的三种态度模式,即"获取信息""娱乐"和"厌烦"。E广告和彩信更倾向是"获取信息"和"娱乐",但对于邮件广告和短信广告表现出更多的"厌烦"态度。

四、新媒体广告规制

与"数字媒体与数字广告"相呼应的是"新媒体广告规制"的话题。"规制"英文为Regulation,用来调节行业之内、行业之间、行业与社会之间利益与关系。在西方,以美国为例,广告规制主要来源于联邦、州管理机构和非政府部门机构,比如广告代理商协会,包括各种法律、法规和自律条文。媒体的数字化给广告运作规则带来全方位变化的同时,也促使整个广告行业的不断变革,广告规制的调整在所难免。当然这种调整是一个过程,在新媒体广告诞生之初即已开始。随着博客、微客、网络社区、即时聊天、手机等新媒体的发展,广告规制的研究面临着新的议题。

广告规制研究一直伴随技术、产业的发展而发展。传统的广告规制研究主要涉及三个方面:广告内容的分析是否有对消费者产生误导、迷惑和欺骗;

特殊商品的广告规制及其适用性研究，比如烟、酒、药品等；特殊群体的广告规制及其适用性研究，比如少年儿童。

《广告学刊》2009年冬季刊是已"广告规制"为专题，《营销沟通学刊》2008年4月这期以"企业自律"为专题，这两个专题正好与《广告研究》春季刊广告运作的"经验性规律"专题相呼应。这种"呼应"并非偶然，数字媒体，我们又称为新媒体的产生和发展，使整个媒介生态发生了转变。传统媒介在被数字化的过程中其媒介形态的界限不断模糊的同时，也同样波及广告产业。数字化的传统媒体和不断涌现的新媒体样式，促使广告产业运行规制不断刷新的同时，也消解着广告产业原有轮廓分明的边界。广告规制在日益复杂、不断创新的广告运作中，问题百出，同样广告规制研究也不断挑战着学者们的知识结构和研究视野。正如赫伯特和查尔斯所言，新媒体广告规制的研究具有"跨学科、泛学科、多学科"[①]的特征。

新媒体广告规制研究所涉及的话题分三个部分。

1. 新媒体环境使原有研究话题具有了新的研究内涵和价值

比如传统广告规制研究所涉及的三个方向：广告内容规制以及特殊商品、特殊群体的广告规制，在新媒体环境下，广告信息内容的样式不再像大众传媒时代那么简单，平面或电波，而是极其丰富，如：旗帜广告、关键词广告、超链接、短信、彩信等，如何对其内容进行规制，是学者们面临的新课题。由于新媒体环境下，广告信息传播方式的多样性，比如：直复营销、企业网站、网络口碑传播等，使得对特殊商品的原有规制形同虚设。由于广告信息传播和获取的便利性，比如手机短信和彩信，网络信息搜索，因而特殊群体，比如少年儿童，有些广告信息的规避规制执行面临难题。安东尼等在《企业自律及对十岁前儿童网络隐私的保护措施》一文中指出，尽管美国联邦贸易委员会（FTC）已经要求企业采取如风险提示、警示和屏蔽等手段限制儿童敏感信息在网上披露，但通过调查研究，他们发现这些保障措施的有效性是值得怀疑的，政策制定者、企业、广告营销人员、家长和学校都应对这些问题引起关注。

2. 传统广告运作方式运用于新媒体产生的规制问题

比如：植入式广告。这是一种传统的广告运作方式，上文已作介绍，但是

[①] Herbert Jack Rotfeld, Charles R. Taylor. the advertising regulation and self-regulation issues ripped from the headlines with(sometimes missed) opportunities for disciplined multidisciplinary research. Journal of Advertising, Winter2009, Vol. 38 Issue 4, pp.5 – 14, 10.

当越来越多的广告信息植入博客、论坛、即时聊天、网络社区之中时，商业利益与社会诚信的冲突在所难免。如何进行规制，不仅是政府、行业协会的职责，也是学者们需关注的话题。伍德·道格拉斯在《2010年广告面临的法律问题预测》一文中所列广告面临的法律问题，"植入式广告"便首当其冲。根据西格尔·保罗在《植入式广告与法规》一文中的陈述，目前美国政府还未对植入式广告做出专门的法律、法规的限制，但是越来越多介质中植入式广告的出现，正在引起民众的关注，消费者保护的激进派主张禁止广告植入，或者必须披露广告植入的信息。

3. 不断出现的新媒体样式带来的广告规制研究的新话题

比如：数据库营销、邮件广告等。网络技术能够通过邮件、注册等方式获取消费者个人信息，利用这些个人信息进行广告信息的发送，引发保护消费者的隐私议题。而在《广告与消费者隐私》一文中，贾斯汀·拉普指出，在新媒介环境中要保护消费者隐私，涉及三个方面，即消费者自身要提高保护意识、行业自律和政府监管，缺一不可。在《消费者的隐私关注度与广告规制监管力度》一文中，石原慎太郎等学者通过调查日本手机消费者后指出，关于保护消费者隐私，广告规制的监管力度要参考消费者对隐私的关注度。

比如关键词搜索广告、微博、博客、网络社区等引发的商标权、著作权等知识产权的问题。但是关于这方面的研究，可能囿于广告规制在广告学研究的范畴的惯性或称知识局限，在本文所列的6本西方广告学刊物中不多见，通过搜索EBSCO数据库，更多见于《国际知识产权管理学刊》（*International Journal of Intellectual Property Management*）、《法律与经济国际评论》（*International Review of Law and Economics*）、《经济与商业评论》（*Economic and Business Review*）、《消费者事务学刊》（*Journal of Consumer Affairs*）、《经济规制学刊》（*Journal of Regulatory Economics*）、《商业学刊》（*Journal of Busine*）等刊物。这也印证了新媒体广告规制研究具有的跨学科特征。

五、跨媒体的广告效果

广告效果研究一直是广告学研究一个极为重要的部分，一方面是产业发展的需要，另一方面广告作为一种信息传播的方式，从传播学角度，效果研究也是其重要部分。就某种意义上而言，正是因为广告效果测定模式和方法的出现,使得广告突破了"叫卖"的角色而成为一门科学。广告效果研究从广义而言,应该涉及三个层面:广告经济效果、广告接受效果和广告社会效果。在西方广告学术研究的语境中,广告效果研究,其范围主要指广告接受效果的研究。广告经济效果则纳入了产业经济的研究范畴,而广告社会效果则主要从广告伦理道德和广告规制的角度来探讨。因此本节的"广告效果"取其"狭义",而非"广义",即指受众接触广告信息后产生的反应,包括心理和行为两类,也有学者将之分为:认知效果、态度效果和行为效果。[①]

传统的广告效果研究主要涉及四个方面。

(1) 广告效果模式研究。比如 Elmo Lewis 的 AIDA(注意-兴起-欲望-行动)模型、Colley 的 DAGMAG(Defining Advertising Goals for Measured Aedvertising)模型等、Macknezie 等的 DMMAR(Dual Mediation Model of Advertising Response)、Delghton 的二阶段说服模型等。

(2) 影响广告效果的因素研究。主要运用消费行为理论,把广告效果的产生与消费过程、消费者的社会、文化等因素相联系来探讨。

(3) 特定媒体,比如电视媒体、报纸媒体、网络媒体等;特定目标市场,比如儿童市场、女性市场等;特定的广告传播方式,比如植入式广告、网络口碑传播等广告效果研究。

(4) 广告作品效果研究,主要研究受众对广告的诉求方式、诉求内容等广告作品表达方式和内容的反应。

2009 年广告效果研究的方向并没有太多的变化,但话题则大量触及新媒体及新广告运作方式的效果研究,比如《在线参与与广告效果关系的实证研究》《网络广告战略的影响:消费目标导向和消费参与导向广告效果比较》《网络噪音如何影响广告效果?》《网络互动富媒体广告的创意与效果》《手机广告在印度尼西亚市场的效果》。

2009 年广告效果研究最为引人关注的是跨媒体广告效果的研究。广告效果研究话题的切换,与新媒体发展和广告运作方式的转变是一脉相承的,由于媒体的碎片化,单一的传播工具很难达到广告的预期效果,同时网络、手机等新媒体对消费者,尤其是年轻一代强大的渗透力和影响力,广告跨媒体,尤其

---

① Batra, Rajeev, Stayman, Douglas M. The role of mood in advertising effectiveness Journal of Consumer Research September 1990, Volume 17 Issue 2, pp.203 – 14.

是传统媒体、新媒体以及营销活动等的整合运用，即整合营销传播成为目前广告运作的主流模式，因此无论是广告运作的实际还是广告学的本身发展，对这一话题的研究必然都有强烈的诉求。

刊于《广告研究》的《在线广告与印刷广告的整合效果》一文，作者使用"品牌回想"作为在线广告和印刷广告，主要是报纸广告的效果测定标准，可能是调查样本的局限，调查数据显示在线广告与报纸广告的效果没有明显的差别，同时研究假设在广告预算相同的情况下，两者整合运用比两种媒体单独运用的效果更好，这个假设也没有得到调查数据的支持。但通过调查研究，证实了一个事实，即越来越多企业在同时使用传统媒体和新媒体，媒介的整合运用是大势所趋。

刊于《国际广告学刊》的《在传统媒体、PC互联和移动互联之间的媒体替代强化效果》一文，作者运用生物生态学中的生态位理论来解释传统媒体之间的竞争和共存现象。通过分析各种变量的结构性关系，来明确媒体替代现象产生的前因后果。研究在日本执行，样本为日本国内的普通消费者。研究发现PC互联和移动互联对于传统媒体都具有媒介替代性。但是当涉及高卷入商品时，PC互联对于移动互联媒体具有很强的替代性。这一研究还证实了跨媒体的广告活动的必要性。

除此之外，《不同媒体之间的广告效果：互联网和电视广告的效果比较》《文本与多媒体广告信息的感知效果比较》《一般广告与非广告营销活动效果评估：纽约州牛奶市场实例分析》等文章，尽管不是刊于所选的6本杂志，但这些文章从各自的角度对跨媒体的广告效果这一话题进行了探索。

总之，从目前研究成果看，广告效果的跨媒体研究主要侧重于新媒体和传统媒体的效果比较研究，并且通过新媒体和传播媒体的效果比较，试图探寻一种统一的、跨媒体的效果衡量和测定标准或模式的同时，在探索各种媒体的整合运用的理论分析模型和实践操作方式。

六、个体化的消费者

消费者研究，主要分为消费行为和认知两大类。前者主要通过对信息获得和反应时的测量来考察消费决策。后者通常通过对认知反应和回忆的测量来对认知过程加以研究。从广告运作的角度，消费者研究与广告战略、广告效果密切相关，因此对其研究有商业性的应用研究和学术性的理论研究。本节主要描述学术研究的成果和发展脉络。

从广告学的范畴，对消费者研究主要涉及的话题是：消费者购买决策研究，包括个人及家庭购买决策过程、决策模式及影响因素分析；消费者认知研究，包括态度、记忆、说服等形成或实现的规范成分和机理，比如多归因态度模型和理智行为理论等；顾客价值研究，比如戴瑟摩尔的顾客感知价值理论；特定群体的消费行为研究，比如女性市场、儿童市场和老年市场等；具体行业消费现象研究，比如旅游、金融业及电信等。

根据西蒙森[1]等学者对消费者研究核心刊物所刊登文章的统计，注意、感知、认知、记忆、说服等认知领域的研究文章在下降，而消费体验、顾客参与、顾客价值的研究在增加。2009年，在承袭原有消费者研究轨迹的同时，在以下三个方面体现着话题研究的"冷""热"变化趋势。

(一) 从细分市场、超市场细分到反市场细分的话题切换

现代广告是工业革命的产物，规模生产需要规模的信息传播，从而促进规模消费，即大众消费。从传播的角度，消费者被称为大众。大众不仅是量的概念，更是一个质的概念——抽象、概括而模糊。20世纪50年代，细分市场理论出现，大众成为分众，通过地理区域、人口统计、心理、行为等细分变量，使分众有了较为明确的界限。随着网络、信息技术的发展，信息的获取和传播成本大大降低，企业掌握消费者动态信息成本下降，网络消费甚至可以进行实时跟踪，超市场细分理论在20世纪90年代跟消费者定制、一对一营销成为营销新理论而备受关注。在西方广告学术研究语境中没有"超细分市场"的表述，而是用了"Niche"，翻译成中文为"利基"。比如阿科特尔·赛义德等撰写的《利基市场的边界：价格价值衡量、消费行为和市场营销策略》、弗里德曼·赫尔希等的《一种新型营销：运用共鸣营销创建微型利基市场》，都详述了利基市场在营销中的运用。受制于企业营销成本与经营利润的压力，反市场细分理论开始盛行，反市场细分理论的核心是"聚合"，并不是"分隔"，前提是对作为个体化的消费者的了解和洞悉，以及在新媒体生态中一切的"碎片化"，比如媒

---

[1] Simonson I, Carmon Z, Dhar R, et al. Consumer research: in search of identity. Annual Review of Psychology, 2001, pp.249-275.

体的碎片化、广告效果的碎片化，消费的碎片化，甚至是自我的碎片化。

（二）从消费者理性假设前提研究转向个体的体验研究

传统的消费者研究是以消费者是理性的为假设前提。随着体验经济的发展，消费者的体验研究，成为消费者研究尤其消费者购买决策研究新的突破方向。在《情绪标度对消费者选择的影响》一文中，布莱尔·凯德维尔等学者做了消费者进行食品选择的实验。他们把情感标度分为：情感能力又称情商和情感型自信。研究者认为，人的自信由两部分组成：有建立在认知基础上，有的来自其情绪。学者们发现具有情感自信等情绪标度的消费者选择的食品品质更高。消费者购买决策过程中，情感标度较之认知能力作用更大。

随着网络的发展，消费体验的研究进一步扩展至网络消费体验研究。布鲁斯·温伯格通过自己 7 天每天 24 小时的购买体验，对网络消费者的行为作了较为深入的探讨。在《消费者网络消费体验探究》一文中，他总结了网络消费的行为模式，相较于线下购物，网络消费过程中消费者更具有控制权，比如对购买时间、地点的选择，同时网络购物，存在着买者与卖者的角色转化性。但是布鲁斯·温伯格通过对拒绝网络购买者的调查发现，传统购物体验已经成为人们生活及其文化的一个组成部分，购物过程是一个及其复杂的体验过程，总之人们是用"五官"来购物的，因此线上购物经营者除了通过提供明确的信息，消除消费者购买过程中的不确定性之外，还要运用各种技术手段为消费者创造具有价值感的线上购物体验。

（三）消费者介入研究

"介入"的话题引人关注的原因与消费体验相同，是由于传播技术变革与体验经济发展。在 20 世纪 70 年代，阿尔文·托夫勒在《未来的冲击》一书中就提出"产消者"的概念，并预言在网络时代，生产者和消费者之间的传统界限将变得模糊，消费者正由被动的接受者转变为主动参与的生产者，并且他们为兴趣而生产。网络的发展，他的预言已成为现实，消费者不仅介入生产，在营销过程中也越来越处于主动地位。消费者已不再是被动的受众，而是深深地介入到整个广告、营销活动之中，甚至承担起广告、营销信息制作者、传播者的角色。

广告研究基金会与美国广告主协会和美国广告代理协会在 2006 年 RE-

THINK年会上共同发布的一份研究报告①中,将消费者"介入"界定为三个层次:消费者的媒体介入、消费者广告创意的介入和消费者的品牌介入。关于介入的研究从广告学角度,除了以上三个方面的介入,还涉及事件营销、活动赞助、娱乐节目或场景等。近年来的研究成果更多是关于各种网络媒体的介入,比如《促进消费者介入虚拟品牌社区:品牌战略的新范式》《消费者对产品广告与企业广告介入的路径比较》等论文都引入了网络的背景,来探讨介入问题。

七、国际视野中的广告

在全球化渗透到社会、经济和文化的各个层面,广告传播国际化、全球化步伐不断迈进的背景下,国际广告研究的重要性就不言而喻。国际广告研究路径主要有:一是广告的跨文化研究,主要涉及的话题有广告本文的跨文化解读、广告创意视觉表达的跨文化阐释、国际广告的跨文化比较。另外是广告的国际化运作研究,涉及广告的决策研究和广告的质性研究,主要的话题有广告创意战略的国际化标准化或本土化的选择和平衡、媒体国际化运作,国际广告受众信息接受方式和国际广告效果研究。

2009年其研究路径并没有太多的变化,根据所选6本西方广告学术刊物所刊16篇文章可以看到,研究的视野和话题则有所变化和拓展。

(一)研究视野突破西方局限向亚太拓展

传统西方广告研究的视野一直局限于西方等发达国家。鲍伦斯基、迈克尔在《全球化的包容:西方五本主流广告学刊作者分析》一文,对1997—2007年《广告学刊》等5本广告研究刊物文章作者的国籍进行了统计分析,发现尽管杂志从出版角度在不断国际化、全球化,发行的国家和地区越来越多,但是刊物的作者却大多是西方学者,尤其美国学者。他十分尖锐地指出,这就使"非美"的话题得不到关注,从某种意义上讲,这就使西方学者控制了学术研究的话语权。

这种局限随着亚洲经济的发展,特别是金融危机,亚太的作用尤其中国经

---

① Engagement:Definitions and Anatomy, https://www.thearf.org/research/whitepapers.html..

济对全球经济复苏所起的作用而发生着变化。《广告研究》在2008年冬季刊有一个"中国的专题",话题涉及中国网络市场及其发展潜力、中国的数字营销发展、建立在个人主义价值观基础上西方营销理论在倡导集体主义理念的中国的适用性、某些广告表达方式的接受度、中国语言与广告等方面。《国际广告学刊》2009年第一期出了一个"东亚的专题",所刊登文章的作者主要是中国、日本和韩国的学者。这些文章选自2008年在上海召开的"全球营销研讨会"所提交的论文,来自世界各地的600多位学者参加了这一盛会。这种学术研究视野的拓展,不仅反映在学术期刊,而且也可从西方学术研究会的年会拓展至亚洲召开看出来。比如2009年5月27日至30日,在北京召开,由美国广告学术研究会、中国传媒大学、中国商务广告协会联合主办的"广告发展与广告教育国际研讨会暨美国广告学术研究会2009亚太年会"。

(二)研究话题向新媒体领域延伸

新媒体的渗透力是极大的。在国际广告研究领域,学者们的研究话题并不单纯以国际化、全球化为研究的底色,而是加入了新媒体的研究背景。比如《跨文化的网络广告》《无线中国:世界最大网络人口的力量》《公司环境公民身份的网络沟通:一项对新西兰电气销售公司的调查》。

(三)国际广告规制话题的出现

原有的国际广告研究很少涉及规制话题,但在2009年西方广告主流学术期刊中,开始出现相关的研究。从目前看,学者主要采用比较研究的方法,来探讨各国之间规制的差异,比如《跨文化的规制清单》,作者通过比较美国和乌克兰杂志酒类广告规制,以及酒在各自国家公民生活的地位和作用,从而推断,广告规制往往受制于文化的影响。学者们似乎没有试图去探讨全球的层面,对国际广告的运作建立一个基准规制。

总之,2009年西方广告学术研究最为明显的特征是,在新媒体、金融危机和全球化的影响下,西方广告学术研究的话题与话语在发生着变化和切换,"植入式广告""口碑传播"在新媒体环境中具有新的话题价值,"数字媒体和数字广告"的发展促使"新媒体广告规制"成为必然的诉求,同时也促使"广告效果""消费者"和"国际广告"等广告研究领域,迸发出更多新的话题。

第三节 数位汇流下的广告研究

数位汇流(Digital Convergence)促使整个广告产业生态的变革,这种变革映射在学术研究上,则构成了2010年度西方广告学术研究重要的背景因素。检视这一年来西方广告学术研究的成果,无论是观点的创新和方法的突破,无不体现出这一背景因素所具有的渗透力。媒体的数字化和数位汇流是一个过程,它并不是在本年度才成为广告研究的背景因素。从20世纪90年代互联网商业化发展以来,数位汇流就一直深刻地影响着广告产业也同时影响着广告学发展。将其作为重要的背景因素,是为了凸显本年度研究成果与其的关联性。学术研究与产业发展现实之间往往存在着时间的后置性和空间的距离感,唯有如此,方能显现学术研究的客观性和深刻性。2010年度的西方广告学术成果反映出数位汇流不仅影响到广告学术研究的内容,而且导致研究路径和方法的创新。

本节选取了6种具有主导性的西方广告学术研究刊物:《广告学刊》(*Journal of Advertising*)、《广告研究》(*Journal of Advertising Research*)、《广告当前问题研究》(*Journal of Current Issues and Research in Advertising*)、《国际广告学刊》(*International Journal of Advertising*)、《互动广告学刊》(*Journal of Interactive Advertising*)以及《营销沟通学刊》(*Journal of Marketing Communication*),在2009—2010年[①]间刊登的学术论文177篇,从广告效果研究、消费者研究、媒体研究、公益营销、营销传播和国际广告理论发展6个方面,介绍西方广告的学术研究成果和发展趋势。

一、广告效果研究:"数位要求"

广告效果研究一直是广告学研究最为重要的部分。2010年度在这一领域研究所涉及的内容无不折射出数位化及数位汇流所带来的影响,主要体现在以下三个方面。

---

① 所选刊物文章均来源于EBSCO的Academic Source Premier、Business Source Premier数据库,由于数据库所收文章的延后性,因此,本节所涉及学术论文为2009—2010年之间6份杂志所刊,选取的量以一年为限。

（一）传统媒体，尤其是电视数位化后其效果测定模式的变化

在《可测量的情绪：电视广告如何真正有效？》一文中，安科·克里斯蒂娜·米库、约瑟夫·T·普拉默两位学者指出："现在的广告主必须采用新的眼光看待其目标消费者，把他们视为既有情感又能思考的人。广告调查行业必须更多采纳新的测量技术来捕捉那些非语言和认知思维所不及的情感、潜意识、符号象征、品质感等。广告效果聚焦消费者的情绪反应，意味着广告主必须运用新的标准来制定广告目标。比如可能运用品牌在故事情节中的清晰度、与故事的融合度来，以及形象与象征物的使用等尺度作为广告效果的衡量标准。"他们认为，这一切将鼓励更多的"共同创意"，即消费者参与到广告创意。数字化改变了电视的特性。

（二）跨媒体广告效果测定模式的研究

数位汇流使跨媒体的广告运作成为必然。与以往侧重于新媒体和传统媒体的效果比较研究不同，2010年度的研究更着重于研究如何架构新的统一的、跨媒体的效果衡量和测定标准或模式。

菲佛·马库斯在《传统媒体可以提升新媒体？》一文中提出将"注册、激活、第一次购买、再次购买和成为回头客（Registration/Activation/First Sales/Repeat Sales/Win Back）"五个项目，作为测定效果的标杆，并且认为广告的效果检测模式应从销售角度来制订，"要建立一个全面而有效的框架，它要考虑各种对实际的销售产生影响的潜在因素"。

（三）新的广告效果评估路径

在《运用电视节目的忠诚度来降低电视广告回避率》一文中，丹·捷克·孟德等提供了一种进行广告效果研究的思路，那就是"即使消费者的媒体行为经常变化，在可预见的未来，绝大多数的人会同时使用因特网和电视，这对于营销者来说提供了新机会去接触消费者，扩大广告信息的影响力"。尤其在"评估一种新广告效应"时，他们坚信"搜索查询资料数据库可以帮助评估重要的电视广告效果"，同时"有助于了解消费者如何与电视和因特网互动的"。

丹·歇格曼德和雷斯·泰普则在《一个新的广告效果评估路径：通过电视广告在网络上的查询来检测其影响力》一文中，提供了一种新的检测广告效果的方法，即通过测量谷歌搜寻查询的变化来检测电视广告和赞助如何促发

消费者的网络搜索,从而衡量其广告效果。这种评估标准是对广告效果评估体系的补充,它实质是一种行为反应的测量。

二、消费者研究:路径的"转向"

消费者研究,主要分为消费行为和认知两大类。广告学范畴的消费者研究,消费行为研究主要涉及消费者购买决策及其影响因素研究;消费者认知研究涉及消费者态度、记忆、说服等形成或实现的机理分析。无论是消费行为研究还是消费者认知研究,原有的研究模式都有一个预设的前提:消费者是被动地接受信息。数位化、数位汇流使这个前提发生了变化,消费者在营销沟通系统中,不再是信息的被动接受者。消费者可以通过网络搜索信息、发布信息,这就必然导致在这一领域的研究思路和方法"转向",即从"询问"到"倾听"的转变"倾听"(listening)是《广告学刊》2010年第1期首篇文章的标题。作者认为,在广告主与消费者的信息博弈中,消费者变得日益强势,对广告主而言,了解有多少消费者接受广告信息并不重要,重要是要通过"倾听",去了解消费者的内心情感、真实需求和感受。

大卫·文胜·费尔德所撰写的《倾听的价值:听取来自 Snuggie 们的呼声》一文中介绍了新的研究消费者方式——基于倾听模式的调查研究法。该调查方式通过消费者发表在网上的内容,分析其本色表达(Unpromoted Expression),来研究消费者内心深处的情感、想法和真实的感受。专家们通过传统调查方式,即询问方式和基于倾听模式获取消费者的想法、意见等信息具有一致性,但并不相同。传统调查方式获得的是量化的结论,比如有多少人持有该观点,基于倾听模式的调查获得更多是故事,具体的内容细节。

在《图集的力量》一文中,作者提供了一个新的模式,运用手机地图服务系统可精确描述消费者在不同购买点的购买行为,比如各购物商场的停留时间,如何决定购买某件东西等。通过认真"倾听"消费者的购物经历,零售业者经营自己的商店会较以前更容易,因为只要根据这种模式,零售业者很容易预测消费者在某一产品销售点的表现。也就是商店经营者不需花费大量金钱去调查消费者的行为,通过这种模式,来了解消费者在其他商场的购物行为细节,从而做出合理、精确的营销决策。

"倾听是一门艺术也是一门科学",斯蒂芬·D·拉帕波特在《促使倾听发挥作用》一文总结了"倾听的方式"的 7 大效用:① 适合于各种规模的企业,从

B 2B 到 B 2C,从企业品牌的架构到传播;② 运用倾听方式,营销目标可确定为发现新顾客或形成顾客忠诚;③ 有助于品牌战略和战术的制定和执行,以及解决企业面临的各种棘手的、具有挑战性的问题;④ 有助于评估竞争者的风险;⑤ 有助于企业应对那些影响到企业品牌、声誉和顾客的公共话题;⑥ 在客户服务中扮演着重要的角色;⑦ 弥补了传统"提问方式"的不足,能更深入地了解营销的效果。

三、媒体研究:策略与效果并重

媒体研究涉及媒体生态、媒体特性、媒体策略、媒体效果和媒体执行等方面。2010年度的研究主要侧重于媒体策略和效果的研究,对于各种数字媒体的特性研究则不多,只是散见于其他研究主题中。

(一)媒体策略的研究

在这一研究主题中,主要涉及媒体策略制定的观念和策划模式的转变。

"在这个数字化的、互相连接的长尾世界中,我们需要异于以往的方式来制定媒体策略。媒体策略应该成为品牌创新和塑造过程的一个组成部分。"这是乔尔·鲁宾逊在《媒体:不再只是"过道"》一文中的观点。同时他又指出"媒体创新同样是品牌创新和品牌意义的来源"。

在《基于调查的目标精确定位电视媒体计划》一文中,亚历山大·史密斯、布雷特·博伊尔和休米农指出,在确定目标受众之前,我们先确定产品的使用者,然后再确定使用什么样的媒体把这些产品使用者聚集起来。这种"产品——媒体聚集"策划模式反映了产品和媒体使用者的消费动机和生活方式,并且不会随着时间或市场的改变而不适用。通过结合单一来源数据库和常规媒体数据库,媒体策划人员就能运用产品-媒体聚集策划模式来有效的媒体策划。

《新技术促使媒体组合更优化》作者安吉拉·瑞纳、吉奥迪·菲利普斯、赛门那·赫尔曼探讨了跨媒体策略中媒体预算的分配。文章指出在不同的信息载具中分配预算,要达到最优化的效果必须考虑3个因素:产品品类及其购买者,不同的媒体其发挥的传播影响力取决于为什么商品进行购买决策和谁来作出决策;协同效应,不同媒体载具并不是单独发挥作用,各种媒体载具发挥的传播作用是相互影响,具有协同效应;环境因素,经济因素和竞争者开展的活动是无法控制的,但这些会对品牌产生影响。他们还认为:媒体的有效配置,是每一位品牌经理工作的重要组成部分。"网络媒体在包装消费品营销中的作用似乎还未充分利用,重点分析不同媒体的功能并充分加以利用,可以使营销更富有成效,因为有时候,营销者需要在其预算内尽可能地接触更多目标消费者,而有时候则需要偏重于接触的有效性"。

(二) 媒体效果研究

崇云杰等三位学者向美国广告代理公司 104 位媒体总监作了调查,发现非在线的媒体购买还是按照传统的标准和指标,线上媒体购买种类繁多,其购买标准有定性的也有定量的。在《在数字广告时代到达率和频率的功能》一文中,他们建议:研发更为精确的统计媒体曝光度的模式是首先必须考虑的,但提高到达率和频率的统计精度,比如用"有效到达率"这样的尺度,用于日常媒体购买的评估标准也是必要的。他们研究发现,学界开发的一些媒体曝光度的新统计模型,尽管被证实更为准确,但并没有得到业内人士的青睐。

在《社群媒体测量:并非不可能》一文中,克瑞斯·莫道夫提供了完整的社群媒体的评估流程、评估框架和具体的测评标准。

克瑞斯·莫道夫的评估流程分为 5 个步骤:第一步"Concept",即明确任务和目标;第二步"Definition",即列出社群营销的战略大纲,洞察实现目标的最优方法;第三步"Design",即列举各种社群营销的手段,以及测量项目执行效果的可行的方法;第四步"Deployment",确保项目规范执行,并准确收集行为数据;第五步"Optimization",即综合分析社会营销的绩效驱动因素,为项目的进一步调整和完善确定可操作方案。该流程为非线性,是循环的过程。

评估的框架由"目标""任务"和"指标"构成。评估框架把"目标"分为与客户加深关系、从社区学习、激发购买意向。对应的"任务"分别是从社群媒体获得相当数量的受众,并鼓励他们与品牌互动;在互动中发现公共关注的主题;说服关注企业网站的内容、参与企业网站上的活动。对应的"指标"分别是提出主张、发表评论;把讨论话题分类、解码受众积极和消极的情绪;成为电子商务合作伙伴、引发到商品零售点去和下载商品介绍小册子。

具体的测评标准由"到达""讨论"和"结果"三部分构成。"到达"按照"质"和"量"进行测评,"讨论"按照"话题"和"情绪"进行测评,"结果"按照"网站流量"和"购买意向"进行测评。

四、公益营销研究：日渐兴盛

公益营销(Public Welfare Marketing)指以关心人的生存发展，社会进步为出发点，与公益组织合作，充分利用其权威性、公益性资源，搭建一个能让消费者认同的营销平台，促进市场销售的营销模式。[①]

公益营销早在20世纪80年代初，美国运通公司就开始使用这种营销方法。该公司在全国性的营销活动中将信用卡推广与公益事业相结合起来。营销活动结束，运通公司捐赠170万美元用于修复自由女神像。因而有学者认为"公益营销是规划、执行营销活动的过程，当顾客购买企业的产品或服务时，企业承诺将特定比例的收益捐赠给特定的公益项目，以实现组织与个人的目标"[②]。

菲利普·科特勒把公益营销概念扩大了，他认为企业的公益营销并非一定要与非营利组织有形式上的合作。企业的营销行为只要对非营利组织的目标有所贡献，都可视作是公益营销行为。并把公益营销分为四种类型[③]：企业主题推广，企业并没有和非营利组织合作，而是自行确定公益主题加以推广；联合主题推广，企业和非营利组织合作来推广某一主题；销售募款，借由消费者交易行为的达成，企业将营销中承诺的特定金额捐赠给非营利组织；授权，非营利组织将组织名称或标识授权给企业使用，以收取费用。

公益营销研究随着公益营销的广泛运用而日渐引起关注。从目前的文献看，公益营销的研究主要涉及公益营销的概念、公益营销的运作模式、公益营销的实例分析。2010年度的研究涉及公益营销，尽管篇目不多，但却可看到该研究领域的一些发展特点。

在《重要的是要认真》一文中，作者研究了广告公司参与的各种类型的公益计划，他发现近年来广告公司为帮助非营利性组织而进行的公益广告活动，不再仅是为了体现其社会责任感，而是把这些公益性的广告活动作为鼓舞士

---

① MBA智库百科，https：//wiki.mbalib.com/wiki/%E5%85%AC%E7%9B%8A%E8%90%A5%E9%94%80。

② Varadarajan, P. R. & Menon, A. Cause-Related Marketing: A Coalignment of Marketing Strategy and Corporate Philanthropy. Journal of Marketing, 1988(7): 58-74.

③ Kotler, P. & Zaltman, G. Social Marketing: An Approach to Planned Social Change. Journal of Marketing, 1971, 35(7): 3-12.

气、展示其创意实力、获取媒体曝光、提升公司形象和声誉的策略。作者进一步建言，广告公司要权衡利益，用最佳方式把公益项目整合进获得付费广告客户的营销计划之中。

《怀旧驱动捐助——慈善诉求的威力》一文中，作者进一步研究进行慈善营销运作的方式，认为，运用怀旧的情感诉求，通过促发其对过去的珍贵记忆，可促使人们踊跃捐助。

五、整合营销传播研究：显现新疆域

1993年，美国的唐·舒尔茨教授，最早提出"整合营销传播"这一概念。随后汤姆·邓肯和马尔恩把整合营销传播的概念拓展为一个营销沟通的战略框架，认为消费者与企业的任何接触点都会对品牌权益产生影响。贝趣提出了"接触点"的概念。他认为消费者对产品或品牌拥有的看法既来自营销者也来自与企业的接触，因此协调好消费者与营销者之间的沟通和接触点显得十分重要。整合营销传播理论在学者们的努力下不断地完善，并被广泛地传授，在过去的20余年中产生了巨大的影响。

数位化、数位汇流促使营销沟通的运作环境发生了巨大的变化，整合营销传播理论和它的研究者都面临着巨大的挑战。有人对整合营销传播的适用性提出疑义，新的问题不断出现同时，也显现出新的研究机会和新的研究疆域。从目前主要涉及的问题有以下四个方面。

（1）整合与协同的问题。数字化导致媒体融合的同时，也使媒体边界模糊，几乎所有的东西都可以成为信息传递的载体，包括产品或品牌的消费者本身。层出不穷的新媒体，数字化的传统媒体，过多的传播渠道和方式，使媒体碎片化，使整合沟通运作困难重重。如何协调运用新媒体、传统媒体以及各种促销活动，是整合营销传播面临的问题。致力于"协同效应的策划"，是营销人员所必须倾力而为的。

（2）传播效果的精确测算。广告界一直流传着一位美国商人的话：我知道我的广告费有一半是无效的，但是我不知道是哪一半。精确测算广告效果一直是广告业也是广告研究中的"软肋"，但是当新技术已经能够精确计算出新媒体广告效果时，人们开始关注于整合营销传播项目的投资回报。近年以来，学者们一直在致力于研究的课题是"整合营销传播项目的投资回报"。查尔斯·泰勒认为："整合营销传播项目的投资回报率（ROI）不能仅仅依靠数据测算,还可采用其他方法,比如促销活动就很难测量。"①

(3) 消费者营销沟通的地位改变。在《整合营销传播的演变:在以客户为导向的市场中》一文中,唐·舒尔茨和查尔斯·帕蒂指出,数字技术的发展,使消费者与广告主的营销博弈的天平发生变化,传统营销中消费者、受众是被动地接受信息。而数位化的营销环境,使消费者不再是被动的接受信息和产品,而是开始主动出击,客户关系管理(CRM)正演变成供应商关系管理(VRM),消费者通过网络寻找供应商并建立关系以满足自己的需求。

(4) 信息的有效性。传统营销沟通研究关注于信息的传递,以及消费者信息接收效果序列模型,比如 AIDA。安科·芬尼和克里斯汀·格罗鲁斯在《重新思考营销沟通:从整合营销传播到关系沟通》一文,则关注于研究消费者接受信息后意义的生成过程。文章介绍了"关系沟通(Relationship Communication)"的模型。该模型假设影响消费者意义生成的因素是:历史、未来、内部因素和外部因素。"历史"与"未来"是时间因素,是信息接收者所感知的与信息发送者过去与将来的关系;"内部因素"和"外部因素"是情景因素,是对信息接受者而言的"内部因素"和"外部因素"。营销沟通必须建立在消费者的感知基础上,并充分考虑这四个因素,进行信息集成(Message Integration),这样的沟通才有助于关系的建立。

面对数位汇流下营销沟通环境的变化,整合营销传播需研究的问题远不止于以上四个方面,唐·舒尔茨,这位整合营销传播理论主要创立者,也是该理论的坚守者提出,应该从整合营销传播的定义、品牌和品牌化、效果评估、媒体、营销理论、新兴市场、文化、教学与学习、国际视野这九个方面拓展整合营销传播研究。

六、国际广告研究:理论新发展

英国广告协会基于一种远见于 1980 年 1 月 1 日创办了《国际广告学刊》。但在 20 世纪 80 年代初,在广告研究领域最具代表性的学者,很长一段时间令人遗憾地缺乏在国际广告研究的理论建树,广告研究的著名学者几乎没有涉足这一领域。面对全球广告的实践发展,学界只是限于现象的描述而没有理论总结,全球广告研究的缺乏基于国际广告研究极少。

---

① Taylor, Charles R. Integrated Marketing ommunications in 2010 and Beyond. International Journal of Advertising,2010,29(2),pp.161-164.

20世纪90年代开始,全球广告研究有了新进展,《广告当前问题研究》也开始发表这方面的文章。1991年莫里亚蒂和邓肯发文阐述了他们的观点。他们认为,全球广告研究应该取得更大的进步,大量的研究不应该关注于全球标准化与本土适应性的争论,而是应该将全球性广告和本土广告视为一个延续的统一体。他们还呼吁要关注文化融合和冲突的研究,同样也要关注对全球性品牌的研究。在这一阶段,尽管在广告研究刊物都时有相关文章发表,但正如辛可汗指出的,非常多的国际广告研究停留在描述层面,内容的分析是这一阶段研究者唯一通常采用的方法。在提出研究存在的问题,指明未来研究的方向后,辛可汗却没有为以后的理论架构指明方向。随后,霍夫斯泰德·海尔特运用文化的尺度提供了研究国际广告的理论框架。事实上,霍夫斯泰德·海尔特提供的研究尺度是一个重要的突破。

进入21世纪,全球化、数位化等促发的营销环境的变化,使得这一领域同样面临许多新问题,尽管越来越多的学者投身于国际广告的研究,运用的研究方法和理论也极其多元化,但是泰勒仍然呼吁要建立一个更为强大的理论以应对各种广告问题。

除了继续运用文化的尺度来研究国际广告外,近年来国际广告研究领域的重大理论发展都集中在国际营销研究。相关创新理论主要有:全球营销战略理论、资源优势理论、全球消费文化理论和全球消费文化定位的创意理念。

全球营销战略理论就是研究如何进行跨国广告和促销。邹和卡维斯格尔提出了全球营销战略的八个方面:产品标准化,促销标准化,渠道标准化,定价标准化,营销活动的集中化,协调各项市场营销活动,参与全球市场,整合各项竞争活动。

资源优势理论认为广告的来源,比如国家、公司对广告效果会产生营销。这一洞见由格雷费斯等提出,现在已运用营销的很多方面。

全球消费文化理论的架构基础是一方面全球化使得消费者能够拥有相同的消费价值观念,另一方面确实存在细分化的全球性市场。该理论还可运用于国际品牌的研究,奥特拉斯认为,品牌全球化一方面是基于全球营销标准化、节约成本的需要,另一方面则是消费者认为品牌具有"全球化"特性是至关重要的。

全球消费文化定位的创意理念,运用该方法,使得广告更容易突破不同文化的隔阂,得以有效传播。运用全球消费文化定位的战略,品牌就是全球文化的符号象征。

第四节 数字环境中广告研究的变化与发展

尼葛洛庞帝的预言正在成为现实，个人、行业和社会，都在经历着"数字化生存"，广告领域也不例外。本节选取了世界顶级的三本广告学术刊物：《广告研究》（Journal of Advertising Research）、《广告学刊》（Journal of Advertising）、《国际广告学刊》（International Journal of Advertising），2013—2014 年中刊登的所有文章，共计 254 篇，其中《广告研究》为 112 篇、《广告学刊》为 62 篇、《国际广告学刊》为 80 篇，希望通过对广告研究的梳理，揭示在数字环境中，广告研究的变化图景。

那么数字技术究竟给广告带了什么，给广告研究带了什么，这些是三本杂志的编者、作者和读者所关注的，也是所有广告学者、广告业者所思考和探寻的，更是杂志所要呈现的。根据文章所涉及的话题和内容，数字化对广告的影响主要涉及三个层面，即运作，关系和生态。数字化的影响体现在广告研究也是三个层面，即经验总结、理念创新和理论突破。数字技术促发大量新型的沟通工具和方式，这就促使广告运作发生变化，比如自动推荐系统、网络视频广告、数字游戏广告、病毒营销、社交媒体广告、电子邮件广告等，有大量的文章就涉及这些新的沟通、运作方式和方法的经验总结。数字化促发的变化具有整体性，是整个广告生态的变化，必然触发广告系统各种元素及其之间关系的变化，比如"创意""消费者""广告媒介""广告主"，甚至广告代理商自身的角色，以及"创意"与"媒体"，"消费者"与"广告主"等的关系，分析、揭示和阐述这些变化，这就涉及理念创新，于是出现了大量的新术语，比如"Touchpoint""Digital Fingerprinting""Customized Communications""Digital natives""Neromarketing""Omni-Channel""Humetrics"。但是理论的突破，尚处在黎明前的黑夜。一方面数字全面侵入广告领域，带来了拉宾诺所谓的"新异性"[1]，给广告研究带来大量的新话题和"新机会"，另一方面，广告的"陈旧性"或称原有的惯性，使得广告的突破，尤其是理论的突破变得异常艰

---

[1] 参阅英二的博客：《什么是诸众？》，https://blog.artron.net/space.php?uid=143238&do=blog&id=764485。

难。"变与不变"这就是广告研究的现实图景,下文笔者将从定制化沟通、整体性理念与广告的全体验运作、广告的情景化植入、广告创意的新坐标、广告研究的机会与图景五个方面来做具体的"描绘"。

一、定制化沟通[①]

定制化沟通(Customized Communications 或 Customised Communications),主要涉及四个方面:定制化(Customisation)、个性化(Personalisation)、目标化(Targeting)和匹配化(Matching)。[②] 定制(Customisation),其核心就是通过个性化的信息来满足顾客独特的需求和爱好。这个概念最早是由丹·派帕斯和玛莎·罗格斯,于1993年在其合著的《一对一的未来》(*The One-To-One Future*)一书中提出。1997年著名营销大师菲利普·科特勒在《营销管理:分析、计划、执行、控制》一书的第九版引入了"定制化营销"的概念,并用了整整一章对其的具体实施做了详细的阐述。

随着信息数字技术的发展,"定制"的成本迅速下降,大规模的定制化沟通或称定制营销成为企业取得竞争优势的重要战略,并被越来越多的企业所采纳。与此同时,对于"定制沟通"的研究也成为广告及营销学,乃至传播学研究的热点。《国际广告学刊》在2013年的第4期组织了专题讨论,主编查尔斯·泰勒特意撰文介绍这个专题及其相关研究。关于定制沟通的研究主要涉及:

(一)定制化沟通的效果及其运行机制

定制化沟通效果的衡量主要涉及消费者对广告信息态度、对品牌的态度和消费者购买意向。马斯洛娃、史密斯和凡等学者的研究表明,定制化广告信息比普通的广告更有效,同时他们认为,沟通的效果不仅取决于信息内容,同时还取决于消费者对信息的投入程度、消费者感知的信息关联度、信息所体现喜好度以及所引发的怀疑态度。同时在全球化的背景下,定制化沟通还必须考虑信息接收者所处的文化,学者们的研究表明在有着长期促销、广告历史的

---

① Precourt G. What We Know About Advertising. Journal of Advertising Research, 2013, 53(2): 121 – 122.
② Maslowska E, Smit E G, Den Putte B V, et al. Assessing the cross-cultural applicability of tailored advertising — A comparative study between the Netherlands and Poland. International Journal of Advertising, 2013, 32(4): 487 – 511.

市场中,消费者对定制广告体现出更多的警觉,而广告、促销在市场中存在历史相对短的,则相反。《代际状态对政治信息中语言量身定制的影响》一文,通过奥巴马总统选举的例子的分析,指出了不同的年龄段,不同的种族对信息定制的影响。

(二)数字技术与定制化沟通实现方式

定制化沟通方式涉及信息个性化设计和信息的个性化接触或传递,但无论是信息定制还是接触点定制,都涉及对消费者研究,这也是广告研究历来的老话题,只是在数字背景下,拓展了新的研究空间。在《数字指纹和身份验证对数据库质量的影响》一文中,贤居正雅和蒟蒻增二介绍了运用数字指纹技术,精确地验证消费者的身份,最大限度地降低数据库中消费者的重复率,提高消费者调查研究的质量。定制化沟通方式有许多,比如电子邮件、手机短信等,目前电子商务非常盛行网站自动推荐系统,据统计,17%到19.2%的收益来自该系统。在《消费者对网站自动推荐系统推荐动机的推断影响其对网站的态度》一文中,研究者的结论是,当消费者推断自动推荐系统是为了服务顾客而进行的推荐,态度是积极的;如果消费者认为系统自动推荐是为企业服务的,就会产生负面影响,因此我们在进行自动推荐系统设计时,一定要从服务顾客的角度去考虑,并设计具体的沟通方式、内容以及内容的呈现方式。

(三)定制化沟通面临的问题

从微观的角度,定制化沟通面临的问题是消费者隐私的保护。定制化沟通是建立在高质量、精细化的消费者数据库基础之上,如何平衡保护消费者隐私和信息定制所涉及的相关性、个性化和匹配性,这是定制化沟通实施者所要面对的问题。美国已经制定了法律,数据库收集者必须让消费者了解自己的个人信息被收集的过程,并要求其设定消费者可以选择拒绝、退出的机制[①]。在《广告在看着我:对拟人化与定制相互作用的探讨》一文中,马丽娜等研究者表明,定制化沟通中,定制信息要体现出人性化,但这需要从消费者那里获得更多的个人信息甚至敏感信息,在具体操作过程要做到保护消费者个人隐

---

① 参阅美国联邦贸易委员会发布的《互联网广告和营销规则指南》,https://www.sbaonline.sba.gov/idc/groups/public/documents/sba_homepage/serv_ecom_1.pdf。

私与数据库精确度之间的平衡,否则会引起消费者的反感,效果适得其反。

从宏观角度,信息定制沟通过信息过滤和筛选技术,可以帮助用户建立一个定制化的信息圈,同时又通过具体的强关联性、极具个性化的定制信息,激活,甚至强化某一个体、某一群体的文化意识,从而降低"社会黏性""社会认同"①。对于这方面的研究,囿于学科的限制,本节所选择的三本广告研究的杂志,主要涉及定制沟通中文化因素的影响以及在具体定制信息设计中如何通过语言和文字来加以体现,实现沟通效果的最大化。

二、整体性理念与广告的全体验运作

随着数字的"侵入",整个广告生态已经演变成一个"开放的复杂系统"②。在本节选取的三大杂志文章中,透过纷繁精彩的话题,我们看到广告的脉络中,正体现出一种"整体性"的理念或称之为整体性思维。整体性思维是指"从整体的角度去看待事物,并关注于事物之间的关系,在此基础上解释并预测事物发展的方向"③。与之相对应的是分析性思维,就是"通过具体的对象推断其特征,并将之分门别类,分析和预测事物的发展"④。从社会传统与文化,东方更倾向于整体性思维,而西方则更多运用分析性思维。现代广告理论大都源自西方经验,因此更多体现的是"分析性思维",随着数字技术的发展,尤其是近来多屏整合、数据融合和拼接技术出现,"整体性"思维不仅体现在广告的运作之中,也体现在广告研究之中。据此我们对本节所选文章所蕴含的"整体性"理念进行了一番梳理。

(一)消费者研究的整体性视角

数字化促成利基市场的形成,同时也造就了全球性市场,因此对消费者研究的整体性视角主要涉及两个方面,全球化背景的消费者研究与个体消费者在一个全媒体、全渠道、全销售环境下的消费行为研究。《在整体性思维和分析性思维文化中全球消费者定位的比较研究》一文中,作者详细阐述了三个新

---

① Cass R. Sunstein. Republic.com 2.0. Princeton University Press 2009.8.17.
② 戴汝为等:《开放复杂智能系统:基础、概念、分析、设计与实施》,人民邮电出版社,2008年。
③ OKAZAKI, SHINTARO; MUELLER, BARBARA; DIEHL, SANDRA. Comparing Global Consumer Positioning In Holistic- and Analytic-Thinking Cultures. Journal of Advertising Research. Sep.2013, 53(3),pp.258-272.
④ 同上。

概念"全球化消费者定位""全球化消费者""全球化消费文化"。这三个概念体现的就是"整体性"理念。全球化消费者并不是美国、加拿大、日本等国家的消费者特征的简单相加；全球化消费文化，也非各地域消费文化的相加，无论是全球化消费者还是全球化消费文化，在从地域性市场转化为全球性市场过程中，已演变成为一个新的系统，获得了新的特征和功能。[①]因此在进行全球化消费者定位时，从整体性出发，考虑全球化消费者的特征，并关注全球化消费者与整个全球广告运行环境之间的关系。《全渠道销售：消费者购买路径研究》一文中，数字技术所形成的全媒体销售系统，具有超市、便利店等完全不同的特征，它随时、随地，并具有社会交往功能，系统的自动推荐和朋友圈的口碑传播，使得消费者的决策方式和购买路径发生了全新的变化。

（二）媒体策划的全媒体概念

数字技术在广告生态系统中触动的第一块"多米诺"骨牌就是媒体，不断涌现的媒体新形态，使得整个广告媒体的系统较之大众媒体时代极其繁杂：从新媒体到传统媒体，从软件媒体到终端媒体，从产品设计到生产、流通和销售，就品牌的"接触点"而言，都具有媒体性质，因此广告媒体策划不再局限于我们通常意义上的媒体，比如电视、广播、报纸、杂志、网络等，而是要具有全媒体概念。《提高品牌回想率的经验总结：计算自有媒体、免费媒体和付费媒体的接触点》一文中，介绍了实力传播的接触点投资回报率跟踪系统。这一研究通过"自由媒体""免费媒体"和"付费媒体"这三个概念的运用，定义了一个新的媒体系统，从而通过"接触点"，整体性地探讨品牌在这个系统中的传播效果。在《通过消费者线上搜索行为看多渠道营销的效果：多点接触的威力》一文中，品牌接触点的系统构成，除了我们平常定义的媒体，还包括流通渠道、销售。这个系统究其实质是一个全媒体的系统，品牌的传播效果并非一个个接触点的相加，而是整体性的体验。

（三）广告运作的全体验理念

随着广告的数字化发展，伴随着"全渠道"（Omni-channel）、"多渠道"（Multi-channel）、"跨媒体"（Cross-media）、"多媒体"（Multi-media）、"跨平台"

[①] 维纳：《人有人的用处：控制论与社会》，陈步编译，北京大学出版社，2010年。

(Cross-platform)等词汇的出现,"整合"(Intergrate)、"协同作用"(Synergy)、"同步"(Sync)、"叠合"(Congruence)和"混合"(Mixes)等也越来越频繁地出现在广告的研究文献中,从本节所选的文章看,无论是全渠道还是跨平台,所涉及的接触点不仅仅是传统媒体和网络、社交、移动媒体等新媒体,还有体育赛事等各种活动和销售渠道,整合涉及的"不仅仅是各种信息的输出终端,比如电视、广播、个人电脑等,还涉及在各种媒体上信息呈现方式,比如视频、音频和网站等,根据研究,在广告运作中,后者整合更重要,对营销沟通的效果影响更直接。"[1]从广告效果看,整合并不是一个个接触点的相加,而是品牌的全体验。从消费者搜索信息、接触点的各种媒体,到下单、购买,以及购买后的分享,每一个接触点,是整个品牌体验链的一个结点,因此在进行广告的整合运作时,其效果的设定要从全体验的理念来进行。广告效果的具体测定,在《数字度量标准指南》一文中,除了介绍197种数字度量的标准外,还生造了一个词汇"Humetrics"指出数字度量应采用"人性化"的度量理念。

三、广告的情景化植入

植入式广告是一种很古老的广告形式,存在已有百年之余,它的产业化发展起始于二战以后,电视媒体的兴起。到了20世纪80年代,随着好莱坞商业模式的成功,电影植入式广告风生水起。21世纪以来,数字媒体的发展,植入式广告迎来了第三波的发展浪潮,从本节所选2013—2014年的文章来看,植入式广告研究主要涉植入的媒体或情景的选择、植入内容设计及其效果的研究,近年凸显对植入式游戏广告的研究,《广告学刊》把2013年第2、3期合并,出了游戏植入广告研究的专辑。《国际广告学刊》总编查尔斯·泰勒在《广告研究的热门话题》[2]一文中,就将广告游戏列为当今广告研究的热点之一。

(一) 广告的情景化植入研究

广告植入的情景化(在《在竞争干扰下娱乐媒体品牌植入的效果》一文中,

---

[1] Varan D, Murphy J, Hofacker C F, et al. What Works Best When Combining Television Sets, PCs, Tablets, or Mobile Phones?: How Synergies Across Devices Result From Cross-Device Effects and Cross-Format Synergies. Journal of Advertising Research, 2013, 53(2): 212-220.

[2] Taylor, Charles R. Hot topics in advertising research. International Journal of Advertising. 2013, 32(1), pp.7-12.

作者称之为"娱乐媒体"），并非只是发生在2013年和2014年，而是由来已久，是广告植入泛化的结果。从目前的研究看，数字化，给广告植入提供了更多的情景选择，各种网络电视、社交媒体线上线下自助或互动的娱乐活动，以及各种游戏（包括电视、计算机、手机、社交媒体、网络等游戏）。与传统媒介不同，情景媒介为负载其上的植入式广告提供的不仅仅是一个简单的信息传输中介物，而是提供了一个现实影像的符号系统，植入式广告则融入媒介符号系统之中，成为其组成部分，其信息的架构过程，并不独立于"娱乐媒介"系统，而是成为媒介符号系统的组成部分，因此它颠覆了广告原有的运作模式。

（二）情景化植入广告的效果研究

数字时代，0和1的符码组成特质，在碎片化的表象下，媒介本身具有融合性和一致性的内在性需求，娱乐媒介也如此。在植入式广告效果测定时，各种具体信息传播介质的植入效果测定，尽管不能完全适应一个标准，但总体的效果测定和研究，要具有一致性。同时情景化植入广告要取得良好的效果，广告植入还必须注意与游戏情景及品牌战略的一致性。在《你得到娱乐了吗？品牌整合与品牌经验对电视相关植入游戏广告效果的影响》一文中，作者就谈到游戏植入式广告设计中考虑品牌的整体性策略以及消费者的品牌经验，并要与之保持一致性和协同性，否则会产生负面效应。当然植入式广告游戏也必须注意平衡其娱乐性和销售促进的职能，否则也难以达成预期的效果。

（三）数字游戏广告研究

数字游戏广告是近期广告研究的一大热点，在本节所选取的三本杂志中27篇研究植入式广告的论文中就有24篇直接探讨数字游戏广告。对于数字游戏广告研究首先涉及定义，拉尔夫和迈克尔将数字游戏广告分为三种形态：游戏植入式广告，相当于电影中的植入式广告，游戏的目的是让玩家娱乐；广告游戏，其游戏设计的目的就是为了推广品牌、产品、服务或理念；社会网络游戏广告，尽管也是把品牌、产品植入于游戏中，但网络游戏并非单纯娱乐，更重要的是社会交往和自我认同，比如建立朋友圈、生意圈，以及角色扮演，逃避现实等。其次是分析框架和研究领域。在《游戏化的广告：游戏中的广告、广告化的游戏和社会网络游戏广告的分析和研究方向》一文中，作者总结了数字游戏广告的一个分析框架。对于数字游戏广告的研究，他们认为主要涉及数字游戏广告运行规则,游戏玩家对数字游戏广告的反应和最终的行为呈现,同时玩家的反应又受到个人因素和社会因素的影响,最后数字游戏广告是品牌或产品销售促进沟通策略的一个组成部分,要从整体性框架中来确定其具体的作用。

四、广告创意的新坐标

数字时代,广告的生态发生变化,正如《广告不再是广告,在线广告的新分类》一文所说,广告已经不是原来意义上的广告,网络上的各种免费媒体、大量的用户生成内容,大数据及其数据资产的激增,使得广告创意不再仅仅是单纯的内容及其表达的创意,数字媒体环境下广告创意已经具有了其发展的新坐标。《广告研究》2013年9月出版的第3期就刊登系列文章从各个角度对"广告创意"做了一番"全新扫描"。在《广告学刊》和《国际广告学刊》中,也都刊登文章探究广告创意在数字广告时代的角色和作用。从所选研究文章,数字化环境中广告创意具有以下特点。

(一)从信息创意到全创意的转变

数字技术拓展了广告创意的空间。与传统的大众媒体时代不同,在数字全媒体的运行环境中,广告创意进入了全创意的时代。广告创意不再仅仅是广告信息内容及其表现形式的创意,更多涉及广告信息与消费者接触点或接触点选择和组合的创意;接触方式的创意。在《广告创意:趋异与趋意的角色》一文中,作者认为"广告创意是一种平衡"。确实。现如今各种新的媒体和沟通方式不断涌现,营销者希望尝试更多有新意的创意方案,但客户一般不会采纳过于新锐的广告创意方案,他们不想冒太大的风险,因此营销人员要在客户与广告创意之间寻找一种平衡。

(二)创意人的角色转变

数字化发展,使得创意人的角色发生了巨大的变化,创意人员将不再仅仅囿于文案、制作,还必须涉足策略,品牌接触点,作为创意总监会不仅要担负指导整个团队的内容和表达形式创意,还必须熟悉不断出现的新的数字媒体及其独特的信息传播方式,协调战略部分的工作。这就要创意总结不仅仅具有天才的创意技能,还必须具备一定的新媒体素养,同时要意识到,在数字媒体的环境中,其角色作用更受制于组织及其文化的结构性影响。在《成为卓有成就广告创意总监的领导特质》一文中,研究者发现某些行为特质和技巧确实有助于人们成为具有影响力、高效率、出色的创意总监,但创意总监要发挥对团队的影响力,还会受制于广告产业文化和企业文化甚至创意部门文化,以及所共事的人、具体的广告运作流程和目标的影响。

(三)创意评判标准的拓展

在《广告奖中的创意评判》一文,通过介绍广告奖的评选过程,揭示了顶尖广告创意作品筛选流程,从一个侧面呈现了创意评判的标准。过去的创意仅仅是内容和表达方式,评判标准大多采纳威廉·伯恩巴克提出的 ROI,即关联性、原创性和震撼力。数字媒体,消费者印迹跟踪技术的发展,大量用户生成内容,原有的广告边界不再明确,广告的评判标准也开始变化,除了以上的几点,还涉及互动性、参与性等标准,这可以从世界各大广告奖所设立的广告互动奖项得到印证。

五、广告研究的变化图景

广告学始于 19 世纪末 20 世纪初,一百多年来,伴随着现代广告业的发展,广告研究的话题、方法、理论和视角都在不断地变化。数字化给广告研究提供了大量新鲜话题的同时,对于整个广告研究会产生怎样的影响,希望能以本文所收集的论文为出发点,做一番探讨。

探究广告研究领域的观念、理论及其变化和发展,从广告研究学术期刊入手,不失为一个很好的路径。发表在《广告学刊》2014 年第 3 期的《广告研究趋势:1980 至 2010 年广告、营销和传播类权威研究刊物纵向分析》一文中,凯松克(Kyongseok Kima)、詹姆逊(Jameson L. Hayesb)、亚当(J. Adam Avanta)和伦纳德(Leonard N.Reida)四位学者,选择了广告、营销和传播的权威学术期刊 17 本[①],

---

① 这 17 本学术期刊分别是:JA(*Journal of Advertising*),IJA(*International Journal of Advertising*),JAR(*Journal of Advertising Research*),JCIRA(*Journal of Current Issues and Research in Advertising*),JIAD(*Journal of Interactive Advertising*),JM(*Journal of Marketing*),JMR(*Journal of Marketing Research*),JCR(*Journal of Consumer Research*),JR(D *Journal of Retailing*),JAMS(*Journal of the Academy of Marketing Science*),MS(*Marketing Science*),CR(*Communication Research*),HCR(*Human Communication Research*),JBEM(*Journal of Broadcasting and Electronic Media*);JC(*Journal of Communication*),JMCQ(*Journalism and Mass Communication Quarterly*),POQ(*Public Opinion Quarterly*)。

进行了对广告研究的研究,论文选择的时间跨度从 1980 至 2010 年,整整 30 年。学者们从 9 个方面加以梳理,分别是研究的驱动类型(理论和非理论);理论的名称、类型(理论及理论框架和模型、理论建构和理论所属学科);研究主题;媒体兴趣;研究方法(实证研究、定性、定量或两者混合);研究方式;效果类型;分析样本;研究的影响。并将 30 年分为 6 个阶段,每 5 年为一个阶段,分析 30 年广告研究在内容上的变化,同时还对广告研究所涉及的领域、学者和从业人员等进行了分析。

通过调查分析,他们发现理论驱动的研究在 30 年中呈增长趋势,在 1980 年仅 30%,到 2010 年则为 67.4%。研究者列出了 30 种研究所运用的理论、理论模式或框架以及理论建构,其中属于心理学的最多,达 18 种之多,运用最多是双流程模式(Dual-process Models),其次是卷入理论(Involvement),名列第三是信息加工理论(Information Processing Theory),三种理论均属于心理学范畴;在 30 种理论中,仅有 3 种是广告学范畴的理论,分别是效果层次、对广告的态度、广告效果模型;涉及市场营销的理论有 4 种,分别是品牌资产、整合营销传播、双虞效应理论和手段—目的理论;涉及传播学的仅 1 种,是交互性理论;涉及大众传播的 2 种,是使用满足理论、媒体模式;交叉学科的有 3 种,分别是心理学和人类学交叉的文化维度理论、心理学与传播学交叉的异化理论以及心理学与市场营销学交叉的说服知识模型。

在研究方法方面,他们发现大多数研究者采用了实证研究,达 72%和定量分析的方法,达 75.1%。在具体的研究方式上有 19.8%采用系统性文献回顾,又译为系统综述,采用定量方式占主导,其中实验为 23.3%,调查为 18.6%,内容分析为 7.8%。在广告研究刊物中,学者比较偏向使用系统性文献回顾占 22.2%,调查占 20%。在市场营销和传播研究刊物中,学者们更多使用实验(33.3%),数学分析(16.7%)和内容分析(13.2%)。

在广告效果研究方面,主要限于对个体的影响,32.6%是认知,20%是情感,10%是行为。关注社会影响的仅占 1%。在研究样本的选择上,21.8%为成人,20.6%为学生,16.3%为二手资料数据集,9.2%为广告作品。广告研究对广告主和营销人员等实践影响为 61.1%,理论影响为 21.7%,方法影响为 15.8%,公共政策影响为 7.3%,教育为 1%,其他领域的为 2.1%。

学者们的结论是,30 年来,广告研究越来越具有理论性,但《广告研究》是个例外,更倾向非理论驱动的研究,广告研究更多采用实证研究和定量研究的路径和方法,广告的话题更多涉及个体的认知、情感和行为等方面,广告对社会、经济的影响等宏观角度的研究非常缺乏。从媒体兴趣角度,30多年来涉及印刷媒体的研究还是占多数,但近年来对于互联网等数字新媒体的研究迅速增加。广告研究的影响力主要对广告业界,体现的是实践性。

从以上四位学者的研究,我们很直观地看到了广告研究大致的发展脉络,根据本节收集的文献,主要呈现以下的特点。

(一) 广告研究的国际化视野

《广告研究》在2013年第2期,公布了一些有关杂志的统计数据,其中有一项,杂志在2012年共收到来自26个国家的投稿,当下西方广告研究的国际化视野,也体现于话题。根据笔者的统计,涉及的国家和地区有:中国、韩国、东南亚、欧洲等。

(二) 研究热点的数字化特点

据统计,在所选254篇文章中,标题包含"digital"或"data"共14篇;标题出现"online""webside""internet""social media""social net site""moblie""blog""Facebook""Twitter""Pinterest"等任一词汇的为32篇;标题未出现以上词汇,内容涉及数字化及其对广告影响的文章为64篇,三者相加共110篇,占文章总数的43.5%。这些统计数据结合其具体所涉及的话题可以看出,数字化对广告研究的影响。

《国际广告学刊》总编查尔斯·泰勒在2013年第1期发文,列出了广告研究的7大热点:数字广告、数字视频录像机时代的电视广告;广告游戏;社交媒体研究的新方法;定制沟通和隐私保护;赞助和植入广告效果的测量;广告、促销、营养和肥胖;广告在新兴市场的发展趋势,这7大研究热点中"数字广告""广告游戏""社交媒体研究的新方法""定制沟通和隐私保护"是直接有关"数字"的话题。"数字视频录像机时代的电视广告""广告在新兴市场的发展趋势"和"赞助和植入广告效果的测量"都是由于数字技术发展,促使广告运行环境的变化,从而使这些话题成为热点。

(三) 理论运用的学科交叉性

数字化的环境,使广告具有更多的运作路径和空间,同时对于广告研究也提供了更多新话题,运用交叉学科的理论,能够从更独特的视角去探索,从凯松克、詹姆逊、亚当和伦纳德四位学者的研究,我们看到了理论运用的学科交叉性发展趋势,比如心理学与人类学、心理学与传播学、心理学与营销学交叉的理论运用选择。

第五章 不同场域的广告管理与规制

第一节 美国新媒体广告规制研究

数字、通信技术的发展,促使形态各异的新媒介广告不断涌现的同时,整个广告生态产生了巨大的变化,广告业原有的生态链组成及其权利结构被打破。本节试图通过分析美国新媒体广告生态的构成及特征,揭示在这一产业生态下的美国新媒体广告规制架构理念以及规制的创新和演化。

一、美国新媒体广告生态构成

"生态学"(Ecology)的概念由德国动物学家恩斯特·海克尔所提出。生态学认为,地球上存在着无数生态系统,每个生态系统具有自己的结构,可以维持能量流动和物质循环,在各种因素的相互作用下形成一种动态的平衡。在这里采用"新媒体广告生态"的概念,也是将新媒体广告的运行视为一个生态系统,通过分析其结构更清晰地勾勒出新媒体广告运作各因素之间的关系,从而能更深入揭示美国新媒体广告规制架构的内在逻辑性。

在分析美国新媒体广告生态的现实图景之前,首先要对新媒体广告进行界定。到目前为止,学者们对新媒体广告没有一个比较权威的界定,本节就此作一尝试,即新媒体广告就是在新媒体上呈现的广告样式或形态。根据美国新媒体广告规制所涉及的新媒体广告形态,将之划分为:网络媒体广告,包括展示型的广告、搜索类的广告、邮件广告等;移动类广告,主要是指通过手机、平板电脑等移动终端接收的广告,其主要形式为短信、彩信。随着3G、4G的运用,无线上网和智能手机的普及,网络广告一些形态基本都可以通过手机接收;情景类广告,包括植入式广告、赞助和事件营销等。

本节就从网络、移动和情景广告三个方面对美国新媒体广告发展的现实图景做一个简单的描述。

根据 MAKETLINE 公司 2017 年 3 月的报告,2016 年美国广告业增长率为 5.2%,产值为 4 063 亿美元,占全球广告业的 41.3%。根据 IAB 和普华永道发布的"网络广告收入报告",2017 年美国网络广告收入 880 亿美元,同比增长 21.4%。其中移动端收入增长了 36.2%,占整个网络广告份额的 56.7%。

根据美国 Cellular Telecommunications Industry Association 的统计,2017 年 12 月 1 日的用户数达 4.0 亿人次。根据 Zenith 发布的最新研究报告,2018 年美国智能手机用户数量为 2.29 亿人次。

根据 PQMEDIA 公布的统计数据,全球品牌植入广告总经营额为 1 060 亿美元,美国占据 45.1%的份额。植入式广告早在 19 世纪末就已出现。20 世纪 50 年代,好莱坞将植入式广告引入电影,成为其电影商业模式的一个组成部分,使植入式广告盛极一时。进入 21 世纪,新媒体技术的发展,促使植入式广告再度兴起。一方面新媒体技术可以让受众能过滤掉电视台播出的广告,视频网站的发展,使受众可以通过网络观看电视剧和电视节目而不必看广告。另一方面,新媒体提供大量新的植入载体,比如游戏、博客、社交网、论坛等,尤其是游戏植入广告,发展极快。植入的泛化使得规制成为必然。

新媒体广告生态分为两个层面,核心生态链和生态环境。其核心生态链主要涉及新媒体广告主、新媒体广告代理、新媒体广告形态、新媒体广告市场以及新媒体广告调查公司等相关的新媒体广告下游服务公司(图 5-1)。

美国的新媒体广告市场规模巨大,且构成复杂。如果按照不同的媒介形态分类,主要有网络广告市场、手机广告市场以及情景类广告市场。

新媒体广告代理主要由三类公司涉足:一是原有的广告代理

图 5-1 新媒体广告核心生态链

公司，比如奥美集团，它就拥有奥美互动。二是 IT 企业下属的新媒体广告代理公司，比如微软的 aQuantive。三是网络广告公司，这类公司规模比较小，增长迅速，比如 Double Click，但一旦做大，难逃被收购的风险。Double Click 早入谷歌麾下。

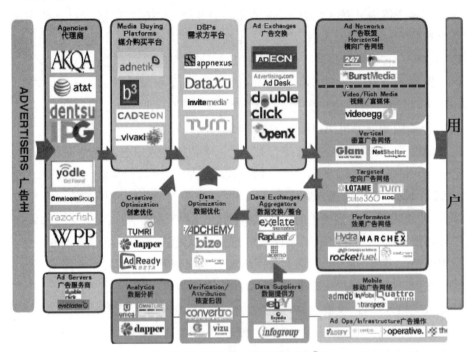

图 5-2 美国网络广告生态图①

新媒体广告生态中新媒体广告下游服务公司，涉及大量专业的广告技术公司，并且服务极其细分化。图 5-2 是美国网络广告生态图，除了广告主、媒介代理公司及用户，还有媒介购买平台、需求方平台、广告交换和广告联盟和横向广告网络，以及数据提供、数据优化、数据交换整合、数据分析、数据创意优化。

"媒介购买平台"大多是代理商自己内部以数据依据进行决策的平台。"需求方平台"是面向中小企业，帮助其进行媒体精准投放和优化组合。"数据提供方"将数据提供给"数据交换/整合方"，"数据优化方"再将整合过的数据

---

① 《网络广告生态系统（中美市场对照）》，《互联网周刊》，2010 年第 15 期，第 28 页。

进行优化处理,同时与"创意优化方"共同为"需求方平台"服务。"广告服务商"(靠近广告主)和数据分析方在用户对广告反应、用户在广告主网站上行为进行分析,但是不涉及用户身份定向,而"数据提供方"则针对用户进行人口统计信息(年龄、性比、收入等)和兴趣爱好进行分析。"广告联盟"和"横向的广告网络",相当于是广告最终发布的载体,广告信息最终通过它们传达用户。

媒体广告的生态链中新媒体形态是构成整个核心产业链的关键,它决定了新媒体广告与传统广告的差异,同时改变了广告生态的组织构成与利益结构。这种改变使得"新媒体市场(用户)",成为了整个广告生态中重要的一个环节。在新媒体生态中,用户不再是被动的广告信息接受者,而是主动搜索者,甚至是广告信息的创造者。用户与企业的信息不对称性大大降低,与企业博弈能力大大加强。但同时用户的兴趣、爱好、上网时间,甚至属于个人隐私的各种信息,通过新媒体技术,企业的获取成本也大大降低。这些变化需要新的规制系统,来协调新媒体广告生态各方的关系以及运行中产生的问题,使之良性地生长。与此同时,新媒体技术的特性,使得新媒体广告生态本身具有极强的开放性,并兼具地域性与全球性。这就意味着新媒体广告规制不仅要协调产业生态组成各方的利益与关系,而且面临平衡全球化与本土化利益冲突的挑战。

二、美国广告规制理念的演变

广告规制是整个广告生态系统的一个部分,同时又是一个各种制约力量综合发挥作用的系统,包括政府、行业以及社会如消费者团体等。而整个美国社会的政治、经济、文化等因素则构成了针对广告业规制的生态环境,也有称外在软性力量,这些力量渗透到广告规制背后的架构原则和理念,影响到整个新媒体广告的规制架构。

广告规制系统主要有两个层面组成:规制文本体系和规制制定和运行的组织体系。与广告相关的规制文本包括:法律、规则,以及行业标准和自律条文。新媒体技术企业与消费者信息博弈方式和方法变化,规制与全球化的问题分析商业伦理与规制的适应性与中国不同,美国没有一部统一的广告法,广告规制散见于各种法律法规中。最早见于1914年美国《联邦贸易委员会法》中"影响商业竞争的不公平手段,现宣布为非法"。但在1914的这部法案中没有明确对广告的具体规制。1916年联邦贸易委会认定"虚假广告是一个公司相对于其他公司具有不公平竞争的一种途径",于是广告被确认为该机构主要规制对象。

广告作为经济活动,其规制首先是在美国自由市场经济模式下运行,其架构理念就必然是要体现市场经济的运行原则。即在承认追求自身利益最大化是合理的前提下,防止垄断的形成,保证市场竞争的充分性,同时避免外部性,即在广告或营销沟通的过程形成社会成本。

最初广告被法律规制是1938年惠勒·李修正案进一步将取代为"不公平竞争手段以及不公平或欺骗性的商业行为或做法",广告作为一种公平竞争和自由竞争1914年,依据美国国会通过《联邦贸易委员会法》建立该委员会。联邦贸易委会成立最初的主要的职责是防止有碍竞争的行为,也就是保障企业间公平的竞争。从而将其职责扩大到保护消费者利益。这就要求广告规制体现出"公平",对于广告信息披露要求不夸大、不欺骗、不误导;防止垄断的形成,包括信息的垄断,以要实现广告规制这一目的,其规制的制定理念必然涉及"公平"和"效率"。

"公平"涉及排斥强权、特权、垄断,体现在广告规制上是《反不正当竞争法》。"公平"涉及反不公平、反对欺骗,反映在规制上就是《纯正药品和医药法案》《兰姆法案》①,前者主要对食品和药品中标签进行以免掺假和欺骗,后者则对商标、品牌及比较广告进行规制。"效率"涉及资源配置的有效性,从广告规制角度则要强调"诚信""真实"。因为广告不能传达真实的信息,引起市场的不信任将提升交易成本。行业自律的规制都会强调这一点,比如美国广告代理商协会的《行为标准与创意守则》中,无论是行为标准还是广告创意都强调"诚实"和"真实"。

"公平"与"效率"的规制理念,有时在具体的规制过程中会产生冲突,自由市场经济总有效率优先的冲动,因此美国广告规制会更突显"公平"的理念。

竞争的主要目的概括为三个方面:资源的有效分配;促进技术的进步;消费者福利的提高。所以,对消费者利益的保护不但要体现在反垄断基本法律中,还要体现在与反垄断法实施有关的各个层面的政策法律中。同反垄断执行机构在对反垄断政策法律的理解方面,也应以消费者利益为重。

在新媒体生态中,新媒体技术本身的特性及消费者力量的日益强大,美国

---

① 1947年颁布的兰姆法案(Lanham Act),即商标法。

新媒体广告法规架构重心从"维护市场公平竞争"不断向"保护消费者利益"倾斜。规制架构理念的转向,也体现在行业自律之中。

(一)美国广告法律规制组织体系

美国实行联邦制,联邦政府由三个独立部门,即立法、司法和行政组成。国会由参议院和众议院组成,是联邦政府的立法机关。司法部门由法院组成。政府行政部门由国务院和其他部门和办公机关组成,根据联邦法律行使管理职能,当然这些部门也制定规则,并同样具有法律效应。正如美国学者威廉·阿伦斯所阐述:"美国政治体制的一大特点就是它的三权分立,彼此监督,相互平衡。在美国,有许多法律规范着广告主可以说什么,不可以说什么。这些法律由立法机关制定,司法机构执行,法官解释,各州和地区的体系相同。"[①]

联邦政府的广告管理机构主要是联邦贸易委员会(Federal Trade Commission,FTC)、联邦通信委员会(Federal Communications Commission,FCC)和美国食品药品监督管理局(U.S. Food and Drug Administration,FDA)。

联邦贸易委员会依据1914年美国国会通过的《联邦贸易委员会法》而建立。1938年惠勒·李修正案将《联邦贸易委员会法》的职责从防止和制止"不公平的竞争手段"取代为"不公平竞争手段以及不公平或欺骗性的商业行为或做法",从而将联邦贸易委员会职责扩大到保护消费者利益。该修正案还授予联邦贸易委会对药物、医疗器械、化妆品和视频广告的监管权。联邦贸易委员会规制范围主要涉及跨洲或全国性销售的产品广告,规制对象主要是广告主和广告公司。地方性违法广告,则依据美国各洲和地方政府的相关法规来处理,联邦贸易委员会不会直接予以处置。

美国食品药品监督管理局归属美国健康与公共服务部,其主要职责是对于食品、化妆品、药品及医疗器械等进行规制。尤其是对处方药的广告进行严格规制,非处方药的规制由联邦贸易委员会承担。

联邦通信委员会是依据1934年通信法案所创立,取代原先的联邦无线电委员会,负责对广播、电视、电话、卫星、互联网和有线电视业等进行规制。在广告规制方面,该机构负责确认广播电台和电视台的广告播出资格,对广播广

---

① 威廉·阿伦斯:《当代广告学》,丁俊杰等译,华夏出版社,2001年,第58页。

告、电视广告的内容、表现形式、播出方式及时间和数量进行严格控制。对于各种媒体广告中欺骗性或格调低下的广告,联邦通信委员有权提出删减信息,如有必要还会通过收回广播电台、电视台等的执照,来控制广告播出的内容。联邦通信委员会的规制对象主要是媒体。

此外,美国国会还授权其他部门协助共同对广告进行规制,比如:美国专利商标署、国会图书馆、联邦邮政总局、酒类烟草枪械局等。

美国专利商标署归属商业部,监管各种商标的注册,包括品牌名、公司或商店的名称,以及它们的标志图案。商标在保护商标持有人免受侵犯的同时,也是用来识别产品和服务的标志,在广告中经常出现。

国会图书馆负责对在美国境内保护所有享有版权的物品,包括广告进行监管。版权赋予创造者在一定时期内对作品的独占权。广告中的特定词句、角色和图片等通过版权保护,以防止他人的抄袭,以免恶意竞争的出现。

联邦邮政总局有权对直邮广告、杂志广告等涉及色情、抽奖和诈骗的促销广告邮件进行处置。酒类烟草枪械局(ATF)隶属美国财政部,对酒类饮料广告中的欺骗行为进行规制,并制定酒类工业的标签规定。

美国各级州政府及地方政府的所设机构也是广告规制制度与管理组织。全美各州设类似"小联邦贸易委员会",以保护消费者利益不受欺骗广告或误导广告等不正当竞争行为的侵害,各州及地方政府的广告规制不尽相同,有些州对某些酒类广告施行禁令。

(二)美国新媒体广告法律规制的架构

新媒体广告所采用的法律规制主要来自三种途径:一是将原有的法律规制扩大其适用范围;二是根据新媒体环境作适当调整;三是当原有的法律无法适用时,根据新的广告形态创建新的法律规制。以下是新媒体广告涉及的法律规制。

1. 对网络广告的规制

网络广告的规制涉及面很广,根据 2000 年联邦贸易委员会编制的《互联网广告和营销规制手册》[①],美国有关网络广告与网络营销的法律、法规主要涉

---

① Advertising and Marketing on the Internet,https://www.sbaonline.sba.gov/idc/groups/public/documents/sba_homepage/serv_ecom_1.pdf.

及以下方面。

(1) 网络广告和营销一般需遵守的规制

网络广告和营销必须首先遵守《联邦贸易委员会法》(Federal Trade Commission Act)中的"禁止在任何媒体上发布的任何广告具有欺骗和不公平性,广告必须真实,不误导消费者",广告主张必须是可证实的。产品或服务的提供者对广告负责,除此之外,广告代理公司、网站设计者、产品目录制作者也负有相应的责任。从而把《联邦贸易委员会法》规制的范围扩大到网络。《网络公司线上信息披露特别指南》规定公司网上所发布的免责声明必须明确而突出。网络公司要意识到美国联邦贸易委员会的《邮件和电话订购商品规则》同样适用于在线广告,比如横幅广告、弹出式广告、滚动式广告、链接等。

(2) 网上消费者隐私保护

《互联网广告和营销规制手册》中明确指出,广告主在进行网络营销是要注意保护消费者的隐私。联邦贸易委员会极力鼓励企业信守网络信息发布的四原则:公告消费者企业信息管理的条例;企业要提供消费者个人信息如何被使用的选择;告诉消费者他们的个人信息是如何被收集的;企业要确保收集到的消费者信息的安全。

除此之外,《儿童网络个人隐私保护法》(Children's Online Privacy Protection Act)规定,从网上获得儿童的姓名、住址、电子邮件地址,及其兴趣爱好等个人信息,事先必须征得其父母同意,否则就属违法。

2011年国会颁布的《不要在网上跟踪我法案》(Do Not Track Me Online Act),针对企业利用新媒体技术跟踪用户,获取用户个人信息用于商业用途的现实,法案规定要保护网络用户个人隐私,企业要建立"不要跟踪"机制等保护措施,比如在网页浏览器上添加"不要跟踪"的按钮。

(3) 网络营销方式的规制

这方面的法律规制涉及特许经营、信贷和金融问题、环保声明、免费产品、珠宝、邮件和电话订单、900号码使用、电话营销、推荐和代言广告、保证和担保、羊毛和纺织产品的标签以及"U.S.A.制造"的使用等,相关的法律法规有:《特许经营和商业规制》《诚信贷款法》《公平信代结账法》《公平信贷报告法》《平等信贷机会法》《网上资金支费法》《消费者租赁法》《邮件和电话订购商品规则》《电话销售规则》《推荐及代言广告运用指南》《预售书面保证条款的规定》《纺织和羊毛制品法》和《对于"美国制造"使用的政策声明》。

2. 对电子邮件广告的法律规制

电子邮件广告是网络广告的一种形式。商业性电子邮件广告主要分为电子邮件列表广告和根据用户数据库定向发送的电子信件广告两种。对于电子邮件广告的法律规制模式有两种，分别是"选择加入"和"选择退出"。"选择加入"，就是发送者在发送邮件前必须事先取得接收者的同意，才能发送邮件；"选择退出"，则是接收者须向发送者申明退出后才不再接收邮件。美国采用"选择退出"的规制模式。

美国是网络经济的发源地，也是垃圾邮件的重灾区。早在1997年，内华达州就首先对电子邮件进行立法，同年康涅狄格州颁布《消费者隐私权法案》，对垃圾邮件进行限制。1997、1998年，美国联邦政府先后颁布了《电子邮箱保护法》《电子邮件使用者保护法》。2003年12月16日国会通过《反垃圾邮件法》，进一步提升了对垃圾邮件的规制力度。该法要求企业或广告商必须保证用户有随时退订电子邮件广告的自由，邮件中要包含稳定的邮件回复地址、拒收邮件的链接等。企业或广告商必须在十个工作日内对用户的退订进行处理。该法规定禁止使用虚假或欺骗性标题，对于包含色情等内容的邮件要做出警告标记。垃圾电子邮件发送者如故意违反这些规定，可处最高600万美元的罚款和被判处5年监禁。该法把垃圾邮件发送者的法律责任升格为刑事责任。

3. 手机广告的法律规制

美国对手机广告的法律规制主要从保护消费者隐私的角度加以立法。1986年颁布的《联邦电子通讯隐私权法案》（Electronic Communication Privacy Act，ECPA），将1968年《一般犯罪防止和街道安全法》中，对消费者隐私保护范围，从传统通信方式扩大到移动电话、电子邮件、计算机资料传输及网络服务提供等。该法同时禁止任何人未经授权进入电子资料存储系统。电子系统服务商可查看储存的信息，但不可泄漏其内容。

随着通信技术的发展，无线上网的日益普遍，手机广告形态日益多样：短信WAP站点广告、地理位置、二维码、视频广告、游戏内置广告等，以下规制对手机广告的进一步发展具有重要意义：《禁止电子盗窃法》《反域名抢注消费者保护法》《数位千年版权法》《网际网路税务自由法》《儿童在线保护法》《儿童网际网路保护法》《美国商标电子盗窃保护法》《全球及国内商务电子签名法》和《统一电脑信息传送法》《通信内容端正法》等。

4. 情景化广告的法律规制

情景化广告按照美国广告业的表述有植入式广告、品牌植入、品牌娱乐化，不同的表述，有着对这一广告形式认识微妙的差异，但基本的特征是一致的，品牌信息与各种内容，包括娱乐节目、娱乐形式、活动场景，甚至新闻报道结合在一起传播。比如可口可乐的名称、商标突显于美国偶像的节目中，所以情景化广告包括赞助和事件营销。

对植入式广告的规制，《1934 年传播法》(Communication Act of 1934)就规定：广播电台节目内容若有接受直接或间接金钱或其他形式的有价赞助，必须在节目播放时说明。联邦传播委员会据此制订《贿赂条款》(Payola Rules)，规定广播电视业者、节目制作人、制作公司等若有接受任何金钱、服务或有价值的任何事物，必须在节目中明白揭露。节目赞助商必须按照要求"清楚而明显"地标出。

2003 年美国商业警示协会(Commercial Alart)曾经向美国贸易委员会提出，要对植入式广告进行规制，并建议植入式广告一旦在电视节目中出现就要弹出一个"提示"，来告知观众这是一个植入式广告。美国联邦贸易委员会没有采纳其提议，即制定一个统一的标准去规制这种广告形式，只是对相关的投诉案例进行调查。

由于新媒体技术的发展，植入式广告增长迅猛，联邦贸易委员会开始认识到对植入式广告监管的必要性。2009 年美国联邦贸易委员会对《广告推荐与见证使用指南》(Guides Concerning the Use of Endorsements and Testimonials in Advertising)进行了首次修订。依其规定，凡是含有推荐性或建议性内容的媒介信息都应主动接受监管，媒体机构必须对媒介信息中会出现推荐性或建议性内容的原因，以及该信息与相关产品或服务供应商间可能存在的"物质联系"进行披露。如果媒体机构不作披露，联邦贸易委员会依法有权对其提起诉讼。同时，该指南扩展了媒介信息载体范围，除了电视、报纸等传统媒介载体，还包括微博等网络环境下产生的新媒介载体。

三、美国新媒体广告行业规制的创新

美国行业自我规制体系十分严密而有效，是新媒体广告规制体系重要组成部分，行业协会等组织制定的自律规范和标准也是新媒体广告法律规制的补充。

（一）美国广告行业规制的组织体系

美国广告行业自律、管理的组织体系由两部分组成。

首先是行业协会，比如美国广告公司协会（4A）、美国广告联合会（AAF）、全国广告主协会（ANA）。这些行业协会通过制定行业规范、项目培训、召开会议来推动行业的发展。行业协会随着产业的发展，新产业链的生成而不断生成，比如随着网络广告发展，促使互动广告局（IAB）在1996年诞生。互动广告局会员由近400家媒体和科技公司组成，占美国在线广告销售额的86%。随着无线媒体的发展，2000年无线广告协会（Wireless Advertising Association，简称WAA）成立。

其次是跨行业的非政府组织机构，其主要职能是广告审查、纠纷裁处。比如全国广告审查委员会（NARC），这是一个由商业促进局理事会（CBBB）、美国广告公司协会（4A）、美国广告联合会（AAF）和全国广告主协会（ANA）共同成立的机构。该委员会下设全国广告分会（NAD）和全国广告审查理事会（NARB），负责对负责全美国范围发布的产品与服务广告的审查，受理个人、团体和组织对广告的投诉外。美国广告非政府组织架构了一个纵横交错、多维度的广告自律体系。这一体系是美国广告规制系统中重要的组成部分。

同样，新的跨行业非政府机构随着产业发展而不断生成，比如电子零售业自律组（ERSP）。2004年，电子零售业协会（The Electronic Retailing Association，ERA）委托全国广告审查理事会（NARC）在其内部设立了一个电子零售业自律组（ERSP），资金由电子零售协会提供。这个小组接受全国广告审查理事会的指导，但其日常运行是独立的。ERSP的职能是快速、有效地调查、评估电子载体中直接反应式广告的真实性和准确性。除了审查"商品信息电视广告节目"，ERSP还审查广播广告、网络广告、垃圾邮件广告以及电视台购物频道的广告等电子媒介的广告。如果经过一系列审查程序后，发现广告有问题，ERSP会要求广告主停播广告，如不服从，则会交给联邦贸易委员会处理，电子零售业协会也以除名的方式来支持ERSP的处理决定。

美国广告行业自律组织纵横交错，形成了一个复杂的体系，成为美国广告规制系统中重要的组成部分。行业自律组织通过快速、有效地接受、处理个人和业界竞争者的投诉，而赢得了行业与社会的认同。从而有效地促进了社会监督的参与度。政府部门则为广告行业规制的有效运行提供制度保证，并对一些自律组织无法有效处理的问题进行司法解决，向行业自律组织提供实质性的支持。

如此,行业自律、政府管理和社会监督三方的分工、协调、合作,保证了美国广告规制在新媒体生态中的良好运作,同时也重新确立了各自的功能和地位。

(二)美国新媒体广告行业规制

行业规制内容主要来自行业协会制定的行业标准和规范。新媒体广告产业生态涉及的各细分环节链,都可能制定相关的行业标准和原则。前者主要涉及行业运作的技术标准,后者则涉及行业规范的道德标准。

比如互动广告局制定的《广告尺寸和广告标准》《富媒体创意指南》《数据的使用与控制》《数字视频指南》《数字平台概述》《游戏指南》《互动电视指南》《效果评估指南》《移动广告效果评估指南》等一系列的规制是指导互动广告行业业务的各种技术标准。

下面介绍由美国广告代理商协会、全国广告主协会、美国商业促进局、直销协会和互动广告局联合发布的《线上行为广告的自律原则》(Self-Regulatory Principles for Online Behavioral Advertising)①,这不是纯粹的业务标准,而涉及行业的道德规范。该自律规则具有跨行业性,参与发布的五个行业协会都对广告业的发展具有引领作用。线上行为广告是指通过计算机或终端设备收集网页浏览行为的数据,把这些数据让非网络联盟成员使用,其通过对这些数据的分析,得出网页浏览者的兴趣、爱好,然后再把相应的广告发给这些网络用户。发给这些用户的广告称为"线上行为广告"。根据所发布的《线上行为广告的自律原则》,自律原则涉及7个方面,这些规则的制定体现了保护消费者,与用户友善的理念,具体如下。

(1)教育原则。这一原则要求相关公司为消费者提供关于行为广告的教育。要求公司建立一个行业发展状况的网站,提供各种资讯,使消费者了解行为广告,并能做出选择。

(2)透明原则。这一原则要求相关公司必须建立对消费者信息披露和告知的机制,让消费者了解与线上行为广告相关的数据收集和使用。

(3)消费者控制原则。这一原则要求相关公司提供一个机制,网络用户当知道其信息会用于线上行为广告时,用户可以选择自己的信息是否被网站获取、使用并传给非网站联盟成员。

---

① 美国互动广告局(IAB),https://www.iab.net/public_policy/behavioral-advertisingprinciples。

（4）数据安全原则。这一原则要求相关公司，对于收集到用于线上行为广告的数据要确保安全，数据保留要有期限。

（5）变化原则。这一原则要求相关公司在改变用于线上行为广告的数据收集和使用政策时要征得用户同意。

（6）敏感数据原则。对于用于线上行为广告的特定数据的收集和使用标准，要与普通数据收集和使用标准不同。对儿童数据的收集要求很高的保护标准，这要参照《儿童网络隐私保护法》。同样要采集金融账户号码、社会保障号、医疗记录等必须征得本人同意。

（7）问责原则。这一原则意味着所有线上行为广告产业链各方，都要结合自身的情况，制定实施细则把这些原则落到实处。

《线上行为广告的自律原则》所涉议题，于2009年2月由联邦贸易委员会作为公共教育和行业问责的角度向各广告行业协会提出的。从中看出美国政府广告规制机构与行业协会联系的紧密性。虽然行业协会是独立于联邦贸易委员会的非政府组织，但成为美国最为重要的广告规制政府机构，联邦贸易委员会对行业的指导作用还是显而易见的。

总之，美国属于普通法系，整个国家的法律法规架构体现的是实用、灵活，判例法成为美国法律法规体系的重要组成部分。这也体现在美国的广告法律法规体系的构成之中。美国没有统一的《广告法》，其广告的法律法规除了存在于各种商业法典，更多的是来自大量判例法。尽管美国新媒体广告规制的架构没有重起炉灶，但是数字、信息技术的发展，广告运行生态的巨变，新媒体广告样式的层出不穷，给美国广告规制带来创新的冲动。由于新媒体广告产业生态中消费者力量的日益显现，促使美国新媒体广告法律法规的架构重心向消费者倾斜。规制架构理念的转向，也促使整个美国广告规制运行机制悄然发生了变化，在对广告进行规制的实际运作中，无论是行业组织还是政府机构都更关注消费者权益。

第二节 城市公益广告管理及其规制

一、上海公益广告管理及其规制概述

公益广告一直是作为传播精神文明的一个直接手段，其概念与国外的

Public Service Advertising 或 Public Service Announcement,强调公共服务性有所不同,更注重"传播社会主义核心价值观,倡导文明风尚"。① 目前我国公益广告的运行、管理、规制的架构都从这一基点出发。

中央文明办是公益广告最重要的组织、管理和运行机构,其主要职责是负责公益广告宣传总体安排、统筹协调、组织实施、督促落实。具体任务是:制定重大主题、重要活动、重点时段公益广告制作刊播计划;组织指导市属媒体、各类媒体制作机构设计制作公益广告;组织报审公益广告通稿,提出集中刊播方案;协调有关部门对媒体刊播公益广告指导和考评,指导、推进公益广告在全国的开展。具体有:确定公益广告的宣传主题,组织公益广告大赛,中国公益广告网,网址为:http://www.cnpad.net,由中央文明办主办。2016 年 3 月 1 日,《公益广告促进和管理暂行办法》正式施行。该办法由国家工商总局、国家网信办、工信部、住建部、交通运输部、国家新闻出版广电总局等六部门联合发布。办法规定,各类广告发布媒介均有义务刊播公益广告。工商管理局也是公益广告规制的制定与执行部门。国家工商总局及各省市工商局会根据文明办的宣传精神,结合自身的情况开展一些公益广告宣传的同时重点是对公益广告进行监管,各省市的工商局职责也是如此。公益广告的运作中另外一个重要环节是媒体,涉及的是国家新闻出版广电局。广电总局及各省市广电局根据文明办的精神,布置整个系统内的广告制作、发布,包括内容的审核。随着新媒体的发展,工业信息化部也介入到公益广告的组织架构之列。因此我国整个公益广告的组织、管理和运作通过中宣部下属的文明办进行统筹协调,再通过各级政府和相关部、局自上而下进行(图 5-3)。

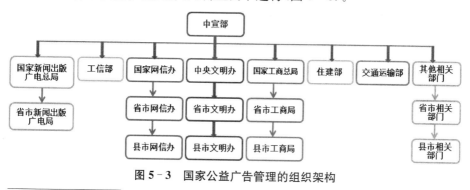

图 5-3 国家公益广告管理的组织架构

---

① 参见《中华人民共和国广告法》第六章"附录"(2015 年《广告法》修订并于 2015 年 9 月 1 日执行)。

除此之外，广告行业协会也是进行公益广告管理的一个重要的机构，比如中国广告协会，主要是从行业的角度进行管理。中国的行业协会跟国外不同，它并非完全是非政府组织，根据中广协官方网站上的表述："中国广告协会成立于 1983 年，是国家工商行政管理总局直属事业单位，是经民政部注册登记的全国性社会团体。"该机构经过 20 多年的发展，全国各省、自治区、直辖市等地方广告协会单位会员 51 家，单位会员 600 余家（广告公司、媒体、广告主、教学研究机构、市场调查公司等），个人会员 400 余名（学术委员和法律委员），以及 15 个专业领域的分支机构。其根本宗旨是"为行业建设与发展提供服务"[1]，其基本职责是"提供服务、反映诉求、规范行为"[2]。

除了中国广告协会，还有"中国商务广告协会"，原为"中国对外经济贸易广告协会"，成立于 1981 年，是我国最早成立的第一个全国性广告行业组织。后经商务部和民政部批准，中国对外经济贸易广告协会正式更名为"中国商务广告协会"。旗下的"中国商务广告协会综合代理专业委员会"，简称"中国 4A"，是中国广告代理商的高端组合。目前的 50 余家会员单位，几乎包揽了所有在国内运作的大型国际广告公司，以及本土实力最强规模最大的综合广告代理商，从对整个中国广告行业的影响力而言，要逊于中国广告协会。

上海公益广告管理的组织架构并没有与整个国家在这方面的组织架构有太大不同。但是，在具体的运作方面，上海的组织架构和运行模式仍然有其特色（见图 5-4）。

上海市文明办下面设有上海市公益广告管理中心。上海在原有联席会议制度基础上，成立上海市公益广告宣传协调领导小组。协调领导小组由市委宣传部、市文明办牵头与市工商局、市绿化和市容管理局、市文广局、市新闻出版局、市网信办、市通信管理局、市交通运输和港口管理局、解放报业集团、文新报业集团、文广集团、上海广播电视台、东方网、上海机场集团、申通地铁集团、分众传媒集团等 17 家部门（单位）组成，市委常委、宣传部部长担任组长，负责对全市公益广告宣传工作的总体指导和统筹协调，领导小组办公室设在市文明办的公益广告管理中心。统筹协调全市公益广告宣传发布的组织实施

---

[1] 参见中国广告协会网站，https://www.cnadtop.com/about.html。
[2] 同上。

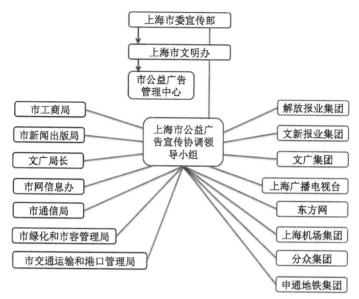

图 5-4 上海公益广告管理的组织架构

和督促检查工作,发布公益广告宣传的主题指南,比如《2013—2014 年上海市公益广告宣传主题指南》,建立了刊播季度通报制、重大发布签发制、主题宣传报审制、成员单位例会制等。领导协调小组的架构模式使得公益广告的运作更快捷、更有效。

上海市宣传部下属的精神文明办仍然是公益广告的主要日常指导、协调机构,并设有"上海市公益广告管理中心"。上海精神文明办主办有上海文明网,网址为:http://www.wmsh.gov.cn/,设有"公益频道",原为"中国公益广告网",目前仍然用原来的网址:http://www.pad.gov.cn/,但已归入上海公益广告网[①]。

除此之外,市工商管理局主要从广告管理的角度,制定规制,对公益广告进行监管。其管理目前主要依据:

《上海市户外广告设施管理办法》(2010 年 12 月 30 日上海市人民政府第 56 号令公布);

《上海市流动户外广告设置管理规定》(2010 年 12 月 30 日上海市人民政

---

① 上海公益广告网(https://www.shpad.gov.cn 或 https://www.gygg.gov.cn)是由上海市工商行政管理局和上海市广告协会设立,并非由中国文明网更名。

府第 57 号令公布）；

《中共上海市委办公厅、上海市人民政府办公厅转发〈关于搞好本市公益广告宣传和管理的意见〉的通知》(1997 年沪委办 24 号)；

《上海市工商行政管理局关于推动公益广告宣传、加强公益广告管理的指导意见》(2008 年沪工商广 41 号)；

《关于进一步做好公益广告宣传的通知》(2002 年工商广字〔2002〕第 289 号)。

除此之外，还有并不是作为法律依据，仅作为行业指导的《上海市大众传播媒介和行业广告信用评价办法》(2013 年沪广监 2 号)。市工商管理局还建立公益广告发布的备案制度，每季度对公益广告发布情况进行数据更新。工商管理局广告监测中心在对媒介和行业广告发布信用情况作出量化评价，公益广告的发布状况作为对其信用评定的一个重要指标。

市工商管理局每年结合工作重点，确定不同的主题，开展广告宣传，比如 2013 年是"远离传销 守护幸福"为主题。并且这些宣传可以通过工商管理局的整个系统深入基层，并且各基层单位根据各自特色组织宣传活动。

而上海市广告协会，一方面上海广告协会遵照中国广告协会的各项通知，落实于上海的广告行业，比如中广协根据中央颁发的《关于深入开展"讲文明树新风"公益广告宣传工作的通知》；另一方面，市广协也会积极配合上海市政府的公益宣传活动，动员上海的广告公司，积极参加。

总之，这种即有上海市公益广告宣传协调领导小组这样灵活而强势的协调、统筹机构，又有各政府部门、媒体集团在自身管理体系内的日常推进和监管，整个公益广告宣传、管理的架构是非常周密的。自上而下，层层深入，同时通过各种公益广告大赛，比如"申通德高杯公益广告大赛""微公益·梦启航"上海市大学生公益广告大赛等，让民间的企业、个人都有参与的机会。相较于美国城市公益广告的运行机制和管理，其利弊得失，在下文我们将给予分析和阐述。

二、纽约公益广告运行及其管理经验

（一）公益广告对城市发展的影响

公益广告可以提升城市竞争力，促进城市和谐发展。上海作为国际大都市，建立有效的公益广告运行机制至关重要。美国广告委员会（Advertising

Council)曾在一份报告中使用这样的标题"公益广告改变了美国"(Public Service Advertising that changed a nation),确实公益广告不仅影响了整个美国社会,纽约的发展也印证了公益广告对城市发展的巨大作用。

公益广告在美国被称为"公共服务广告",Public Service Advertising 也称为 Public Service Announcement,旨在增进公众对社会问题的了解,影响其对此类问题的看法和态度,改变其行为和做法从而促进社会问题的解决或缓解。

公益广告的功能主要涉及伦理道德文化,以及社会公共事务等领域。对城市发展的影响主要涉及三个方面。

首先提升认同,增加凝聚力。人们对城市的认同分为精神和物质两个层面。物质层面涉及政府管理、城市公共服务、交通设施等;精神层面主要涉及对城市理念、价值观和文化的认同。根据《2018年上海市国民经济和社会发展统计公报》,至2011年末,全市常住人口总数为2 380.43万人,其中,外来常住人口为960.24万人,占40.3%;外来人口占全市人口增量近90%,让各个阶层的"新上海人"尽快地认同上海、融入上海是政府需要面对的问题,在国外,公益广告是最普遍采用的方式。

其次,形象塑造,提高竞争力。形象塑造不仅企业需要,对于城市发展同样至关重要。良好的城市形象对内可以增加认同感和凝聚力,对外可以提升城市的竞争力,吸引投资、吸引人才。上海作为一个国际大都市,形象塑造至关重要。

第三,社会教育,促进和谐发展。随着越来越多的外来人口,尤其是农民工进入上海,政府必须承担更多责任帮助他们适应城市的生活:工作技能、家庭纠纷、心理调节、劳资关系、公共道德、卫生习惯等,这些只有通过社会教育来达到。

随着贫富差距的加大,城市的和谐发展是巨大的挑战。必须加强对社会弱势群体的关怀和帮助。通过具体的公益广告活动,比如低收入家庭的子女教育、残障人士的选择职业的引导等,让他们能感受政府支持、社会温暖。这不仅影响城市的稳定,还影响城市的长远发展。

(二) 纽约公益广告运行的模式

纽约的公益广告历史悠久,"我爱纽约 I♥NY"公益广告活动享誉全球,但纽约并没有设立特别的公益广告管理机构、管理制度和法律法规,这得益于其有效而完备的运行机制,这种运行机制又是建立在其原有的管理制度和社会文化基础上的,主要有以下几个特点。

1. 公益广告与公益行动或公共服务相结合

在纽约公益广告活动不仅仅是宣传活动,每个公益广告活动必定与一项公益行动或政府的公共服务紧密相连。

比如"准备了好纽约!"(Ready New York City)这个公益广告活动。广告的内容是提醒纽约市民,纽约作为国际大都市,在全球化的今天,危机随时随地都可能发生,有些涉及个人或家庭,比如家中失火、煤气泄漏、食物中毒等,有些涉及整个城市,比如恐怖袭击、地震等,市民们要具备危机防范意识,要学习危机防范知识,并且事先采取危机预防措施,一旦遇到危机要知道如何处理。

活动有专门的标识,并注册了商标,如果企业赞助了该活动,就可以根据赞助的金额来确定使用权限。除了刊登报纸、杂志、电视、广播和户外广告,与广告活动相配合,还建立了一个主页,主页上除了公益广告内容之外,还有一系列与之配合的"行动"。

危机防范培训,各种团体可以通过网上提出申请,纽约市政府危机管理办公室就会派工作人员或志愿者去提供免费的培训服务。《"准备好了纽约"指南》,该指南用23种语言,对于各种危机下的防范知识进行了详尽地介绍。鼓励每个纽约人制订灾难防范计划,提供专门的日程表下载。每月竞赛。市民可以在网上回答有关危机防范知识的竞赛题,可以赢得奖品。准备就绪大挑战——通过设定各种危机的发生场景,让市民作出处理危机的决定。设计得有点像游戏。只要在该网站上注册,就会经常收到有关的活动通知,其涉及的活动和主题与注册者提供的个人信息有关,比如笔者注册后,就收到针对危机防范的主题和活动,具体涉及:冬天如何保暖,以防疾病;零度以下结冰时会出现的安全问题;下雪时要注意出行的安全;针对无家可归者的在低温天气的保暖;如何应对洪水、龙卷风等自然灾害;注意食物安全;宠物的安全问题;新年假期中要注意的安全问题;社交媒体与年轻人交友的安全意识;冬天老年人所面临的安全问题;在大学校园里的安全问题;冬季肢障人士的安全问题;女孩子遭遇的安全问题;妇女遭遇突然攻击的应对方法;假期的火灾防范。

以上罗列的传播主题,可看出其涉及群体之广泛性,并且以上的主题并非仅仅是通过媒体进行传播,还有与之配合的线下互动活动,比如年轻人讲述自己如何参与到"准备好了纽约!"这个公益广告活动,从而改变了他们的职业生涯和人生；遭遇到灾难不幸的人们聚集一起的讲述会。从罗列的主题及其活动，就可以看到公益广告活动非常贴近老百姓的日常生活，从某种意义上是渗透到市民的日常生活，并影响甚至改变了老百姓的生活。

2. 有特定的组织或团体负责广告活动的组织协调

每个公益广告活动都会有特定的组织或团体负责其组织协调工作，并且公益广告活动的内容与其组织或团体的职能或使命一致。比如上面举例的"准备好了纽约"，就是由纽约市危机管理办公室负责。这就使得公益广告活动不只是宣传，有具体的行动计划，能产生实际效果，并具有持续性。"准备好了纽约"这个广告活动是从 2003 年开始，而"我爱纽约 I♥NY"的公益广告则始于 1977 年，由纽约市政府下属的旅游司负责。

3. 活动运作开放，争取各种组织合作和资源支持

每个公益广告活动尽管都会有特定的组织或团体来负责组织协调工作，但整个活动是开放的，会寻求各种组织的合作和社会资源的支持，使得公益广告活动能够顺利进行，影响力最大化，并具有持续性。

一个公益广告活动的运作涉及：经费，广告的策划、创意和制作，广告发布和效果测定。

经费，在美国，如果是非政府组织负责的公益广告活动，一般由社会捐助，如果是政府部门负责的部分为政府拨款，但也会接受社会捐助。比如上面提到的"准备好了纽约！"公益广告活动，负责整个协调组织的是纽约危机管理办公室，随着活动的影响力不断增加，有越来越多的部门和团体加入进来，比如美国红十字会的纽约分部。2009 年纽约危机管理办公室开始与美国广告委员会（Ad Council）合作，这是一个全美性的公益广告运作非政府组织，在美国家喻户晓，从而把一个地区性的公益广告活动推向了整个美国，并得到了联邦政府国土安全部的经费支持。

广告活动的策划和广告制作往往由专业广告公司承担，这样就有了质量的保证。有的是出钱购买广告公司的服务，有的是广告公司作为自愿者参与，自愿参与的广告公司往往是非常有名的广告公司。

广告发布，是广告活动一个重要环节是。美国各州对于电视等大众媒体都有法律规定，必须拿出一定的时段和版面，10%—16% 左右，刊播公益广告。同时公益精神已经渗透到社会的各个方面，所以各种媒体都会愿意给公益广告留出刊播的时段和版面。比如 Clear Channel Spectacolor 就曾捐献出纽约

时代广场的广告牌展示"准备好了纽约!"的广告,你也能在纽约这个城市的各个角落,随时见到公益广告。

4. 广告宣传的新媒体运用

广告的宣传内容、表现手段都会随着时代的变化而变化。"准备好了纽约""我爱纽约"除了主页或网站,都有微博、微信、网络视频,在Facebook、Twitter、YouTube以及其他热门网站都可以看到其公益广告和相关活动的信息。

5. 严格的财务审计制度

美国社会无论是公司、政府部门还是非政府组织,每年都要接受财务审计,公益广告活动同样要接受严格的财务审计。

6. 定期的广告执行效果报告发布

每年像"准备好了纽约!"这样大型的公益广告活动每年都要出一份总结报告,也叫白皮书。公益广告尽管无法通过销售额等指标进行测算,但也可以通过调查受众的反应,确定广告执行的效果。

7. 国家与地方税收政策

美国国内税收法(Internal Revenue Code,IRC)的501(1)条款①,列出了26种享受联邦所得税(federal Income tax)减免的非营利组织。具体的减免税收条件在该法案的503—505条中有规定。许多州参考了联邦501(c)条款中对享受税收减免非营利组织的定义。分别为:

501(c)(2)——享受税收减免的纯粹控股公司

501(c)(3)——宗教、教育、慈善、科学、文学、公共安全测试、促进业余体育竞争和防止虐待儿童或动物等七个类型的组织

501(c)(4)——公民联盟、社会福利机构和地方雇员协会

501(c)(5)——劳动、农业和园艺组织

501(c)(6)——商业联盟、商业协会、房地产联盟等组织

501(c)(7)——社交团体和康乐会

501(c)(8)——信托受益协会

501(c)(9)——自愿雇员受益协会

---

① 美国国内税收法(Internal Revenue Code, IRC)的501(1)条款的查询,https://www.law.cornell.edu/uscode/text/26/501。美国国内税收法170条款查询,https://www.law.cornell.edu/uscode/text/26/170。

501(c)(10)——对内兄弟社团和联合会

501(c)(11)——教师退休基金协会

501(c)(12)——慈善人寿保险协会、联合灌溉公司、公共电话公司等

501(c)(13)——坟墓管理机构和公司

501(c)(14)——联邦授权信用社和共同储备基金

501(c)(15)——互助保险公司和社团

501(c)(16)——资助农业灌溉的合作社

501(c)(17)——补充失业信托基金

501(c)(18)——员工年金信托基金(1959年6月25日之前建立的)

501(c)(19)——邮政机构或军队服役人员和退伍人员组织

501(c)(21)——黑肺病患者受益基金

501(c)(22)——允许自由退款的支付基金

501(c)(23)——老兵协会(1880年以前建立的)

501(c)(25)——纯粹控股公司或多头控股信托基金

501(c)(26)——联邦资助的为高危人群提供医疗保险的组织

501(c)(27)——联邦资助的职工赔偿再保险组织

501(c)(28)——国家铁路退休工人投资信托基金

联邦法律要求免税组织必须填写相应的表格,年收入20万美元以上,资产超过50万美元的要求填写990表;年收入在20万美元以下,资产不到50万美元的要求填写990-EZ表格;年收入在5万美元以下小型免税组织,填写电子明信片E-postcard。如果享受所得税减免的应填990表的组织没有填写,可能遭受每年最多250 000美元罚款。免税组织和政治组织(不包括教堂和相似宗教机构)必须公开税务表格、报告和相关免税文件以供公众查阅和复印。国税局还运行公众查询和复印免税组织的免税待遇申请表。

与此项条款对应的是国内税收法的另一项§170条款。该条款规定捐赠者向501(c)(3)组织提供慈善捐赠,可享受对应金额的联邦所得税减免。由于这项条款的存在,是否具有501(c)(3)资格对一个慈善机构的维持和运作而言至关重要。许多基金会和公司章程规定不向不具有501(c)(3)地位的慈善机构捐款,并且个人捐赠者也大都因无法获得减税而不愿向这样的慈善机构捐赠。

纽约所在的纽约州政府根据联邦政府的相关法案,制定了相应的税收减

免的法规。① 在这些条款中明确规定向个人或组织向公益组织捐款、做公益的收入都可减免税收。

三、纽约经验对上海的启示

(一) 政府的角色定位

纽约政府在这些公益广告活动并没有包揽一切,而是坚守其政府职责,它是规制的制定者,机制的推行者,通过税收、通过企业在社会上的信誉评价体现,吸纳各种社会力量的加入,比如红十字会等非政府组织的参与;比如各大广告公司和企业等商业团体参与。并且通过合约的方式使得公益广告的运作具有灵活的退出机制。

(二) 多层次的参与机制

纽约的公益广告活动并非只有政府倡导,只要符合相关的法律法规,各种各样的非政府组织都可以成为公益广告活动的发起者,这跟美国的制度架构也有关系,因为整个美国社会的治理和发展,商业、企业和非政府组织都发挥着极其重要的作用。同时遍布美国大街小巷的教堂,使得人们的社区意识、公益意识很强,每个星期天的礼拜从某种意义上是"信仰"洗礼,也是"道德"教育,并且教会往往连带办教育,非常注重下一代的"精神强壮",所以美国人就是在各种各样的公益活动和公益广告宣传中长大的。一个人为了自己的某个信念,发起、组织一个非政府组织是常有的事。因此不仅在纽约,整个美国,公益广告活动层出不穷,而参与的层次也是多样化。

(三) 新媒体的互动运用

从以上"准备了好纽约 !(Ready New York City)"和"我爱纽约 "可以发现,尽管这两个活动都是大型的公益广告活动,前者已扩展至全美国,后者则已持续长达 37 年,在强调传播的规模化时都非常好地运用了新媒体的特性,个体的互动性。无论是 E-mail,还是在 Twitter、Facebook、YouTube 等平台,只要注册,个人的信息立即纳入沟通设计之中。

---

① 具体条款查看此网址:https://www.irs.gov/publications/p598/ch04.html#en_US_201501_publink1000267854。

(四) 宣传与服务的结合

公益广告在美国的表述是 Public Service Advertising,直译就是"公共服务广告",以上所列举"准备了好纽约!"和"我爱纽约"的两个活动,在传播理念的同时,最后会落实到行动,从而能触及老百姓的日常生活,将宣传与政府的公共服务很好地结合。

(五) 国家及地方税收政策激励

美国联邦政府和地方政府,通过免税的优惠税收政策,鼓励社会公民通过办公益组织,来解决社会的问题,同时又通过减免捐款和做公益的税收,来鼓励企业和个人积极参加公益活动。

第三节 网络治理视阈下西方公益广告运行与规制阐释

公益广告是指"符合公众利益,不收取费用,旨在提高公众对社会问题的认识,改变公众的态度和行为,并通过媒体传播的信息"①。英语用 Public Service Advertising 或 Public Service Announcements 来表述。公益广告对社会的影响力巨大,在西方经济发达国家,对其运行和管理,都有契合其社会文化的整体性制度设计。本节试图运用网络治理理论,选择美、英两国公益广告的运作和规制进行阐释,期冀呈现在数字化语境下,西方社会公益广告治理范式的变化趋势。

一、网络治理理论的内核及发展脉络

网络治理,又名网络化治理,它有别于市场治理和科层治理,是一种新的治理形式。网络治理核心是权力架构的去中心化,组织架构的网络化、强调社会网络在治理过程中的作用,因此与科层治理运用权威、市场治理运用供需、价格及竞争机制不同,网络治理更多采用合作、互动的方式,通过信任和协商机制的培育,促成网络中的各行为主体实现共同利益。

---

① 参见维基百科,https://en.wikipedia.org/wiki/Public_service_announcement。

究其实质,网络治理的兴起是对"网络社会崛起"的呼应。网络①建构了新的社会形态,网络化逻辑的扩散正在重塑政治、经济和社会的图景。组织的网络化,早已发生,数字信息技术则助其向社会各领域不断地渗透、扩展。因而网络治理广泛存在于社会的各个层面,从全球、区域到地方治理;政府到社区治理;企业到非政府组织治理。

网络治理理论涉及政治学、经济学、组织学、管理学、社会学等众多学科,其学术渊源大致可以从"网络""治理"两个脉络去梳理。

关于"网络"的研究,20 世纪 30 年代,英国人类学家拉德克利夫·布朗在《澳大利亚各部落的社会组织》一书中,最早使用了"社会网络"的表述。马克·格兰诺维特从人际关系角度,提出"弱连带优势理论"(The Strength of Weak Ties)②和"嵌入理论"(Embeddedness Theory)③,分析社会网络对个人行为的影响。皮埃尔·布尔迪厄在《社会资本随笔》中提出了"社会资本"的概念,詹姆斯·科尔进一步对社会资本概念、表现形式、结构基础和公共品特征作了阐释。④ 林南将社会资本界定为通过社会关系获得的资源。⑤ 普特南把信任、规范以及社会网络等能够促进合作,提高社会效率的皆视为社会资本。⑥ 博特通过社会网络中"结构洞"(Structure Hole)现象的研究,指出个人或组织在网络中的位置决定了个人或组织是否拥有更多信息、资源和权力⑦。从 20 世纪 90 年代开始,社会网络的分析范式日渐成熟,并运用于经济、政治、管理等领域。

网络治理另一个重要的理论来源是治理理论。治理(Governance)与统治(Government)在原有的英语语境中可以相互替代,指通过政府来管理国家。20 世纪 90 年代,治理理论随着新公共管理运动在西方的兴起而产生。学者们

---

① 曼纽尔·卡斯特将"网络"定义为"一组相互连接的节点"(《网络社会的崛起》,社会科学文献出版社,2001 年,第 576 页),有学者将网络分为"技术网络""组织网络"和"社会网络",认为在现实运作过程中"技术网络、组织网络和社会网络并不是相互独立的而是相互融合的。"(维安、林润辉、范建红《网络治理研究前沿和述评》,《南开管理评论》,2014 年 17 卷第 5 期,第 42—53 页。)

② 马克·格兰诺维特:《镶嵌:社会网络与经济行动》,罗家德等译,社会科学文献出版社,2007 年,第 1—37 页。

③ Granovetter, M. (1985). Economic Action and Social Structure: The Problem of Embeddedness. American Journal of Sociology 91(3): 481–510.

④ 詹姆斯·S. 科尔曼:《社会理论的基础》,邓方译,社会科学文献出版社,1992 年,第 351—378 页。

⑤ 林南:《社会资本:关于社会结构和行动的理论》,张磊译,上海人民出版社,2004 年,第 23 页。

⑥ 罗伯特·D. 普特南:《使民主运转起来》,王列等译,江西人民出版社,2001 年,第 195 页。

⑦ 罗纳德·S. 伯特:《结构洞:竞争的社会结构》,任敏等译,上海人民出版社,2008 年,第 9 页。

纷纷赋予"治理"新的含义。罗西瑙在《没有政府的治理》一书中将治理定义为一种管理机制,虽然没有正式授权,却能发挥有效作用,管理的主体并不是非政府莫属,同时也不依靠国家的强制力量来实行。全球治理委员会在其发布的《我们的全球伙伴关系》研究报告中,治理是各种公共的或私人的个人和机构管理其共同事务的诸多方式的总和。它是使相互冲突的或不同的利益得以调和并且采取联合行动的持续过程。

由此可见,与统治不同,治理的主体更多元化,不限于政府,还涉及非政府组织、私人机构等;治理的权力向度是多元的,并非政府的权威,而是合作网络的权威;治理采用协调、合作机制,因而社会网络对于治理的作用更加凸显。具有趋同价值观念、道德信仰的社会网络不仅提升治理效果,更是网络治理体系最重要的架构动力源。

公益广告,作为公共传播的重要手段,同时也是一种公共品,各国的制度安排有所不同,下文从网络治理的视角对美英两国公益广告运行及其规制进行阐释。

二、网络治理视阈下美国公益广告运行与规制阐释

美国是世界上最早实行公益广告运行制度性架构的国家。美国公益广告组织的建立创想发端于1941年11月,在阿肯色州温泉城召开的美国广告主协会和美国广告代理公司协会召开的联席会议上,詹姆斯·韦伯·扬提出广告业应该把公益当作其重要的使命,1942年2月"广告委员会"正式成立。

广告委员会建立的初衷是以关注公益,推进社会进步为名,复兴广告业为实。1929至1933年的世界经济危机及其随后长达10年的大萧条,使广告业陷入困境,为了争夺有限的客户,广告人采用低俗、夸张,所谓"狂欢式"的宣传策略。与此同时,消费者运动兴起,大力揭示并抵制广告的浮夸、虚假,为此政府颁布了打击虚假广告的法案,广告业的声誉随其业务跌入低谷。广告业试图通过倡导"公共服务"的理念[①],来消除公众对广告的厌恶,实现广告业的重振。广告委员会正是上述理念制度化的体现,因此其最初的架构由广告代理公司、广告客户和媒体的代表组成,起主导作用的是广告代理公司。

二战开始后,广告委员会随即于1943年6月改名为战时广告委员会,归政

---

① H. A. Batten, This or Silence. Printer's Ink 197 (14 November 1941): 11 - 13.

府战时新闻处管辖,不久取代战时新闻处,成为战时宣传的主力军。二战结束后,在1946年2月又重新启用"广告委员会"之名,并脱离政府,成为非政府、非营利的社会组织,但广告委员会作为美国公共宣传的主导力量至今没有改变。

随着科技的进步,尤其20世纪90年代以来,通信和网络技术迅猛发展和广泛运用,经济的全球化和社会的多元化,公益广告运行环境变得复杂,美国广告委员会开始向网络化治理发展。

根据广告委员会的网站内容①,笔者绘制了美国广告委员会的组织架构图(图5-5)。广告委员会整体的组织架构庞大,然而极其扁平化,由四个部分组成:董事会、管理与执行机构、特别委员会和合作伙伴。

图5-5 美国广告委员会的组织架构图

董事会成员通常由150位左右组成,期中125位可行使投票权,任期3年,并设有主席、副主席、秘书等职位。现任主席是谷歌美国的主席、副主席由扬罗必凯全球CEO担任,秘书为4A的主席兼CEO,广告委员会的主席兼CEO是董事会领导小组成员。

管理与执行机构由广告委员会主席兼首席执行官领导。

特别委员会,共有7个,分别对公益广告的议题筛选、公益广告活动的策划、调查、媒体运用(全国性和地方性媒体)、用户体验、社会影响等方面给予专业性指导和各种支持。比如"顾问委员会",负责广告活动的议题筛选和确定。

---

① 广告委员会(Advertising Council,AC),https://www.adcouncil.org/。

"电视指导委员会"每季度开会,提供行业洞见,帮助公益广告活动获得电视媒体免费时段。"领导者委员会"有15位,每一位代表着美国一个重要的地方市场,为公益广告活动提供建议,帮助其获得地方媒体的免费刊播版面和时段。

合作伙伴,不再仅仅是"广告三剑客":广告代理、广告客户和媒体,而代之以广告和媒介代理公司、捐助者、媒体、合作伙伴联盟、赞助组织、信誉见证者和商业协会等。

捐助者不仅包含公司,还有其他组织和个人。

合作伙伴联盟是指那些跟广告委员会合作进行营销活动的企业或组织,这跟赞助不同,广告委员会的标志及某一宣传主题会出现在合作企业的广告、营销活动中,这跟善因营销、关联营销的盛行密切相关。

赞助者包含政府和全国性的非营利组织。与捐助者不同,赞助者就是对某一主题的公益广告活动提供经费,而其赞助的公益广告活动就是赞助者需要宣传某一社会议题。

信誉见证者是在某些群体中具有信誉和影响力的组织或个人。他们利用其信誉,帮助广告委员会接触到这些群体,把公益广告及相关信息传递给这些群体,比如退伍军人、自闭症患者及其父母、政策制定者等。

商业协会,是拥有大量人脉的"关键节点",通过这些商业协会,能够使广告委员会的社会网络迅速地扩展。

从美国广告委员会的组织架构图,可见其整个网络规模巨大,节点众多,整个网络分为广告公司、媒体、赞助者、受众和捐款者五大版块(见图5-6)。

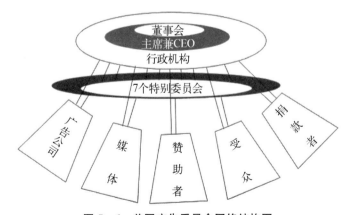

图5-6 美国广告委员会网络结构图

这五大版块涉及公司、政府、非营利组织和个人；网络构成合理，拥有大量的关系、信息和人情桥梁；董事会成员，具有投票权的有125位，均是广告代理、媒体集团、广告客户，以及商业团体中的领袖级人物，并且他们往往处在博特所谓"结构洞"的中心位置，拥有大量人脉关系；网差大，无论是董事会、特别委员会，抑或是合作伙伴，其成员涉及公益广告运作的各个方面领域专家，非冗余性的链接多。

管理与执行机构处于网络中心，由广告委员会主席兼CEO所领导，因其拥有众多的信息通路，能够获得大量有价值的信息，从而能有效带领整个机构调动嵌入在整个网络中的资源，组织广告代理商、媒体、企业、政府、社会组织，甚至学校、宗教组织和个体等行为主体，为了"促进社会变革，改善百姓生活"（Inspiring Change, Improving Lives）的共同使命，在一个共同的行动场域中，有效地实现公益广告，这一公共物品的提供。

美国公益广告运行良好，除了顺应数字时代的网络化治理，还有非常契合其运行的法律规制及文化。

（一）法律规制的支撑性作用

美国国内税收法（Internal Revenue Code，IRC）的501(c)条款列出了29类享受联邦所得税（federal Income tax）减免的非营利组织。① 具体的减免税收条件在该法案的503—505条中有规定。许多州参考了联邦501(c)条款中对享受税收减免非营利组织的定义。与此项条款对应的是美国国内税收法的另一项条款§170条款。该条款规定捐赠者向501(c)组织提供慈善捐赠，可享受对应金额的联邦所得税减免。②

许多州参考了联邦法案501(c)条款中对享受税收减免非营利组织的定义，也制定了相应的税收减免的法规，比如纽约州。③ 联邦政府没有涉及公益广告的特定规制。广告委员会作为非政府组织，跟公司、政府部门一样，每年都要接受严格的财务审计。此外，国税局规定免税组织（不包括教堂和类似宗

---

① 美国国内税收法（Internal Revenue Code，IRC）501(c)，https：//www.law.cornell.edu/uscode/text/26/501。
② 美国国内税收法170条款，https：//www.law.cornell.edu/uscode/text/26/170。
③ 纽约州税收减免法规，https：//www.irs.gov/publications/p598/ch04.html#en_US_201501_publink1000267854。

教机构)必须公开税务表格、报告和相关免税文件以供公众查阅和复印。

(二)民主制度和文化场域的强大"形塑"力

美国的制度和文化场域,不断地塑造企业、个人直接参与社会公共事务的观念和责任。正如托克维尔所揭示的,美国民主制度使得美国人意识到个人利益与国家利益密切相关,因而"每个人都通过自己的活动积极参加社会的管理"[①]。同时新教伦理,使得企业和个人通过公益广告的平台,奉献其时间、金钱、技能和资源,赢得更多的社会资本,并通过参与公共事务,体现其价值追求。

三、网络治理视阈下英国公益广告运行与规制阐释

英国并没有类似美国"广告委员会"的非政府组织,公益广告以政府为主导运行,并采取相应的规制。

就政府而言,公益广告作为公共传播,是公共服务的一部分。二战期间,公益广告参与战争的动员和宣传,战后随着战时信息部的解散,1946年,英国政府成立了中央新闻署(Central Office of Information,简称COI),主要提供公共宣传服务,同时为政府各部门的传播项目进行统一的服务采购。中央新闻署的组织架构是典型的科层结构,首席执行官统领整个机构,下设若干职能部门,总部设在伦敦,并在各地区有11个办公室,网络遍布英国。中央新闻署每年要执行100多个公益广告活动,大多数项目通过服务采购的方式由广告代理商及其他商业公司执行。公益广告活动的主题由各政府部门确定,资金主要由政府拨款,公益广告的投放由专门的媒介购买公司执行,原则上按照商业价格购买,但按照政府规定,媒体必须有一定版面和时段刊播公益广告,中央新闻署也会积极争取这部分的资源。

中央新闻署作为中介组织,服务于政府各部门,又是广告公司、媒体、商业营销咨询公司的商业合作伙伴,有时还会寻求地方政府和慈善组织的协助,所以其关系网络涉及广泛,但由于中央新闻署并没有像美国的广告委员会,将这些关系网络内嵌入组织架构之中,使组织扁平化,更具开放性,资源利用更有效,最终由于其过于庞大的科层式组织架构导致过高运营成本,被另一个机

---

① 托克维尔:《论美国的民主》,商务印书馆,1988年,第273页。

构——政府传播服务部(Government Communication Service，GCS)所取代，跟中央新闻署一样，它归内阁办公室管。

GCS 建立的目的是充分利用现有的资源和技术，在减少开支的同时，确保政府传播的高品质、高效率和高效益。GCS 并不直接雇用员工，其组织没有按照科层结构，而代之以网络化组织模式，GCS 网络分为四层，分别是董事会、传播主管团、专业团队负责人和执行团队(见图 5-7)。

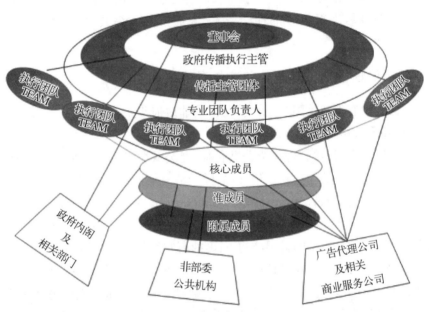

图 5-7　GCS 的网络结构图①

董事会对重大事项或战略作出决策。董事会主席由内阁办公室部长担任。GCS 设立了政府沟通执行主管一职。政府沟通执行主管是董事会的成员，也是内阁办公室成员。

传播主管团由各政府部门的传播主管组成，其主要职责是对年度的传播主题、传播活动的项目负责人、执行团队的组成人选等提出建议，供董事会决策，用所在部门的资源支持相关的公共传播计划。

专业团队负责人主要涉及整合营销传播、新闻媒体、数字中心和内部传

---

① 该图由笔者根据英国的政府传播服务部(GCS)网站内容绘制，https://gcs.civilservice.gov.uk/。

播，从专业技术和技能方面支持各项政府传播活动的执行。

执行团队是根据具体的传播活动来组建。GCS尽管并不直接雇用员工，但它把人力资源分为核心成员、准成员和附属成员。

核心成员是各政府部门中负责各类传播事务的专职人员，比如内部传播、媒体管理者、市场营销等。这些专业人员全部自动成为GCS的核心成员，必须加入，不能退出。

准成员是各政府部门中部分工作涉及传播的人员，比如在军队通信部门工作的武装部队人员、担任新闻参赞的外交官等，或者职业规划中将会涉及一些传播。

附属成员涉及面很广，只要在传播领域和公共部门工作的人员，包括地方政府和临时机构工作人员等。

执行团队来自以上三种成员，但还会根据具体情况雇用非GCS成员。

GCS的运行机制与科层制组织不同，不是权威和命令，而是按照多元和平等的原则采用协商和合作。政府沟通执行主管承担着"总协调员"和"总专业指导"的角色。

在具体的政府传播活动运行中首先是由执行总管与相关部门的传播主管沟通，确定传播的受众、传播的目标、人员的组合，每个传播活动都会建立具体的执行团队。这些团队按照GCS制定的标准和规范来进行具体的运作。在运作过程中可以直接跟执行传播主管和相关的传播主管报告和寻求支持，专业团队负责人也会提供支持。各相关人员对于具体传播活动的指导和支持都会纳入GCS考核体系中。

通过以上的介绍，我们可以看到，GCS通过将政府中的相关人员内化于GCS的组织架构之中，成为GCS网络的重要组成部分，从而最大限度地有效利用了政府资源，同时通过附属成员的吸纳、雇用非GCS的成员以及合作伙伴的方式，拓展其网络，有效地利用社会资源，继而在具体的公共传播活动中，减少沟通成本，提升执行力。

除此之外，GCS把最新的通信、互联网传播技术融入整个网络化治理过程之中，除了自建网站，还充分利用Facebook、Twitter等社交媒体。GCS网络治理不仅建构了一个公益广告的有效运作、管理系统，还有人力资源的培育系统。除了GCS的董事会成员、传播主管团和专业团队负责人，GCS还邀请相关领域的专家、学者给各类成员进行课程培训、讲座，同时提供合适的工作机会。GCS 要求所有成员在网上分享经验,进行各种互动,形成关系网络,促进传播活动的有效开展。

GCS 运行确实成效显著。GCS 于 2014 年 1 月 1 日正式成立,根据英国政府发布的统计数据,2014—2015 年度的政府公共传播费用较之 2009—2010 年度减少了 3.3 亿英镑。GCS 行之有效,除了采用了网络化治理,还有制度和文化的影响和作用,主要有以下几个方面。

(一) 促使企业履行社会责任的法律与制度

为了增强企业的社会责任感,鼓励企业积极参与社会公益事业,英国制定了相关法律。比如《英国公司法》规定,董事会要把社会责任视为公司决策过程中的一项重要内容。《企业运作与财务审查法案》要求企业提供社会责任财务报告。

英国实行社会责任信息披露制度。上市公司必须公布其社会责任信息。信息披露分为强制披露和非强制披露,强制披露就包括慈善和政治捐赠信息。

除此之外,一些权威组织推出了企业责任指数,对企业履行社会责任状况进行评估,并每年发布评估的结果。比如英国企业商会(BITC)的企业责任指数,不仅影响企业声誉,还影响对企业的投资。

(二) 影响深远而广泛的慈善公益文化

英国早在 1601 年就颁布了《慈善用途法》,慈善在英国具有悠久的历史,它源自基督教的宗教信仰,不仅涉及个人道德还体现社会的正义和公平,也是实现国家财富第三次分配的主要途径。正如乔格蒙·鲍曼所言:"没有正义的慈善是不可能的,没有慈善的正义是扭曲的。"[①] 这种文化的陶染,促使个人和企业投身"慈善"实现"公益"成为普遍的价值追求和行为准则。

四、西方公益广告运行及其规制的发展启示

从上文对美英两国公益广告运行及其规制的阐释中,我们可以获得以下的启示。

---

① 乔格蒙·鲍曼:《后现代性及其缺憾》,郇建立等译,学林出版社,2002 年,第 55 页。

(一) 公益广告的网络化治理已成趋势

在数字环境下,新媒体的涌现和传统媒体的数字化转型,媒介生态发生变化,同时新技术,促进了组织的网络化发展,影响了公益广告运行及其规制。比如美国的广告委员会(AC)利用网络进行公益小额捐助,不仅募集资金方式的改变,还大大增加了个体参与数和参与度。英国的政府传播服务(GBS),采用网络化的组织架构,使公益广告资源调动更有效率,传播结果更有效益。

另外全球化的发展,使得许多社会问题突破了国家和地域的边界,反映在各国公益广告主题之中,美国广告委员会(AC)每年有涉及全球性问题的活动主题,比如 2016 年就有难民、气候变暖等。此外,全球化促使国际化传播的需求增长,主要涉及国家形象和社会价值观的国际传播。比如英国的政府传播服务机构(GBS)将国际受众列为其五大关键受众,"处在世界中的英国"作为其 2015 到 2016 年度的四大公共传播主题之一。

以上这些映射到公益广告的运行,呈现的是更多元的主体参与、更为复杂的传播技能运用和更多的资源支持,从而结构着公益广告的运行及其规制,并呈现网络化治理的发展态势。

(二) 公益广告网络治理模式的多维选择

网络化治理模式的选择有多个维度,根据普咯万(Keith G. Provan)、凯尼斯(Patrick Kenis)的研究,主要涉及:网络的信任密度、网络参与数、网络目标的共识度和实现网络目标所需能力,除此之外,网络所处的社会、文化环境、网络成员对于网络及其治理的理解等密切相关。[1] 因此决定网络治理模式主要涉及两个方面:一是网络自身的因素,另外是网络所处的环境因素。

普咯万、凯尼斯把网络治理分为三种类型:参与者共同治理型(Participant-Governed Networks)、主导组织治理型(Lead Organization-Governed Networks)、网络管理组织代理型(Network Administrative Organization)。参与者共同治理型,就是网络成员共同参与网络治理;主导组织治理型,就是网络中的某一组织起领导作用;网络管理组织代理型,就是有一个独立于网络的组织,专门负责整个网络的管理、运行、协调和合作等事项。

---

[1] Provan K G, Kenis P. Modes of network governance: Structure, management, and effectiveness. Journal of Public Administration Research and Theory, 2007, 18(2): 229-252.

美国的公益广告网络治理是"网络管理组织代理型",广告委员会(AC)就是这一代理组织。它是非营利组织。美国的民主制度给非营利组织提供了巨大的发展空间,而美国的宗教信仰及其社会文化,培育了个体对于社会的责任感和公共事务的参与意识。代理模式能够让更多的行为主体参与、更有效地聚集社会资源。

英国则是"主导组织治理型"。GCS主导了整个英国的公共传播活动,然而,其实际运作并非如斯蒂芬·戈德史密斯、威廉·D.埃格斯所言:"在网络化治理模式下,政府更多地依赖各种伙伴关系、协议和同盟所组成的网络,而非传统意义上的公共雇员来从事并完成公共事业。"[①]GCS在将相关的公共部门、组织、商业机构甚至个人纳入其治理网络之中的同时,其运行的核心成员基本来自各政府部门的雇员。这种治理模式及其运行方式的选择,是与英国的君主立宪制、悠久的慈善文化,以及企业与个人履行社会责任的自觉和公益广告治理原有的制度设计"一脉相承"的。

美英两国公益广告网络化治理的现实发展表明,治理模式与其说是选择,还不如说是形成。它既有历史的纵向积淀,又是与制度和文化互动的结果。

(三)公益广告网络凸显其"公共"属性

在西方,由于对公益广告的认知,无论是美国还是英国,其网络化治理均凸显其"公共"属性。

首先体现在"网络目的"。根据美国广告委员会网站,其"网络目标"是"通过传播活动,在一些重大的公共问题上,促使相关政府部门、组织、群体采取行动,从而促使社会产生切实的变化"。根据英国政府传播服务部网站,其自身定位:"为整个政府提供传播服务的专业机构",而"网络目标"的表述是:"通过提供世界一流的传播服务,以协助政府部门,改善人民生活,使我们的公共服务更有效。"

其次是网络架构。无论是美国的广告委员会还是英国的政府传播服务部,都是围绕公益广告运作的流程来进行治理网络架构,尽可能多地容纳社会团体、企业、政府和个人的参与。网络核心和关键节点,美国的广告委员会选

[①] 斯蒂芬·戈德史密斯、威廉·D.埃格斯:《网络化治理:公共部门的新形态》,孙迎春译,北京大学出版社,2008年,第6页。

择的是广告、媒体等相关业界的董事长、CEO以及专家;英国的政府传播服务部是政府官员、掌握相关传播技能的雇员以及业界的专家。

最后是治理效果的达成。公益广告不是道德教化的工具,而是"公共事务"。公益广告传播观念,但其最终目的是为了促进问题的改善和解决,因此,每个公益广告涉及的社会问题,都有相关的政府部门或非政府组织落实相应的行动。

（四）公益广告网络治理中的"政府在场"角色定位

网络治理的最基本特征之一就是参与主体的多元化,那么政府在网络治理中的角色定位是什么?在公益广告治理中,美英两国给予了我们两种不同"政府在场"的样本。

作为以广告委员会为运作核心的美国公益广告网络治理模式,给人的错觉是社会组织主导一切,政府则"不在场"。仔细考察广告委员会的发展历史及其实际运作,就可以看到,政府从未"缺席"。广告委员会曾发布题为《改变美国的公益广告》报告,列举了从1944年到2014年60年间,对美国社会产生重大影响的9个公益广告活动,其中4个由政府赞助,达44%。根据广告委员会公布的《2017年公益广告活动安排一览表》,在36个公益广告活动中有12个赞助者是政府,达33%。同时,广告委员会也设有高级副主席专门负责政府公关,其办公地点除了纽约还有华盛顿。此外,历届总统都与AC保持良好的关系,除了语出"不当总统,就做广告人"的罗斯福,杜鲁门、克林顿,以及小布什等都对广告委员会做出过很高的评价。[①] 由此可见,在美国,政府除了政策、规制的制定者、组织运营的监督者,还是广告委员会重要的合作伙伴。

英国的公益广告治理中,政府的角色跟美国不同,始终处于核心位置,并起着主导作用,采用网络治理是为了提高其治理效率和效果。

总之,数字环境下,全球化和价值多元化的影响,社会正在经历着高度复杂的结构转型,公益广告网络化治理是顺应这些变化的必然。作为西方发达国家的典型代表,美英的经验使我们看到,网络化治理是一种趋势呈现,但治理模式的选择还须契合各国公益广告运行及其规制本身的历史积淀,所处的

---

① William M. O'Barr(bio), Public Service Advertising, *Advertising & Society Review*, Volume 7, Issue 2, 2006.

治社会制度和文化传统。同时作为公共品的公益广告，要实现其网络化治理，网络目标、网络架构和网络治理规则都应凸显这一属性。公益广告网络化治理中，政府并非"不在场"，恰恰相反，政府始终扮演着重要的角色，只是不同的历史场景、政治传统、制度文化赋予其不同的"在场"定位。

第六章 广告,已经发生的未来

第一节 数字时代社会传播结构的改变对商业沟通的影响①

2013年11月底,笔者有幸访问了密歇根州立大学,在院长薇拉·达迪夫的引荐下认识了纽曼·罗素教授。当时纽曼教授正在德国访问,因此我们的沟通是在数字空间中进行。得到纽曼教授的允许,笔者还可以使用所有教授正式出版和发布在网上的内容②,因此本节所介绍的纽曼教授对"数字时代社会传播结构的改变对商业沟通的影响"这一话题的阐述不限于通信的内容,还有其出版的相关著作。

纽曼教授曾在享誉全球的麻省理工学院媒体实验室工作,实验室共同创建者尼葛洛庞帝曾在《数字化生存》一书中,为我们描述了数字化的信息技术对人类社会各个领域的"入侵"和影响,因此教授首先从数字时代特征开始谈。他认为数字时代主要体现三大特征:一是海量信息与数据;二是数字印迹,就是组织或个人,进入网络等数字空间搜索、浏览、接受、发布信息留下的痕迹,这就与大众传播时代"隐形"的大众完全不同,数字技术能够通过数字印迹,而勾勒出个体的"数字肖像";三是文字与符号的多义性。也就是信息传播与信息接受和阐释,两者之间存在着极大的差异性。这些特征极大地撼动了社会

---

① 本节内容改写自笔者所写《数字时代社会传播结构的改变对商业沟通的影响——对话媒介社会学大师纽曼·罗素》一文,该文刊于《中国广告》2014年第2期。
② 笔者参阅的纽曼·罗素的部分著作:The Structure of Communication: Continuity and Change in Digital Age; Taming the Informaiton Tide: Perceptions of Information Overload in the American Home (with EszterHargittai and Olivia Curry), The Information Society 28: 161-173, 2012.

传播的原有结构。

其次，纽曼教授认为数字化，已经或者将要对我们的社会传播结构产生根本性的转变，这是继口语、书写、印刷出版和电子媒介以后，人类有史以来第五次传播的革命。根据目前的研究，社会传播结构的变革主要体现在实践、组织和规则三个方面。"实践"方面，主要体现在公众接触媒体及各种生活习性的变化；"组织"方面，主要体现在公共和私人组织在收集和传播信息，以及应对市场的变化；"规则"方面，则反映了媒体专业人士和受众日常接触媒体和生活习性背后所体现的价值判断和运行准则的演变。

对于数字时代导致传播结构变化的原因，在纽曼教授的新作《数字时代的传播结构：延续与改变》一书中，教授用 4P 加以概括，当然这不是市场营销的 4P，书中的 4P 分别是：Profusion, Polysemy, Polarization, Pluralism。

Profusion 是丰富，充沛之意，用来描述数字时代的信息状况。也有人喜欢用另外一个来描述，那就是 overload（信息超载）。人们之所以感到信息超载是因为在数字空间，随着移动媒体，特别是智能手机等的发展，首先，人们可以随时随地接触信息，这也意味着每个人要自己决定信息接触的时间，而在大众媒体时代，信息的传播、接触时间是由媒体决定的；其次，每个人要自行作出接触信息的决策，与传统的大众媒体不同，每个接触网络信息的人必须自行决定评判标准，然后决定接触哪些信息，而在大众媒体时代，媒体有严格的把关人，决定大众可以或不可以接触哪些信息；再次，传统媒体的信息是经过专业人士的编辑，具有明确的信息架构，使得受众易于接受和理解，网络信息结构往往不是很明确，特别是大量的 UGC 内容，往往需要网民自己对信息作出架构；第四是信息质量良莠不齐，所以相较于大众媒体时代，在数字时代，人们会有更多选择的困惑、决策的困惑和信息理解的困惑，如果解决了这些问题，那么人们就不会有信息超载之感。从某种意义上，也是商业沟通专业人士需要关注及其机会所在。关于"信息超载"，教授及其同事曾做过专门的调查研究，在可《驯服信息潮：美国家庭对信息超载的感知调查》一文中有较为详细的介绍。

Polysemy 是"一词多义"或"意义分歧"之意。原先的传播理论，比如编码、解码理论，认为个体的解码能力因其认知结构，并且这种认知结构同时受到其所处经济、政治和社会结构的不同而不同，从而产生对同一信息的不同理解。社会认知理论认为人类自身的发展、演化和改变根植于社会系统中。公司或媒体的运作往往受其所处的社会环境影响。媒体中呈现的意识形态既反映了媒体人个体的特性，同时也是媒体所处的社会关系、习俗和结构的映射。这两个理论分别从受众和传者的角度探讨了人类传播，特别是大众传播时代信息如何产生意义分歧的。

这一现象在数字时代日趋严重，除了信息接受者和信息制作、传播者的因素之外，与大众媒体时代不同的是，由于网络社群媒体发展，比如Facebook、Twitter，使得对于一个信息的阐释不是个体性而是分众性的。一群人通过"评语"和"转贴"对某一信息进行阐释。"一词多义"或称"意义分歧"，反应的是传播控制的弱化。传统媒体在信息传播中具有霸权性，信息的选择与呈现往往由所谓的精英们来完成。数字传播中的这种分众阐释的模式，会使得信息的呈现和理解很难控制与驾驭，甚至出现与传播者的初衷相反的传播效果。

Polarization意为"极端化"或"两级分化"。现代社会，人类身份的认同和核心价值观的体现等许多方面要借助于符号系统，通过它们来进行阐释，这往往会极端化并产生争议。人类沟通的动力来自人类对自身身份的认同（identity）与识别（identification）的认知。数字媒体的沟通方式与大众媒体不同，数字空间对于人们构建安德森所谓的"想象的共同体"（Imagined Communities）给予了更多的便利与可能，网络社会呈现的是"部落"式，去中心化的发展，与此相伴的是身份认同的"极端化"。这种"极端化"与社会认同、国家认同所具有的"中心化"形成一种悖论。如何平衡这种"极端化"的发展，那么在传播领域要设定一定的规则，比如设定那些内容需要"避免""禁止"传播，制定"审查制度"，确立"公平原则""合作规范"，同时要加强社会、国家、行政社区的"亲和力"。

Pluralism意为"多元化"。在数字时代，大量的个人或私企的信息进入到公共传播领域，"隐私"对于公共领域的"入侵"，促使公共传播领域的结构发生改变，在呈现"多元化"的同时，使得公共传播领域能够保有"开放、灵活和负责任的观念市场"美誉，成为我们必须面对的公共领域悖论。

数字化导致整个社会的传播结构发生变化的同时，对于传播效果的理论也提出了挑战。"议程设置"是大众传播效果研究重要的理论之一。大众传播时代，媒介主导着议程设置，媒介议程影响到公众议程。数字传播开始颠覆议程设置，学者们称为"反向议程设置"，往往是网络上的公众话题影响到媒体对该话题的关注，媒体开始追随网络上话题来进行新闻报道。在数字传播环境中，媒介议程和公众议程，不同媒介的议程、不同群体的议程，甚至个人的议程都会影响到媒介议程，交叉、反复、互相影响，有学者用了"议程荡漾"（Agenda-rippling）。此外对于传播效果的研究影响极大的是大数据的运用，我们可以运用数据非常准确地描绘出传播的效果。之所以用"描绘"，因为大数据是测量受众的行为，从而测量传播的效果。

那么数字时代的商业沟通的变化主要有哪些？通过对教授相关理论的解读，概括起来主要体现在以下三个方面：一是数字时代由于数字印迹等技术手段的运用，使得商业沟通更具人本化的特性；二是商家作为传播活动的发起者，要注意到传播驾驭的模式在发生变化，传播信息的设计，不可忽略网络公众、小众甚至个人的"议程设置"；三是我们可以通过大数据的运用，开发准确预测、精确检测传播效果的方法和手段。

第二节 选择性感知控制：广告的整合效果研究[①]

为了让读者理解我们的研究发现，必须介绍康姆尼克斯对于广告效果研究的观念和方法。康姆尼克斯认为必须区分具有选择性感知群体对广告反应和无感知性群体对广告的反应，使其广告效果测量更为精准。

选择性感知，是指人们更多关注那些自己感兴趣的，有着积极意义的信息。比如，有人喜欢喝可乐，那么这些人会更乐意关注可乐的广告。我们在测定广告活动效果时，必须注意到可乐的粉丝们和不喜欢可乐的群体在对于同一广告接受时的差别。

康姆尼克斯广告效果测定采用的方法名为"纵贯法"（Longitudinal Design）。其实施步骤为：第一步，在广告投放前测定目标受众对品牌的选择性感知度，包括品牌购买、使用、偏好信息和未来的购买意向，以及整体的品牌认知，比如这个品牌很酷；在广告投放后 3—9 月之间，对于同样的群体和同样的品牌进行测试：第一是否看到了广告信息，第二记住了哪些内容，这些都有相应的量化指标。第二步，在第一步所建立的数据库基础上，测定在广告活动期间目标

---

① 本节内容改写自笔者发表于《中国广告》杂志 2013 年第 9 期的《选择性感知控制——提升传统媒体与社交媒体整合运用的广告效果》一文。

群体具体看到的广告、通过什么媒体看到的广告以及接触到的其他营销沟通信息；那些后来看到广告的人较之没有看到广告的人，对广告活动前的品牌评价要高得多，这部分人存在选择性感知；在掌握哪些人存在选择性感知的前提下，推测出广告活动后那些看到广告的人和没有看到广告的人对于品牌评价的差异；那些看到广告的群体在广告活动前后对于品牌评价存在差异，同时那些看到广告和没有看到广告的人对于品牌评价显然也存在差才能异，对于这些"差异"的测量，就是广告效果的测定。

图5-8说明了如何将广告效果从选择性感知效果中分离。首先预测一个广告活动中所有广告信息接受情况，无论是传统媒体广告还是社交媒体广告。广告活动实施后在对相同的消费者群体进行测试，把群体分为看到广告与没有看到广告两部分，再比较广告实施后的测试结果，请看左边的数据，品牌好感度提升，广告活动的效果超过了选择性感知的效果；请看右边的数据，广告活动的效果则没有超过感知性选择的效果。

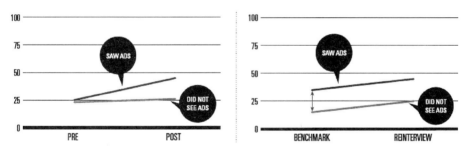

图5-8　CONTROLLING FOR SELECTIVE PERCEPTION
Campaign impact on brand favorability

从消费者角度，选择性感知的程度取决于信息的相关度、是否有助于自我认同和关注能给自身带来的好处。选择性感知是可以量化的，就某种意义上而言，它是消费者与品牌的关系体现，根据现有的研究，选择性感知存在于以下五个方面。

（1）当前的品牌用户；
（2）正考虑购买或喜欢某一品牌的消费者；
（3）认同品牌所蕴含的特质和价值的消费者；
（4）购买时属于候选品牌，而不是拒绝品牌；
（5）选择性感知偶尔会出现在消费者极不喜欢的品牌，负面的品牌态度也会激发选择性感知。

研究表明,选择性感知受到产品品类的影响,比如在研究中,我们通过康姆尼克斯的数据库,选取了零食、饮料和包装消费品,发现包装消费品较之零食和饮料,消费者的选择性感知程度更高。研究也同样表明,不同类型的媒体,受众选择性感知差别很大。本研究将媒体分为传统媒体、传统型线上媒体和社交媒体。传统媒体广告主要指广播、电视、杂志和报纸的广告。那些网上的旗帜广告、弹出式广告、关键词广告等所谓"新媒体广告",由于其传播功能与传统媒体广告没有实质性的区别,我们把它们称为传统型的线上广告。社交媒体广告有很多不同的形式。它可以是一个品牌网站,在那里人们可以一起谈论该品牌。它可以是一条在微博上有关品牌的信息回复,甚至是品牌在Facebook上的页面。社交媒体较之传统媒体和传统型的线上媒体,因其互动性和参与性,因此具有更强的选择性感知,同时使得品牌在目标消费者中更具亲和力。在传统媒体,尤其是电视、广播媒体中包装消费品的选择性感知度高,而零食、饮料类选择性感知度低,但是在社交媒体中零食、饮料类的选择性感知度反而较包装消费品高。这跟零食、饮料类的目标消费群大多是青少年,而包装消费品的目标消费群是家庭,购买者主要是家庭主妇有关。这是因为零食、饮料类的品牌厂商一直致力于打造有趣、酷酷的品牌形象,通过大量富有创意的方式在社交媒体上与目标消费群体进行沟通、互动。

除此之外,消费者拥有的"说服知识"也将对选择性感知产生影响。广告行业对于广告,尤其是电视广告有严格标准,这就导致消费对广告的说服程式很了解,并知道广告就是为了推销商品。每当他们确定某一信息具有说服意图,消费者会构建其信任壁垒。因此要增加消费者的选择性感知,那就要转变说服模式,从"脚本化模式(scripted)"转向"交谈模式(conversations)",这样就降低了消费者信息接收的壁垒,从而提高选择性感知度。当然说服模式跟媒体特性和广告方式密切相关,传统媒体广告和传统型的线上广告因为很难进行互动,广告的说服模式很难从脚本化模式转向交谈模式。相比有明确的广告目的、强烈的品牌定位传达意图的脚本化广告,社交媒体广告采用交谈模式,信息传达较为随便、即兴,能突破消费者的防线,进入其头脑,起到"润物细无声"的作用。但社交媒体上的信息传播很难把控,企业要注意保持对品牌信息传播的控制与降低消费者对广告说服壁垒之间的平衡,以免品牌、企业负面信息在社交媒体中的传播。事实上,说服模式可用于帮助解释整合营销传播中各种传播方式和媒体,在广告信息说服力上的差异性。

社交媒体通过选择性认知,比传统媒体强更能增加品牌与目标受众的亲和力,但其所涉及的目标群体比传统大众媒体要小,因为其信息传播只有对那些社交媒体的活跃用户才有效。

传统媒体尽管在增进品牌与目标受众的亲和力上不如社交媒体,但其仍然是促使大家关注和参与社交媒体品牌传播活动的有效传播渠道。通常看到电视广告的受众比没有看到的其社交媒体活动参与率是没有看到的三到四倍。社交媒体在亲和维度上其传播效果好,但在理性诉求维度方面,其效果不如传统的电视媒体。另外,广告主在社交媒体上对于信息控制度的降低,使得整个传播,比如品牌定位传递、传播目标的实现等,不如传统的电视媒体。

消费者在社交媒体上看到广告信息并不意味着就能产生互动,关键还取决于广告创意,期间的相差在5%与60%。社交媒体引起对广告关注的目标群体所占比例为1/5,而电视媒体为2/3。

目前的研究表明,社交媒体广告还不足以撑起广告这片天空,通过控制选择性感知,促使传统媒体和社交媒体的整合运用才能使达到更好的广告效果。

总而言之,选择性感知,消费者参与品牌传播的过程,并乐在其中已是一种发展趋势,现有的跨媒体传播渠道使得消费者更能自主地参与各种广告、品牌传播活动。广告主通过社交媒体与商业广告更高效地传播品牌信息并与其品牌粉丝进行互动。

说服知识,因消费者意识到广告主的促销意图而对各种媒体广告抱有偏见。社交媒体因其采用"交谈模式"而能起到更好的说服作用。

不同的媒体具有不同的说服能力,一部分源于受众的成见,一部分由于其特性。传统媒体广告因其内容的可控性能同过对品牌定位的有效传达,更好地确立品牌特性。社交媒体因其互动性能使消费者更多感知品牌个性,但它也可以通过话题,比如品牌喜好、品牌使用等有效地传达品牌信息,比如品牌定位、理念和特性等。

消费者通过各种传播渠道和方式接触、参与品牌信息和传播活动,这有助于提升品牌的整合营销传播活动的效果。特别是社交媒体所具有的中立立场,使得广告主通过降低消费者的防范心理,更好地传递品牌信息,建立品牌形象。

第三节 "整体性"效果评估：大数据时代的 IMC 走向[①]

唐·舒尔茨教授的整合营销传播理论，无论是学界还是业界都不会感到陌生。从 1993 年他的整合营销传播的奠基之作《整合营销传播》问世以来，已经过去了二十余年。在这过程，营销的外部环境发生巨大的变化，其理论也在不断发展。对于"整合"的理念阐述也随之发生的变化。

"整合"(integrated)其实投射出"整体性"(holistic)的思维方式，这并不是西方的传统。西方的一直强调的是个体，关注的是具体。在营销的领域更关注具体的营销沟通方式，比如广告、公关、促销等在细分市场、目标市场乃至更小的利基市场的运用。唐·舒尔茨教授等人提出的整合理念曾遭遇原有营销沟通理论传统的挑战，甚至被学界和业界都拒绝。但唐·舒尔茨教授及其他学者所做的对业界的调查研究证实了 IMC 所具有的意义。可能是出于整合营销传播的实际运作的需要和实际运作的现实，西方的营销教科书虽接受了"整合营销传播"这样的表述，但其概念涉及的范围一般局限于广告与促销等营销沟通的整合。网络的出现和发展，"营销空间"替代了"营销地点"，"整合"也拓展到网络空间。电子商务的兴起，新媒体的发展，线上和线下的整合也成为整合营销传播研究的热点。

最初整合营销传播的重点是如何通过各种传播活动（如广告、公共关系、直邮等）创造一个统一的组织形象，也就是所谓的"一种形象和一个声音"，"整合"主要是在传播形式上保持一致。

理论的进一步发展，IMC 已经涉及了更为广泛的领域，并变得更为复杂。它已经从一种通过传播管理各种传播要素的协调运作战术方法转变为一种标杆体系，围绕该标杆体系，组织能更有效地制定并执行所有的市场传播战略和计划，这就是唐·舒尔茨教授等学者提出用于进行"整合"运作的四阶段说。第一阶段：战术协调。组织关注其所开展的各种营销传播活动，并协调各活动，使其传播内容具有一致性，传播的执行能相互配合。第二阶段：重新界定

[①] 本节内容改写自笔者发表于《中国广告》杂志 2014 年第 1 期的《大数据时代的整合营销传播——对唐·舒尔茨教授最新研究的评述》一文。

营销传播范围。在这一阶段,公司基于对顾客关系和潜在顾客关系建立的考量,采取更广泛的沟通活动,除了传统功能性的沟通活动,比如广告、促销和公关等,还会涉及各利益相关人的沟通活动,比如针对雇员的。第三阶段:信息技术的应用。在这一阶段,公司不仅利用信息技术来整合过去使用过的各种营销传播形式,而且使用数据库等信息技术来识别顾客的独特需求,进行定制化的传播。第四阶段:关于财务和战略的整合。传统的广告和营销很难精确地测量其在财务上的收益。信息技术的发展,使 IMC 战略与财务结合,测定其投资回报(ROI)成为可能。在该阶段,公司在制定传播计划前,首先要从财务角度对顾客或潜在顾客的价值及潜在价值进行评估,从而制定出可评估"投资回报率"的营销传播计划。

从唐·舒尔茨教授等学者的整合营销传播的四阶段论可以看出,随着信息技术的发展,对 IMC 的研究已经从"定义"开始转向对其"评估"的研究,也就是对其执行效果的测量研究。

在唐·舒尔茨教授看来,目前许多公司和机构已经开发出了各种评估营销沟通效果的方式和工具,但都是针对营销沟通的特定方式,比如广告、直销等,少有将之联系起来进行整合性效果评估的。他在《营销效果的测量需要运用整体性的思维方式》一文中谈到了要对于营销效果的评估系统进行整合性的设计。文中唐·舒尔茨教授提出建立一个完整的、全面的营销沟通的整合性评估系统主要有三部分。第一部分是针对已执行的整合营销传播活动效果进行测定。根据短期的历史性数据库,数据起码已积累了 3—4 年,数据涉及:产品的销售额、营销沟通的费用等,用关联法和回溯法测定 IMC 的影响和投资回报。第二部分是一种预测方式,可以预测消费者对于 IMC 执行后可能的行为反应,叫"顾客投资回报法"。这个方法要求广告主建立一个数据库,收集消费者对营销沟通的喜好,隔一段时间进行更新,积累数据一、二年以后就能进行有效的预测。第三部分是营销效果的长期测量。是测量品牌价值的变化,品牌价值包括市场价值和金融价值,两者都要测量。通过测量品牌市场价值可以测量和预测到消费行为,从而测量到或预测到对销售额和市场的影响,比如收入流的生成;通过测量金融价值可以测量或预知品牌对投资者的吸引力和股票价格的升降。

在《整合顾客数据:交易型数据和关系型数据在整合营销传播中的角色》一文中,唐·舒尔茨等学者更具体地阐释了企业对数据的整合运用。文章把企业的数据分三种类型：交易型数据、关系型数据和交易与关系混合型数据。

交易型数据涉及：地理、人口统计、消费者购买的历史记录、消费者反应记录，比如销售记录、反馈记录等，杂志的订阅、相关的列表等，关注于消费者的行为测量，依此来测定的关系其实反应的是销售和利润指数。

关系型数据关注顾客的心理统计特征，涉及社会心理方面的内容，比如价值、动机、信仰、态度和生活方式。企业运用该种数据库是为了根据顾客的需求来制定合适的沟通策略和内容，获得顾客的忠诚。

交易型数据则主要体现企业的销售力，关系型数据主要是为了增进企业或品牌与顾客关系，通过两种数据的整合运用，在增进企业销售的同时，提升顾客的购物体验。

许多企业还拥有交易—关系型数据。比如详细的持续的交易记录，具体有购买、信用、付费历史。另外交易记录数据还会涉及销售者与顾客之间的互动、沟通记录，以及各种接触，比如顾客的投诉、顾客调查、网络咨询、电子邮件沟通、顾客的咨询电话，以及顾客忠诚计划，这些都不直接促成销售，如果能与前面两种数据整合运用，能够增加企业的竞争优势和无形资产。

此外，企业还要善于运用可获得的外部数据，即所谓的独立数据，与自身的数据进行整合起来分析运用。现在有些企业和机构都拥有个人或家庭的很多数据库，比如开户的银行、电话号码、零售店的选择和个人喜好等，可以运用这些数据对 IMC 传播的效果进行预测。

唐·舒尔茨教授指出在测量 IMC 的效果时，关键是我们需要运用整体性的方式，而非用许多方法和路径来回答割裂开的问题。切记，在此笔者所阐述的整合的概念较之 IMC 提出时的含义更广。"整合"需要我们更关注各种沟通工具与方式一起运用时所产生的整体效果，而不仅仅是拘于细节上各个沟通工具和方法如何各自更好地发挥作用。

在《从"研究"到"洞察"》一文中，教授更是一针见血地指出，要取得 IMC 的整合效果，关键还是要把顾客价值整合进企业的价值和战略，必须兼顾两者，顾客利益和企业目标。我们原先的营销，聚焦于市场和顾客的研究，希望从顾客那里赚取尽可能多的钱。但网络的发展使得顾客接触到很多信息，也了解了获得产品或服务信息的途径，如果对于产品和服务不满，也可以通过网络进行传播，所以企业就不能像从前一样，而是要学会与顾客"分享价值"，并通过洞察顾客的需求，让顾客与企业共同创造价值。这也体现在唐·舒尔茨所总结的

"SIVA 模型",即解决方案、信息、价值和入口之中。

"整合"所体现的"整体性"思考方式,不仅改变了西方传统的营销理念,还意味着对企业的经营战略,乃至组织架构都将产生影响,这部分的研究也将是 IMC 理论未来的一个重要发展方向。同时唐·舒尔茨教授也指出,整合所体现的整体性非常切合中国的思维方式,是该理论在中国广泛传播并接受的原因,中国的市场和广告、营销人员的实践也将推进整合营销传播理论的发展。

第四节　Humetrics:广告效果度量的数字思维[①]

美国广告研究基金[②]出版的《数字媒体广告效果评估标准指南》[③]一书由斯蒂文·拉帕波特所著,书中列出了 197 项用于社交媒体、移动媒体和电子邮件等数字媒体广告效果的评估标准。本节并非想要介绍这些具体的度量标准,而是想探讨这些标准背后所蕴含的广告效果度量思维在数字时代的变革。

《数字媒体广告效果评估标准指南》一书生造了一词:Humetrics,是 Human 与 Metrics 结合。Human 中文意为人性,Metrics 是度量标准,两者合二为一,其含义正如该著作"献词"中所书:"献给每一位把人性融入其度量标准的人"(To everyone discovering the humanity within their metrics)。强调精准的数字媒体广告,其效果评估为何却要将人性融入其中呢?

斯蒂文·拉帕波特认为,度量标准(Metrics)首先是统计数量(Count),用来对某一事物发生和发展的统计,比如某一网站一周时间单独访客数量的统计。除此之外,度量标准要能显示某一事物发展过程,是用户各种行为关系的量化表达。比如用百分比(Percent)来计算邮件的点击率,就是揭示用户打开邮件的比例。再进一步,数字媒体环境下的广告度量标准是要理解、描述数字平台上广告的效果,比如 Facebook 或 YouTube,在总结平台运行方式基础

[①] 本节内容改写自笔者发表于《中国广告》杂志 2014 年第 8 期的《Humetrics:广告效果度量的数字思维变革——美国对话:斯蒂文·拉帕波特》一文。

[②] Advertising Research Foundation,简称 ARF,1939 年由美国广告主协会(Association of National Advertisers)和美国广告代理商协会(American Association of Advertising Agencies)共同建立,《广告研究学刊》(Journal of Advertising Research)就由其出版。

[③] Stephen D. Rappaport, The Digital Metrics Field Guide: The Definitive Reference for Brands using the Web, Social Media, Mobile Media, or Email, the Advertising Research Foundation, 2014.

上，找到广告运营的商业模式，说白了是卖广告的方式。除此之外，数字广告效果度量标准还涉及评估品牌在数字平台上的传播效果，从而能使广告主简化数字媒介选择和优化品牌传播目标。

相较于大众传媒时代，数字时代在广告效果"度量范式的转变"，主要体现在以下四个方面。

一、数字媒体崛起带来了信息收集的变革，此所谓的大数据时代的来临。在大众媒体时代，我们只能统计广告在某个媒体曝光度等。数字技术可以通过数字印迹跟踪和数据整合技术，收集到用户所做、所见、所感受、所思考等各方面的信息，个体不再是非人格化的单位，而是一个个生活中的人。因而度量范式的转变最重要的是度量标准的人性化趋势，这就是本书"Humetrics"的由来。

二、对于广告效果的界定在变化。过去采用海英滋·姆·戈德曼的AIDA模式，这是一种线性的广告效果模式。但是数字技术使得信源呈爆炸性发展、沟通渠道层出不穷并呈现碎片化态势，消费者购买路径不再单一，而是极其多元化，因此对于广告效果的度量已不能采用原有的线性、统一的模式，而是要根据消费者的购买路径、使用目的和体验需求来设定广告效果，因此数字环境下的广告效果度量范式是非线性、更具创造性的。

三、对于广告效果的判断不再是从消费者对广告的反应角度，而是从人们怎样参与广告，与广告进行互动。尽管前者在现实中仍然大量存在，但人们通过数字媒体可以互动、参与和分享，因此广告有时也包括品牌信息以这种方式呈现于用户的数字沟通和互动过程之中。因此有一个转变是数字时代人们更要关注人们对广告做了什么，他们在社交网络中的影响力。

四、对于媒介效果的度量范式从专注于数字、图表和广告战术运用结果统计而转变为"叙事"，这是结合了对人类深刻洞察基础上提出的人性化度量标准。"叙事"度量标准是对一连串相关事件的描述。

媒介公司需要让客户了解他们的广告投入究竟取得了什么效果，但媒介统计只能提供一连串的数字。客户往往非常疑惑他们的媒介代理公司所提供的这些数据意味着什么。比如网站流量的变化，社交媒体上粉丝数量的减少或增加。运用"叙事"的度量标准，就要回答，网站流量在一段时间内的变化，比如早上的几点到几点流量最大，哪些人促使流量的增加，在哪个时段流量最小，那些人的离开促使流量减少。"叙事"的度量标准，不仅仅要呈现数据，还要讲出这些数据背后的"故事"以及对客户的产品或品牌到底意味着什么。

广告效果评估范式的变化除了数字媒体,还与消费群体的需求变化密切相关。书中将年轻一代称为"千禧一代",并认为这一代人的特质与需求的变化,将是我们面临的最大挑战。广告、营销沟通和品牌传播的方式与方法都必须顺应他们的特点和需求进行变革,广告不是促使他们购买更多的产品和服务,而是促使他们的生活更美好。千禧一代有着更多创造和表达的需求,数字媒体从技术层面支持了他们的这种需求,新一代的消费群体将参与到广告的创作和传播之中,广告不再是大众媒体时代与媒介传播内容泾渭分明,在数字媒体时代,尤其是在社交媒体,广告更多体现的是"内容",广告效果的评估需要一种过程式的、渗透式的范式。

第五节 透析消费者头脑中的价值概念图谱[①]

"所谓定位,就是让你的品牌在顾客大脑中占据一个有价值的位置",当艾·里斯和杰克·特劳特提出定位理论的时候,有没有人进一步探寻,那么顾客大脑中价值概念是怎样排列组合的?它们之间的关系又是怎样的?头脑基因学,通俗一点讲就是对顾客头脑中价值概念图谱的发掘与呈现。

美国在头脑基因学理论与应用研究领域的翘楚霍华德·莫斯科维茨博士认为,头脑基因学通过数据来理解日常生活世界的全新科学。它有点像点彩画,通过将产品置于具体的话题和场景之中。比如酸奶,我们要把它置身于吃早餐的场景,在"盗版行为的道德和实践"话题中,我们设计一系列的价值概念,通过实验,检测被测者的反应,从而洞察不同的消费者内心深处就酸奶对其生活的价值与意义的想法。头脑基因学又可被视为一种发现并深入了解消费者的方法,具体而言就是通过某个话题了解对于消费者哪些方面是最为重要的,以及不同人对于同一话题的各个方面,反应方式具有怎样的差别;在特定话题中个体是如何来辨别不同观点的。这就是我们把它比喻成是点彩画的原因,我们不是面面俱到地描绘场景,只是通过选取一些关键的观念结点,通

---

① 本节内容根据笔者所写《透析消费者头脑中的价值概念图谱——霍华德·莫斯科维茨博士谈头脑基因学及其应用》一文,该文刊于《中国广告》2015年第6期。

过测试消费者的反应,形成数据库,从而勾画出消费者头脑中对某一产品的价值概念图谱,从而将之运用于市场营销。

这就意味着运用这种方法能够深入地了解人的想法,从而能够用人们理解的语言跟其沟通,并激励他们。这一科学理论可运用于教育、医学和商务等领域。换言之,头脑基因学的应用相当广泛。

目前,神经营销学在中国正获得越来越多的关注,但对于头脑基因学至今却少为人知。霍华德·莫斯科维茨博士解释了两者的区别。

神经营销学就是研究消费者对于营销信息所做出的感觉、认知和情感反应。简而言之,神经营销学通过研究人的生理反应来探讨营销学的相关话题,比如关注度、消费决策,即所谓的客观测量方法。神经营销学记录神经元的活动。它在研究时运用一些先进科学检测技术,比如核磁共振成像技术,通过观察大脑在接受营销信息后某些部位活跃度的变化,来推断人们对信息的反应。所以神经营销学关注消费者决策过程中大脑的生理性变化,目前神经营销学的研究仍处于起步阶段。但我们确实发现,当人们做决策时,大脑的相应部位会产生关联性和共变性影响。头脑基因学是研究在日常生活中,人们内心深处存在的真实图像。比如,在日常生活中,当人们作出一个简单决定时,他们的考量标准有哪些?我们怎么去发现哪一项或几项对其是真正重要的?我们询问他们,得到的往往是经过修饰并很"得体"的答案,我们通过观测每个个体在具体的场景中,在各种选项中最终作出的选择,就能推断其所做决定的驱动因素。

头脑基因学与神经营销学另一个不同之处是前者通过一个个的小实验,而非通过仪器来检测人们头脑中真实的想法。我们选取一个话题,围绕这个话题设计引申出许多观念,然后把这些观念用语言文字进行表述设计为概念元,并将之分成几个组,每个组由相近的概念元组成。然后从各概念元小组中抽出若干概念元组合成概念集,比如我们在一个话题中设计了 36 个概念元,把这些概念元分成 6 组,然后从这 6 个组织概念元中抽取,重新组合成 48 个概念集,每个概念集由 3—4 个概念元组成。我们规定每个概念元在 48 个概念集中出现 5 的倍数次。然后我们将 48 个概念集逐一呈现于消费者,观测其反应。每个消费者的反应被视为独一无二的由 48 个片段组成的"影片"。我们的实验非常严谨,消费者很难在其中"耍滑",实验就像"核磁共振",能迅速、直观地揭示出人们内心的想法。

目前霍华德·莫斯科维茨博士和他的团队正在运用统计学的方法,将消费者对特定主题的反应转换成数字,并把消费者头脑中的想法图谱化。研究团队会召集不同的人,以便发现不同的思维方式,看待概念元和观念的不同方式。并使用机器自动学习系统创建观点标识码,以此预测在一个细分市场中个体的身份、思维模式。这也可以通过一些简单的问题和购买的数据库信息来作出这样的预测。

头脑基因学采用与一般科学研究不同的世界观。不是假设世界可能的运作方式,而是提供组织原理,图谱化多维度的体验。我们不需要假设,我们只是通过实验证实或推翻种种假设。这就足够确定一个话题域,比如医疗保健,通过一些词汇来图谱化哪些观念是消费者认同的哪些是排斥的。头脑基因学有点像聚光灯,只是聚焦于其头脑的一角,通过图谱化的方式让它呈现出来。

所有做过销售的都知道,一个好的销售凭直觉就知道该说什么。一个拥有5年、10年或20年销售经验的人,可以感知谁是销售对象和销售什么给这个人。那我们如何把这些隐性知识显性化,以便我们知道对特定的人说特定的话,即便这个人我们不认识,甚至从未遇见过,也许以后也不会见面。换言之,头脑基因学的方法就是提高找到合适的人,在合适的时机,发送合适信息的持续性和稳定性。

头脑基因学的研究就是提供一个可操作的数据库,告诉你"对谁说""说什么"和"怎么说"。头脑基因学可以运用于许多领域,范围涵盖了教育、产品、法律,甚至是生活方式。[①]

头脑基因学的商业化运作,霍华德·莫斯科维茨博士以自身经营进行了介绍,可以运用头脑基因学的知识和原理发现了新的路径去创造更好的产品。例如,把头脑基因学原理运用于食品行业。通过实验,我们发现不同的人有不同的喜好,不同的口味。运用头脑基因学方法,我们开发不同的产品配方,通过实验,确定不同的喜好和口味。

头脑基因学的原理和方法不仅可用于产品开发,也可以运用于观念发掘和沟通。我们探索"概念集"的组成,类似于我们为饮料或酱料做配方。当然

---

① 通过以下链接可参阅更多有关头脑基因学内容:https://www.dropbox.com/sh/vlyiqp6p5eom0m1/AAC1WRPuHOGpax6TLq-md824a?dl=0。

我们并不局限于食品行业。我们还把头脑基因学的方法运用于法律诉讼，帮助律师更好地打赢官司。比如我们曾帮助律师雷克斯·帕雷斯赢得了一个金额巨大的官司。

头脑基因学不仅是一种理论，还是一种技术，可以帮助人们生活得更好，一种能"读懂"千千万万头脑中想法的技术。霍华德·莫斯科维茨博士和他的团队正在进行的研究是收集10亿人在400个话题中的想法，并建立数据库，并根据这个庞大的数据库，来预测人们的行为，这在商业中有着巨大的运用前景。

在广告、营销等沟通服务领域，头脑基因学及其方法和技术能帮助企业了解其顾客的不同思维模式，创造更好、更有效的沟通信息。我们帮助我们的客户提高销售、合乎规范、人才招聘和募集资金。比如头脑基因学的方法可以帮助学校工作人员更好地与一位正在申请大学的学生交谈。给予学生准确的信息，鼓励他们报考该大学。霍华德·莫斯科维茨博士公司曾经帮助一所网络高校提高了35%的注册率，帮助一所大学提高了18%的捐款率。

在医学领域，霍华德·莫斯科维茨博士及其团队运用头脑基因学的方法，帮助医院在病人出院时怎么跟病人沟通，从而降低了病人出院后重新入院率。霍华德·莫斯科维茨博士及其团队通过研究发现，病人中有三种思维定式：第一种病人认为医生是万能的，了解任何事；第二种病人希望从朋友那里寻求帮助；第三种病人希望活得长久些，能看到自己的孩子和孙子们的成长。不同思维定式的人，在出院回家时，其实需要给予不同的信息。在出院前，团队做了一个简单的测试，名为"个体观念分析"，通过确定病人的思维定式，然后在出院时，给予特定的符合其思维定式的出院后书面康复指导意见。结果是很乐观的，往常30天内重新入院率为17%，通过实施头脑基因学的方法，降低至5%。

随着大数据时代来临，头脑基因学的发展也离不开大数据，大数据深刻地影响着头脑基因学的发展，并将之推向一个更广阔的研究和运用空间和视野。

头脑基因学的基本方法是通过话题，了解人们内心深处的真实想法。假设现在有一个500人的群体，测试他们对话题"概念集"的反应，然后对每个人每一项反应做标识。由于人们思维模式的不同，同样的话题，其反应是不同的。通过总结归纳出几种类别的思维定式,然后据此将这些人分类,这个方法称为个人观点标识符。大数据,使得可以使用数字观点标识符,通过数据库,运用相关的变量非常迅速地找到这些人。

假设运用头脑基因学的方法创建某一话题的数据库,如果我们要对这一话题做更深入的研究,运用"垂直法",就某一类的话题创建20个数据库,比如20个教育的、20个健康体验、20个包装食品和20个旅游体验。每个话题都问一些问题,或者通过查看一个数据库,得到某个人在20个不同话题上的得分,就能发现每个人在20个相关话题中具有隶属性的系列观点。用基因学的语言表述,就是我们可以对一个的想法进行垂直排列。

如果我们一个20个相关话题的头脑基因学式的垂直型数据库基础上,扩展成400个不同的话题,人员也扩展为100万人、100万人、1亿人、10亿、20亿人。如果拥有10亿人的头脑基因学数据库。可以跟这些人以他们希望的方式进行沟通,展示或销售产品或服务,更好地在社交媒体上跟顾客接触,说服他们应该怎么做才能更有利于其健康,可以施教学生以他们希望的方式。最后,通过这个庞大的数据库,可以对人们的对某一类问题的想法进行排序,从而发现精神基因集和物理基因集之间的关联性。并能看到精神基因集与大数据中所呈现的人们行为之间的关联。

霍华德·莫斯科维茨博士认为媒介权利正在从传统媒介转向数字媒体。针对特定的目标群体的沟通,更多地使用社交媒体、搜索引擎变得越来越重要;内容个性化是另一个重要的发展趋势。公司需根据顾客独特的兴趣爱好"量身定制"个性化的内容,以抓住其眼球;广告将变得更精准,因为市场营销者已能够非常精确地了解特定消费者的特性。

这些发展趋势是源于技术的发展导致消费者行为的变化。现如今,市场营销人员花费更多的时间去抓住顾客而不是推动顾客。顾客不需要过多的信息,他们只想要他们所需要的。所有的趋势就是要把恰当的信息,以恰当的方式,传递给目标群体。头脑基因学的方法可能有助于确定目标群体,然后确定对其"说什么"和"怎么说",使沟通变得更加有效。根据已有的实践表明,头脑基因学尽管不是一架魔法机器,但它一旦运用于商业、学校、医疗,确实能提高绩效,增加收益,收益增加率从10%到100%不等。20亿人,400个话题的头脑基因学数据库,一旦建成,不仅使得广告和营销从根本上变得极其精准,而且可能"引爆"各种新的产品和服务,乃至商业模式的产生。

第六节　健康营销传播的当下与未来[1]

随着中国人口的老龄化，医疗保健市场越来越受到关注，与之相伴的健康营销传播也在广告、营销传播行业渐渐凸显其地位。美国健康营销传播全球领先，笔者在纽约特意采访了宏盟广告旗下健康营销传播集团 CDM NEW YORK 的主席凯尔·巴瑞克。他就健康营销传播的当下与未来，进行了极具前瞻性的阐述。

美国的医疗业非常庞大，根据美国普兰科特研究公司发布的行业数据，美国医疗业每年的花费是 ＄2.9 兆，占美国 GDP 的 18%，全球的 40%。[2] 美国的医疗开支主要涉及医院护理、医生和临床服务、牙科服务、处方药和养老院及家庭医疗服务。美国政府规定 50 人以上的企业必须为雇员购买医疗保险。政府对于 65 岁以上的老年人和低收入家庭提供医保。例如奥巴马政府推行的《平价医保法案》，使得医保的覆盖面扩大，达到美国人口的 95% 左右。

美国健康营销传播十分发达，服务的领域涉及药品（包括处方药和非处方药）、医疗器械制造企业、医药的销售企业，以及医药保险业。在帮助企业推广产品和服务，促进销售的同时，向美国民众传播健康理念也是这个行业所要履行的职责，因此公司服务对象还会涉及非营利性组织。

健康营销传播跟普通消费品营销传播最大的不同是双"S"，即其"特殊性""专业性"所决定的。

"特殊性"涉及美国医疗市场及其运行环境。美国医药企业非常重视新药开发，尽管开发新药成本昂贵，但一旦新药上市，其价格是由企业决定，同时享有专利保护，企业能够获得巨大的利润。在美国的医药市场会有较多的新药上市。同时美国药品销售都实行全国连锁，24 小时营业，所以药品零售公司也对医药营销有着巨大的需求。当然也要考虑医药营销沟通要涉及的群体的特殊性，除了大众还有医生。

"专业性"是由医药品及服务所决定的，在营销传播中会涉及大量的医药

---

[1] 本节内容改写自笔者发表于《中国广告》杂志 2014 年第 6 期的《健康营销传播的当下与未来——美国对话：宏盟广告旗下健康营销传播集团 CDM NEW YORK 主席凯尔·巴瑞克》一文。

[2] 参见美国普兰科特研究公司发布的行业数据，https://www.plunkettresearch.com/health-care-medical-market-research/industry-and-business-data。

方面的专业知识。因而在具体的运作时,要注意客户需求与商业伦理之间的平衡;知识传播和广告创意之间的平衡。在深入了解客户需求的同时,洞察目标传播群体的需求和接受度。

凯尔·巴瑞克以 CDM NEW YORK 为例,详细介绍了美国健康营销传播公司的运营方式。CDM NEW YORK 是广告集团宏盟旗下的健康营销传播公司,其秉承的理念是 SSCG,即:Substance, Style, Conviction, Grace。

Substance(注重实质),意味着公司灵活地运用现有知识,不断推进对客户、品牌、渠道和市场的透彻理解;

Style(秉持风格),不断探索,保持非凡的创造力,这是公司的核心;

Conviction(坚守信念),相信公司所做的以及它所显示的一切。对于公司的品牌和业务,坚持我们的立场和标准;

Grace(以礼相待),尊重公司的客户,直言所见,欣赏自己所做的,也希望得到尊重和欣赏。

SSCG 体现了公司的价值观,是推动 CDM NEW YORK 不断发展的原动力,同时也反映了健康营销传播与其他营销沟通的区别,那就是公司必须要有更强的社会责任意识和道德感。

随着新技术的发展,新媒体的发展,特别是社交媒体的出现,智能手机、IPAD 等个人信息终端设备的大量运用,还有所谓能感知人类的技术设备,比如 NIKE 运动腕带,Google 的 AI 眼镜。面对新的媒介和市场环境,CDM NEW YORK 提出了新的一个服务理念"What's Next",关注于帮助客户意识到他们的品牌下一步该做什么,什么对于他们的品牌才是最重要的,并且鼓励客户去尝试,接受一些全新的创意。在这个瞬息万变的世界中,未来很难预测,但公司定将为每个客户的品牌创造未来。为此公司开设了博客[①],同时建立了网站,来传播这一理念。

总之,数字技术对于医疗保健营销业影响巨大,将带来越来越多新的运动保健产品,比如各种可佩戴的电子感应设备,记录人的运动量、呼吸、心跳等。同时这些运动保健产品所积累的数据,将为健康营销传播带来巨大的机遇和挑战,公司必须通过集成这些数据,进行分析,使得健康营销传播更加精准、有效。在极其多样化的传播渠道,或称新媒体环境下,运用大数据,帮助客户建

---

① 公司博客网址,https://www.clinedavis.com/blog.html。

立强大的品牌。

跟所有行业一样,健康营销传播业除了要面对数字化的环境,还有全球化的挑战。但在凯尔·巴瑞克看来,无论是数字技术还是全球化,对于一个行业来说,都是触动因素,带来的是整体性的变化。除此之外,健康营销传播无论是在美国还是在其他市场,比如中国市场,还会面对经济、制度、法律法规、市场等因素。具体而言可能涉及:专利、监管、流通、医改、法律赋予病人的权力、经济状况等。

凯尔·巴瑞克还认为,作为一个服务行业,公司的发展往往还会跟随客户发展战略与经营方式的变化而变化。在不同的市场和运行环境中,公司会改变他们做生意的方式,产品开发的战略,与客户沟通的方式,资金的投入先后缓急和分配都会发生变化,比如在其品牌、渠道、策略和受众之间的资金投入比列。

作为医药保健营销传播公司,应对这些变化和挑战最重要的还是人才。我们既需要极其本土化的人才,同时更需要具有跨文化沟通和运行能力的人才,更需要像数据分析师这样新型的人才。

第七节　公益创业:社会责任与商业手段的双重协奏[①]

公益是非营利的,为了提高公益组织社会服务效率,越来越多的公益组织引入企业运作的方法,由此诞生了公益企业(Social Enterprise)。在美国"公益创业"(Social Entrepreneurship)成为社会实践和学术研究的热点,为此笔者采访了在这一研究领域的美国著名学者伦梓教授,请他对公益创业及其研究为我们做一番解读。

"公益创业",又可译为"社会企业家精神"。在美国引起研究者的关注是在20世纪90年代中期。关于这个概念的界定有着许多的争议,主要可分为两个流派,一是社会企业流派,关注商业手段在社会领域的运用,包括通过营利来达成社会使命,解决社会问题;另一个是社会改革流派,试图创建新的更

[①] 本节内容改写自笔者发表于《中国广告》杂志2014年第6期的《社会责任与商业手段的双重协奏——伦梓(David O. Renz)教授,对美国公益创业及其研究的最新解读》一文。

有效的途径解决社会问题,满足社会需求。大卫·柏恩斯坦在《如何改变世界:公益企业家及其新观念的力量》一书中的论述:企业家关注经济,公益企业家关注社会变革,他们质疑现实,勇于创新,不屈不挠,努力使世界变得更美好,他们是社会发展的驱动力。

在美国,公益企业所涉及的领域非常广泛,从公共服务到行业协会,从小众化的群体到社区,涉及社会的各个层面和行业,这从美国的《国内税收法典》所列的免税组织就可见一斑。只要这个组织的驱动因素是使命而非经济利益,就可被视为非营利组织。

公益创业在美国的发展基于多方面的原因:首先是社会变革的需求。20世纪70年代,西方国家原有的福利制度陷入危机,美国也不例外。当时的观念认为社会问题由政府自上而下地去解决有其局限性,应当通过发挥公民的主动性、聪明才智和资金投入来寻求新的解决途径。在这种寻求变革的呼声下,美国政府从20世纪80年代开始削减福利预算,并相继出台了一系列的政策和法律,减免税收,鼓励企业和个人从事和捐助非营利组织。[①] 其次人们要求慈善业不仅仅是一时的行善而要更加注重效率和效果,并具有持续性,随着愈来愈多的公民投入到慈善公益事业促使这种呼声变得越来越高涨。再次,当政府放低创办非营利组织的门槛,并采取免税等促进发展的措施,从而促使各种非营利组织在美国蓬勃发展,随之竞争加剧,如何获得资金,以便组织能持续发展,履行其使命,这是非营利组织都面临的问题,在这个背景下,公益创业跃然而起。

也许有人会疑惑,公益企业和非营利组织有何区别。其实公益企业就是非营利组织,在美国,公益企业跟其他非营利组织一样享受税收豁免的待遇,因为组织发展的驱动因素是完成使命而非赢利,但它在运作时全部或部分采用商业运作的方式,通过出售商品和服务来赢利。比如有一个专门吸纳残障人士就业的公益企业,他们接受社会的捐助和政府的补贴,但同时通过超市出售残障人士制作的各种产品,该公益企业50%的运营经费来自出售产品的收入。公益企业的商业行为模糊了商业与非营利的界限,确定营利与达成公益企业使命之间的关系,把握好组织运营中经济效益和社会效益的平衡,这对公

---

① 具体减免税收的条款可参阅美国《国内税收法典》(the Internal Revenue Code)的第501(c)(3)—(8)、(10)、(19),以及第527等条目。

益企业是一个挑战，因为非营利组织在美国有很长的发展历史，它涉及公众对非营利组织的社会责任、价值信仰和道德期待，即公益企业的公信力。

目前公益创业不仅在美国，而且在全球引起了广泛的关注，在英国、加拿大、澳大利亚和日本等国都发展迅速。社会文化和政治制度对公益创业的组织形态和运作模式产生很大的影响。我们做了欧洲和美国的比较研究，发现公益创业在欧洲和美国体现出不同的特质：

欧洲的公益创业在组织形态上更多采用合作或协会的形式；在法律上，它不同于传统的民间活动，在欧洲的很多国家将之列为特殊的一种组织形态。它提供小众化的公共服务，主要关注创造社会效益而非经济利益，政府的资金支持力度很大。

在美国公益创业仅仅是非营利组织的一种策略选择，并没有单独作为一个组织类别。它由营利和非营利两部分组成，同时关注经济收益和社会效益，它所涉及的领域非常广泛，各种各样小众化的市场或称为产业，由私人提供资金。

公益创业正在打破传统的商业与社会服务的界限，目前也有许多企业在进行公益营销，即利用公益来创建自身的社会信誉或称为企业品牌。"公益"与"商业"界限在某些层面渐趋模糊这跟社会对企业和社会对非营利组织的评价标准的变化密切相关。社会对于企业的社会责任期许度在不断提升，也就是随着全球气候变暖、环境污染和食品安全等问题出现，社会要求企业承担更多的社会责任，与此同时，民众要求非营利组织能够提供更优质、更有效的公共服务。目前企业方面涉及"公益"的营销手段主要有：

善因营销，又称为事业关联营销（Cause-related Marketing）是将产品或服务推广、销售与社会问题或公益事业相结合，在为相关事业进行捐赠，助其发展的同时，提升企业品牌美誉度，实现品牌价值和社会效益的双赢。著名的案例就是"雅芳乳腺癌防治计划"，雅芳通过这一计划赢得了其主要消费群的信赖，在提升其声誉的同时促进了产品销售和品牌价值。

除此之外，企业运用通常的营销沟通方式，比如：赞助，通过赞助某项公益活动；公关，直接组织公益基金，举办公益活动；广告，通过发布企业形象广告来传递企业对环境、气候、种族歧视等问题的关注等。

公益企业以及其他的非营利组织除了运用商业中的市场营销手段外，同样会运用善因营销，以及品牌许可和资产再挪用。

品牌许可是公益企业及其他非营利组织允许其名称和标志出现在企业的营销等各种经营活动中，比如奥运标志允许其赞助商在产品包装上使用等。

资产再挪用，就是把公益企业及其他非营利组织的资产出租或让商业企业使用。通过商业企业的入住，不仅可以获得收入，还可以增进传播，扩大影响。

商业与公益，运营过程中的相互利用和借鉴，其实彼此必须坚守一条底线，即商业企业最终是以赢利为目的，而公益企业是达成使命为其要旨，但确实给市场营销的发展带来影响，那就是作为营销行业，必须更要具有社会责任感，而作为具体的运作方式，则更具人性化，目标更长远化。

对于公益创业的研究，引起了越来越多学者的关注，研究所涉及的内容已经从单纯的概念阐述和现象描述，转向探讨公益创业在社会中的角色及其作用，以及美国与其他国家公益创业方面组织架构、管理创新等的比较研究。